本书为社科基金后期资助项目"配额制视角下发电企业市场行为研究"（批准号：21FGLB053）成果

配额制视角下发电企业市场行为研究

李 斌／著

RESEARCH ON MARKET BEHAVIOR OF
POWER GENERATION ENTERPRISES FROM THE PERSPECTIVE OF
RENEWABLE PORTFOLIO STANDARD

人民出版社

国家社科基金后期资助项目
出版说明

　　后期资助项目是国家社科基金设立的一类重要项目,旨在鼓励广大社科研究者潜心治学,支持基础研究多出优秀成果。它是经过严格评审,从接近完成的科研成果中遴选立项的。为扩大后期资助项目的影响,更好地推动学术发展,促进成果转化,全国哲学社会科学工作办公室按照"统一设计、统一标识、统一版式、形成系列"的总体要求,组织出版国家社科基金后期资助项目成果。

全国哲学社会科学工作办公室

前　　言

实现 2030 年前碳达峰、2060 年前碳中和是党中央经过深思熟虑作出的重大战略部署，也是我国应对气候变化的庄严承诺。党的二十大报告中再次强调，"要积极稳妥推进碳达峰碳中和，立足我国能源资源禀赋，坚持先立后破，有计划分步骤实施碳达峰行动，深入推进能源革命，加快规划建设新型能源体系，坚定不移推动能源绿色低碳发展"。作为我国能源体系中最大的碳排放主体，电力行业碳减排是实现"双碳"目标的关键。2021 年 3 月 15 日，习近平总书记在中央财经委员会第九次会议中指出，要"构建以新能源为主体的新型电力系统"，为电力行业的低碳转型指明了方向。

然而，新能源大多具有间歇性与不确定性，以风电、光伏为主的可再生能源装机容量的快速增加，也带来了新能源消纳的问题。可再生能源配额制(Renewable Portfolio Standards，RPS)作为一种强制性政策手段，能够培育可再生能源市场、使可再生能源发电量达到有保障的最低水平。为了确保用市场化的方式实现我国能源的长久发展和解决补贴退出后可再生能源产业发展的市场激励问题，2019 年 5 月，国家发展改革委、国家能源局联合印发了《关于建立健全可再生能源电力消纳保障机制的通知》，这标志着我国 RPS 的正式实施，2020 年 RPS 的配套政策——绿证交易制度也开始全面推行。

RPS 有效契合了我国电力行业低碳转型顶层制度设计战略需求，且随着 RPS 的不断完善与深入推行，其将对我国电力市场的市场结构、发电企业行为与经济绩效产生重大影响。具体表现为：一方面，火电企业需要综合考虑交易成本和罚金决定是否进行绿证交易；另一方面，绿电企业同样需要考虑交易成本、可再生能源补贴等因素决定是否进行绿证销售。基于此，研究 RPS 视角下发电企业的市场行为具有充分的必要性与迫切性。

本书遵循"提出问题—分析问题—解决问题"的思路，首先，对 RPS 的内涵以及实际应用情况进行了梳理，并界定了 RPS 下发电企业市场行为的内涵，从而引出研究问题、明确了研究边界。其次，从政策网络视角出发，围绕政策网络中行动者类型、结构及互动等问题，深入剖析市场利益主体间的互动关系及其相应的行为决策。在此基础上，从宏观、微观角度分别分析了发电企业市场行为的影响因素，提取了发电企业市场行为的关键影响因素，并运用演化博弈理论与系统动力学理论,分析了发电企业主体间的行为演化过程与不同情景下我国发电企业中长期市场行为的发展趋势。然后,结合"双碳"目标的推行,构建了发电企业参与多市场的组合决策模型,分析了发电企业同时参与电力市场、碳市场和绿证市场的多市场组合策略。最后,基于前文的研究结论,考虑 RPS 对发电企业市场行为的影响,构建了 RPS 下发电企业市场行为的保障机制,为研究问题的解决提供方案。

本书是国家社科基金后期资助项目"配额制视角下发电企业市场行为研究"的研究成果。本课题的负责人是李赟,课题组成员包括张峰、王佳妮、刘畅、王贺、王愿、杨秀棋、张忠冉、武文艳、余熠薇、肖婷婷、徐丹、赵珂。特别感谢华北电力大学赵新刚教授、陈思源副教授等在本项目研究过程中给予的指导及支持。本书也汲取了许多国内外学者的研究成果,并在书中做出了相应标注,在此一并感谢。

此外,我国 RPS 的实施仍处于起步阶段,尽管在制度正式推行前,许多专家学者已经对该制度进行了深入的研究,但其推行后对我国发电企业市场行为决策的实际影响仍然需要时间的检验。本书基于 RPS 机制对发电企业的市场行为进行了理论模拟和探索分析,许多问题还有待进一步深入研究,为了使本书能够更加完善,敬请各位专家学者在阅读后批评指正。

李　赟

2023 年 11 月于北京

目　录

第一章　绪论 ·· 1
　　第一节　研究背景与意义 ·· 1
　　第二节　国内外研究现状 ·· 3
　　第三节　研究思路、内容及创新点 ··· 21

第二章　可再生能源配额制及发电企业市场行为的内涵分析 ············ 26
　　第一节　可再生能源配额制的内涵 ·· 26
　　第二节　国内外可再生能源配额制实施现状 ······························· 28
　　第三节　发电企业市场行为的内涵分析 ······································ 50

第三章　我国配额制参与主体政策网络分析 ···································· 55
　　第一节　政策网络理论介绍 ·· 55
　　第二节　我国配额制参与主体政策网络模型构建 ························ 60
　　第三节　我国配额制参与主体的网络互动关系分析 ····················· 63
　　第四节　我国配额制参与主体政策网络结构分析 ························ 67

第四章　配额制视角下发电企业市场行为关键影响因素分析 ············ 71
　　第一节　配额制视角下发电企业市场行为影响因素集合构建 ······· 71
　　第二节　基于 Fuzzy-DEMATEL 的关键因素识别模型构建 ········ 79
　　第三节　配额制视角下发电企业市场行为的关键影响因素提取 ····· 84

第五章　配额制视角下发电企业参与绿证市场的策略选择研究 ········ 94
　　第一节　演化博弈理论介绍 ·· 94
　　第二节　配额制视角下发电企业绿证市场行为演化博弈模型
　　　　　　构建 ·· 97
　　第三节　配额制视角下发电企业绿证市场行为均衡策略及
　　　　　　敏感性分析 ·· 103

第六章 配额制视角下发电企业参与绿证市场的多情景仿真研究 …… 116
第一节 系统动力学理论介绍 …… 116
第二节 配额制视角下发电企业绿证市场行为系统动力学模型 …… 119
第三节 模型检验 …… 131
第四节 配额制视角下发电企业绿证市场行为多情景仿真 …… 138

第七章 考虑"双碳"目标的发电企业多市场组合参与策略研究 …… 158
第一节 "双碳"目标对 RPS 及发电企业市场行为的影响分析 …… 158
第二节 "双碳"目标下发电企业多市场组合参与决策模型构建 …… 162
第三节 "双碳"目标下发电企业多市场组合参与策略仿真 …… 165

结　语 …… 175

参考文献 …… 179

第一章 绪 论

第一节 研究背景与意义

一、研究背景

随着各国工业的发展,能源的消耗量急剧增长,化石能源的大量使用使空气中的二氧化碳浓度持续上升,由此带来的温室效应已经成为人类亟须解决的环境问题。2020年9月22日,习近平总书记在第七十五届联合国大会一般性辩论上发表重要讲话,做出我国二氧化碳排放"力争于2030年前达到峰值,努力争取2060年前实现碳中和"的重要承诺。作为我国碳排放的最大主体,电力行业的清洁低碳发展是我国降低碳排放、保障能源安全、实现"双碳"目标的关键一环。2021年3月15日,习近平总书记在中央财经委员会第九次会议上强调要"构建以新能源为主体的新型电力系统",为电力行业的发展提供了根本遵循、指明了前进方向。

为减少我国传统化石能源消耗和促进可再生清洁能源产业的快速发展,我国政府制定了固定电价补贴等政策工具。固定电价补贴一定程度上保障了可再生能源发电商投资项目的盈利能力,但其作为行政干预手段,无法有效地适应不断增长的可再生能源发电规模。为此,2019年5月,国家发改委发布了《关于建立健全可再生能源电力消纳保障机制的通知》,标志着中国可再生能源配额制(Renewable Portfolio Standards,RPS)的正式实施。作为 RPS 的配套政策——绿证交易制度,也于2020年初全面推行。这两项制度从强制性要求与市场化交易两个方面出发,能够有效提升可再生能源市场的资源配置效率,为推动去补贴时代的可再生能源产业高质量发展提供了有力保障。

目前,英国、澳大利亚、瑞典、挪威、意大利、日本、韩国和印度等20多个国家以及美国31个州和华盛顿哥伦比亚特区等均实施了 RPS。国外 RPS 政策体系主要以电力市场为基础,对参与市场竞争的电力供应商提出约束性的可再生能源电力配额要求,并通过绿证交易制度实现配额指标的流转。发电商除了通过电力销售获得电价收入,还可以通过绿色证书交易获得额外收入。从实施效果来看，RPS对可再生能源发展起到了重大推动作用，并且是一种符合市场化原则的长效机制。

在我国，实施RPS是推进能源转型、助力"双碳"目标实现的重要抓手。在RPS下，发电企业面临着同时参与电力市场、绿证市场乃至碳市场的多市场交易问题，其市场行为也随之受到影响。RPS和绿证交易制度可以通过对各类可再生能源消纳比例的控制，灵活引导发电企业选择不同类型的可再生能源，使可再生能源发展目标更加直接可控。综上，RPS和绿证交易制度实施后，形成了既有政府监督管理又有市场自由交易的可再生能源发电企业市场机制，在这样的背景下，探究作为参与主体的发电企业市场行为，对于进一步发挥RPS的作用，促进可再生能源发展，助力"双碳"目标实现具有重要价值。

二、研究意义

本书立足于RPS，通过运用政策网络理论、模糊集理论、演化博弈模型、系统动力学模型和市场行为决策多情景仿真等方法探索发电企业的市场行为，能够为RPS背景下发电企业市场行为决策提供参考，从而促进我国可再生能源的消纳，助力电力行业低碳转型与"双碳"目标的高质量实现。本书的研究意义具体如下：

首先，从政策网络视角研究RPS，丰富和发展了RPS的理论体系。虽然RPS在我国实施的时间较短，但是在低碳环保全球化的背景下实施RPS是大势所趋。电力市场和绿证市场具有参与主体众多、关系网络复杂的特点，传统政策分析范式中的"功能—过程"范式已经不能完整解释RPS衍生的复杂多变的政策体系。因此，本书应用政策网络理论探究发电主体市场行为决策过程，有助于厘清电力市场中发电主体间的互动关系，为RPS视角下的发电主体互动研究提供了新思路，丰富和发展了现有RPS研究的理论体系。

其次，将演化博弈论、系统动力学等理论运用到发电企业市场行为的研究中，拓宽了这些理论的应用领域。本书围绕RPS影响的发电企业市场行为决策展开研究，考虑发电企业市场行为的关键影响因素，构建RPS视角下的发电企业市场行为演化博弈模型，在此基础上与系统动力学有机结合，并运用市场行为多情景仿真，研究发电企业市场行为决策的演化过程。通过将演化博弈论和系统动力学结合运用到发电企业市场行为的研究中，为该领域的研究作出了有益的探索。

此外，构建了发电企业市场行为优化决策模型，为发电企业的市场行为决策提供参考建议,并为政府管理部门完善 RPS 的配套政策体系提供依据。本书基于发电企业综合参与电力市场、碳市场和绿证市场的背景,以发电企业综合收益最大为目标建立了多市场组合参与决策模型,并深刻分析了不同政策目标、不同政策方案等对火电企业、绿电企业市场行为产生的影响,尝试形成科学合理的多市场组合参与优化策略,为发电企业的多市场行为决策提供理论指导。此外,从多市场协同参与、利益共享、信息联络和风险防御等方面探索构建保障机制,以期为政府管理部门制定 RPS 的配套政策提供依据,有利于保障可再生能源消纳水平,促进电力行业低碳转型。

第二节 国内外研究现状

本节从可再生能源发展政策、可再生能源配额制(RPS)和发电企业市场行为决策三个方面搜集整理了国内外文献资料,并对相关研究现状进行总结。

一、可再生能源发展政策研究

在可再生能源发展政策方面,国外在探究政策适用性的基础上,对政策影响进行了广泛讨论,并对政策的激励措施、废除机制等方面开展了进一步研究。国内学者系统总结了发达国家可再生能源发展政策的经验,并在此基础上对我国可再生能源政策的整体制定和具体实施进行了探讨。

(一)国外研究现状

早在 20 世纪 90 年代,国外的研究者就指出了发展可再生能源的重要性。怀泽(Wiser)等人运用丰富的数据分析了未来全球气候和环境变化,并指出为了避免不可逆转的环境恶化,有必要发展可再生能源。[①]

进入 21 世纪后,越来越多的目光聚焦了可再生能源领域,各国纷纷开展对可再生能源发展政策的研究。伊泽德(Aized)等人通过分析巴基斯坦的可再生能源政策,研究和寻找利用其保障未来能源供应的方法,并指出采用可再生能源技术的绿色方案,具有最低的运营和外部性成本,是未来最合适的选择。[②] 约翰(Jovan)等人讨论了西巴尔干国家可再生能源的当前趋势、发展、政策和障碍,指出所有国家的共性障碍包括政策不确定性和监管

---

① R.Wiser,S.Pichle,C.Goldman."Renewable energy policy and electricity restructuring:A case study".*Energy Policy*,Vol.19,No.2(May 1998),pp.465-475.

② T.Aized,M.Shahid,A.A.Bhatti,et al."Energy security and renewable energy policy analysis of Pakistan".*Renewable & Sustainable Energy Reviews*,Vol.84(May 2018.),pp.155-169.

的低透明度,导致可再生能源发展进程缓慢、市场一体化程度有限,并为该地区可再生能源的未来发展提出建议。① 金(Kim)调查了韩国可再生能源政策的结构、驱动力和挑战,指出韩国的可再生能源政策在制定本土化计划方面存在许多挑战,包括可再生能源项目的美好前景、建筑物中可再生能源装置的物理空间限制以及以定量供应为导向的可再生能源政策。② 阿图古巴(Atuguba)和拓阔(Tuokuu)指出,体制上的弱点、模棱两可的监管框架、执行上的挑战、规划的缺乏以及对扶持者的依赖,是加纳可再生能源发展不力的原因,并表明必须审查可再生能源部门的相关立法框架。③ 贡加(Gunga)等人通过案例研究发现,为了改善尼日利亚的可再生能源发展和部署,迫切需要推动法律干预、具体目标、政治承诺、政策选择和设计、资助研究和开发活动、社会意识和公众参与。④

随着可再生能源政策的不断实践,对政策影响进行分析的文献不断涌现。刘(Liu)等人通过一个固定效应模型来评估可再生能源政策的效果,实证表明,财政和金融激励措施、基于市场的工具、政策支持以及研究、开发和部署对可再生能源能力的提高具有重要意义,价格政策、赠款和补贴以及战略规划对可再生能源的发展有积极作用,此外2005年《京都议定书》的实施对典型国家的可再生能源发展产生了积极影响。⑤ 皮特利斯(Pitelis)等人评估了1990—2014年不同类型的可再生能源政策在促进经合组织电力部门的创新活动方面的有效性,发现在推动可再生能源技术的创新方面,需求拉动型政策比任何其他类型的政策干预都更有效。⑥ 阿里(Ali)和余(Yu)用差额法和倾向得分匹配法评估了西非经共体可再生能源政策对一次能源供应的影响,结果显示,西非经共体可再生能源政策对

---

① D. Jovan, K. Milena, R. Milivoje. "Renewable energy in the Western Balkans: Policies, developments and perspectives". *Energy Reports*, Vol.7(Nov.2021), pp.481-490.
② C. Kim. "A review of the deployment programs, impact, and barriers of renewable energy policies in Korea". *Renewable and Sustainable Energy Reviews*, Vol.144(July 2021), pp.110870-110946.
③ R. A. Atuguba, F. Tuokuu. "Ghana's renewable energy agenda: Legislative drafting in search of policy paralysis". *Energy Research & Social Science*, Vol.64(June 2020), PP.101453.1-101453.7.
④ H. A. Gunga, N. V. Emodi, M. O. Dioha. "Improving Nigeria's renewable energy policy design: A case study approach". *Energy Policy*, Vol.130(July 2019), pp.89-100.
⑤ J. Liu. "China's renewable energy law and policy: A critical review". *Renewable and Sustainable Energy Reviews*, Vol.99(Jan.2019), pp.212-219.
⑥ A. Pitelis, N. Vasilakos, K. Chalvatzis, "Fostering innovation in renewable energy technologies: Choice of policy instruments and effectiveness". *Renewable Energy*, Vol.151(May 2020), pp.1163-1172.

一次能源供应有明显的积极影响,但在政策实施的后几年里,影响程度有所下降。① 史库林(Chachuli)等人使用数据包络分析和 Malmquist 指数方法分析研究了马来西亚可再生能源运营政策转型的效果,表明在 2012 年至 2019 年,马来西亚的可再生能源政策转型为太阳能光伏产业创造了高达 7 倍的社会效益,在 2012 年至 2018 年,能源行业碳排放减少 0.16%。②

除此之外,选取不同国家地区进行对比研究的文献也较为丰富。穆勒(Müller)等人在对非洲 34 个国家的可再生能源政策进行比较的基础上,评估了非洲的能源转型进程,认为对可持续发展目标的跟踪需要考虑到公平,以保障可再生能源政策的实施符合社会生态公平并能够满足能源需求。③ 穆罕默德(Muhammed)和泰克比克-埃尔索伊(Tekbiyik-Ersoy)对中国、巴西和美国三个国家的可再生能源支持政策的实施情况进行了比较分析,以揭示不同政策对可再生能源的影响,并构建了基于可再生能源政策数据预测可再生能源发展的模型。④ 哈菲兹尼亚(Hafeznia)等人探讨了依据当地实际情况制定能源政策是否能提高政策效果,并基于结论提出了一个根据地理、技术和社会经济指标对政府政策进行分类的新框架。⑤ 帕查克(Pathak)和沙阿(Shah)对金砖国家现有的非常规可再生资源、能源政策和差距进行了分析,提出俄罗斯需要改进其法律和监管框架,在能源政策方面采取更多的激励措施。⑥ 古特勒(Guertler)等人选取了西班牙和捷克共和国的案例,开发并测试了一个用于分析可再生能源部门政策废除过程的模型,发现政策设计和能源部门政治经济配置之间的相互关系是理解废除过

---

① M.Ali, Q.Yu."Assessment of the impact of renewable energy policy on sustainable energy for all in West Africa". *Renewable Energy*, Vol.180(2021), pp.544-551.
② F.Chachuli, N. A. Ludin, M. Jedi, N. H. Hamid. "Transition of renewable energy policies in Malaysia: Benchmarking with data envelopment analysis". *Renewable and Sustainable Energy Reviews*, Vol.150(Oct.2021), pp.111456-111472.
③ F.Müller, S.Claar, M.Neumann, C.Elsner."Is green a Pan-African colour? Mapping African renewable energy policies and transitions in 34 countries". *Energy Research & Social Science*, Vol.68 (Oct.2020), 101551.
④ G.Muhammed, N. Tekbiyik-Ersoy. "Development of Renewable Energy in China, USA, and Brazil: A Comparative Study on Renewable Energy Policies". *Sustainability*, Vol.12, No.12(Nov. 2020), pp.9136-9165.
⑤ H.Hafeznia, A.Aslani, S.Anwar, et al."Analysis of the effectiveness of national renewable energy policies: A case of photovoltaic policies". *Renewable and Sustainable Energy Reviews*, Vol.79 (Nov.2017), pp.669-680.
⑥ L.Pathak, K.Shah. "Renewable energy resources, policies and gaps in BRICS countries and the global impact". *Frontiers in Energy*, Vol.13, No.3(Jan.2019), pp.506-521.

程的关键。①

（二）国内研究现状

随着我国"双碳"目标与可再生能源产业化进程的推进,越来越多的国内学者认识到,可再生能源发展不仅需要技术支持,更需要政策引导。为此,国内学者们对可再生能源政策进行了多方位的研究。

发达国家是可再生能源领域的先行者,其对可再生能源的开发利用对我国具有很强的借鉴意义,因此对发达国家可再生能源发展政策进行比较研究的文献较为丰富。基于可再生能源政策对碳减排的影响机制和国际比较,结合中国现行可再生能源政策体系的不足,为进一步推动可再生能源发展,顺利实现"双碳"目标,於世为等人提出了加强目标规划前瞻性、缩短政策发布滞后期;提升精准高效扶持力度、赋能关键核心技术突破;健全监督考评政策、完善法律保障体系等政策体系完善建议。② 张光耀分析总结了欧盟可再生能源政策法律的特点及不足,提出欧盟需明确2020年后支持计划的具体政策框架,针对原产地保证制度的非强制性问题建立强制性披露制度,通过能源联盟治理的路径加强跨境电力合作等。③ 丁霞阐述了国内外新能源与可再生能源政策,分析了新能源与可再生能源市场的发展趋势,对新能源与可再生能源政策的规划研究具有重要意义。④ 杨翾等人研究了法国通过可再生能源区域发展政策解决可再生能源发展不平衡、各参与方利益难协调等问题的路径,为中国可再生能源的平稳有序发展提出建议。⑤ 魏向杰通过研究美国等发达国家利用财税政策支持新能源发展的方法,提出了我国进一步健全新能源财税政策体系以促进新能源发展的相关建议。⑥ 孙增芹等人考察了欧盟、英国和澳大利亚可再生能源发展的政策与法律制度,提炼总结出值得我国借鉴的经验教训。⑦ 尹秋舒介绍了日本能源产业的发展历程与现状,对比分析中国新能源发展状况后发现,中国的新能源产业发展政策设计得更为完

---

① K.Guertler, R.Postpischil, R.Quitzow."The dismantling of renewable energy policies:The cases of Spain and the Czech Republic", *Energy Policy*, Vol.133(Oct 2019), pp.110881.1-110881.11.
② 於世为、孙亚方、胡星:《"双碳"目标下中国可再生能源政策体系完善研究》,《北京理工大学学报》(社会科学版)2022年第4期。
③ 张光耀:《欧盟可再生能源法律和政策现状及展望》,《中外能源》2022年第1期。
④ 丁霞:《新能源与可再生能源政策与规划研究》,《现代工业经济和信息化》2020年第11期。
⑤ 杨翾、张林强、孙可等:《法国可再生能源区域发展政策的研究》,《高压电器》2019年第10期。
⑥ 魏向杰:《支持新能源发展的财税政策研究》,《中国工程科学》2015年第3期。
⑦ 孙增芹、刘芳:《完善我国可再生能源法律制度的几点建议》,《干旱区资源与环境》2013年第2期。

善,但在政策执行力方面还与日本存在一定差距,建议中国应在保持政策连续性的基础上推进市场化改革,加大政府的补贴力度,加强政策协调性。①

在借鉴国外可再生能源发展政策经验的基础上,探究我国可再生能源发展政策制定的文献愈来愈多。曹丽媛和王伟从政策工具视角出发,对我国中央层面宏观新能源政策发展历程进行梳理,总结出新能源领域政策工具的发展现状及其存在的问题,并从政策工具创新角度提出推进新能源体制革命、完善能源法治、加强混合型政策工具激励作用等实现新能源治理能力现代化的创新路径。② 兰梓睿从可再生能源政策力度、政策目标和政策措施三个维度构建评估模型,对我国政府在促进可再生能源发展方面已颁布政策的效力、效果以及协同度进行评估,发现从这三个维度的变化趋势来看,政策措施平均得分较高;命令控制型政策对可再生能源发电量产生显著的负向抑制作用,而引导示范型政策有效地促进可再生能源发电量的增加,经济激励型政策效果并不显著,等等。③ 涂强等人对中国2005—2019年可再生能源政策的发展历程及演化路径进行总结梳理,在此基础上,对中国可再生能源政策的实施效果进行评估。结果表明,中国过去十年的可再生能源政策能积极促进可再生能源的快速发展,但政策成本仍然有进一步下降的空间,并提出未来需进一步推动可再生能源技术的进步和发电成本的下降等政策建议。④ 王云珠概括分析了山西省"十三五"以来光伏、风电等可再生能源发展现状和存在的问题,提出今后加快山西省能源结构调整、促进可再生能源健康发展的建议。⑤

此外,针对可再生能源发展政策的具体性研究也逐渐兴起。俞萍萍等人认为,政策制定者通过有效的激励机制,如价格、补贴和强制消费等手段,可以突破阻碍可再生能源发展的壁垒,促进经济向低碳方向发展。并在对比分析美国、德国、英国的不同激励模式的基础上,指出政策制定者必须根据当前的能源要素禀赋和国家技术发展水平进行政策模式的选择。⑥ 李菲

---

① 尹秋舒:《日本新能源发展与政策研究》,《现代商贸工业》2019年第12期。
② 曹丽媛、王伟:《我国新能源发展政策工具创新研究》,《华北电力大学学报》(社会科学版)2018年第6期。
③ 兰梓睿:《中国可再生能源政策效力、效果与协同度评估——基于1995—2018年政策文本的量化分析》,《大连理工大学学报》(社会科学版)2021年第5期。
④ 涂强、莫建雷、范英:《中国可再生能源政策演化、效果评估与未来展望》,《中国人口·资源与环境》2020年第3期。
⑤ 王云珠:《"十四五"时期山西可再生能源发展政策研究》,《经济问题》2021年第8期。
⑥ 俞萍萍、杨冬宁:《低碳视角下的可再生能源政策——激励机制与模式选择》,《学术月刊》2012年第3期。

根据巴西可再生能源政策的演进规律,对我国可再生能源政策提出全面推进管制类政策的使用、统筹布局支持类政策的使用和持续完善保障类政策的使用等建议。[①] 高逸等人从容量效应、电网联通效应与限制效应三个方面分析了可再生能源配额政策带来的影响,再从挖掘本地能源潜力、接纳跨区输送电力、优化区外送电曲线等方面提出了相应的新能源消纳策略,最后以时序生产模拟模型为基础,对某省电网2020年不同策略作用下的消纳情况进行了实证分析。[②] 杨(Yang)等人总结了中国和拥有相对成熟的海洋可再生能源产业的国家目前的MRE政策,指出了中国目前MRE政策中的挑战,并提出了相应的改进策略:改革海洋可再生能源基金,完善上网电价和补贴政策,引入可交易的可再生能源证书,制定该领域的专门法律,并加强宣传活动。[③] 刘(Liu)等人系统地分析评估了可再生能源的发电政策,提出了一种评估可再生能源发电政策的机制、效果和效率的分析方法,为中国政府实施不同类型政策提供蓝图。[④]

二、可再生能源配额制研究

可再生能源配额制(RPS)通常是指规定在发电企业、电网企业或最终消费者所生产或消费的电力中,必须包含一定比例的可再生能源电力(如风电、光伏发电、小水电、生物质发电和潮汐发电等),并且对合格技术有一定要求的强制性政策。[⑤] RPS已经在一些市场化相对发达的国家实施多年,最早起源于英国,但直到21世纪才形成比较稳定成熟的机制,针对RPS的相关研究也是随着其实施状况展开的。国外学者首先指出了实施RPS的必要性,对其成本和经济影响予以充分关注,并逐渐展开了对绿证交易制度的研究。国内研究主要包括探讨推进可再生能源发展的必要性、RPS的制度设计和具体实施方案制定三个阶段。

---

① 李菲:《巴西可再生能源政策演进及对我国的启示》,《黑龙江生态工程职业学院学报》2020年第3期。
② 高逸、吴耀武、宋新甫等:《可再生能源配额政策对新能源发展影响分析及消纳策略研究》,《电力需求侧管理》2019年第1期。
③ X.B.Yang, N.Liu, P.D.Zhang, et al."The current state of marine renewable energy policy in China". *Marine Policy*, Vol.100(Feb.2019), pp.334–341.
④ D.N.Liu, M.Liu, E.F.Xu, et al."Comprehensiveeffectiveness assessment of renewable energy generation policy: A partial equilibrium analysis in China". *Energy Policy*, Vol.115(Apr.2018), pp.330–341.
⑤ 万冠:《发电厂商市场行为与可再生能源配额制的共生演化研究》,硕士学位论文,华北电力大学,2015。韩顺行:《实施可再生能源配额综合效益研究》,硕士学位论文,北京化工大学,2015。

(一) 国外研究现状

RPS已经在国外实施多年,发展相对成熟,国外学者们对RPS的研究视角呈现多元化特征。学者们首先论证了实施RPS的必要性。如瑞达(Rader)在研究中详细阐述了实施RPS可能遇到的风险和障碍。[1] 美国风能协会在之后的研究中则阐明RPS的工作机制,及其对可再生能源发展的必要性。[2] 索夫克(Sovacool)和巴肯伯斯(Barkenbus)指出美国州内RPS实施的必要性,但由于可再生能源地理限制以及不同州目标设定问题,RPS建设略显不足。[3] 此外,学者们对于RPS实施的有效性也进行了充分探讨。洛里(Lori)、查普曼(Chapman)等运用区域能源规划理论评价了RPS与碳排放总量管制政策对美国电力部门产生的积极影响。[4] 乔希(Joshi)研究表明,RPS的采用推动了美国可再生电力容量的三分之一以上的增长。[5] 赖安(Ryan)、丹诺(Donou)和卡尔金斯(Calkins)研究发现,RPS是促进太阳能光伏市场发展的最有效的激励政策。[6] 洪(Hong)等人发现,韩国在RPS实施期间的光伏技术学习率要远高于上网电价期间光伏技术学习率。[7] 东(Dong)和岛田(Shimada)分析了日本RPS的实施效果。[8] 权(Kwon)通过对韩国RPS的产能增长、技术创新、成本影响和市场风险分析,评估了韩国RPS的有效性。[9] 法鲁克(Farooq)、库马尔(Kumar)及什雷斯塔(Shrestha)研究了发展中国家

---

[1] N. Rader. "The Hazards of Implementing Renewable Portfolio Standards". *Energy and Environment*, Vol.11, No.4(July 2000), pp.391-405.

[2] American Wind Energy Association. "The Renewable Portfolio Standard: How It Works and Why It's Needed". http://www.awea.org/, 2000.

[3] B.Sovacool, J.Barkenbus. "Necessary but Insufficient: State Renewable Portfolio Standards and Climate Change Policies". *Environment Science & Policy for Sustainable Development*, Vol.49, No.6(July 2007), pp.20-31.

[4] L.Bird, C.Chapman, J.Logan, et al. "Evaluating renewable portfolio standards and carbon cap scenarios in the U.S.electric sector". *Energy Policy*, Vol.39, No.5(May 2011), pp.2573-2585.

[5] J.Joshi. "Do renewable portfolio standards increase renewable energy capacity? Evidence from the United States". *Journal of Environmental Management*, Vol.287(June 2021), p.287.

[6] A.J.Ryan, F.Donou-Adonsou, L.N.Calkins. "Subsidizing the sun: The impact of state policies on electricity generated from solar photovoltaic". *Economic Analysis and Policy*, Vol.63(Sep.2019), pp.1-10.

[7] S.Hong, T.Yang, H.J.Chang, et al. "The effect of switching renewable energy support systems on grid parity for photovoltaics: Analysis using a learning curve model". *Energy Policy*, Vol.138(March 2020), p.138.

[8] Y.Dong, K.Shimada. "Evolution from the renewable portfolio standards to feed-in tariff for the deployment of renewable energy in Japan". *Renewable Energy*, Vol.107(2017), pp.590-596.

[9] T.H.Kwon. "Rent and rent-seeking in renewable energy support policies: Feed-in tariff vs.renewable portfolio standard". *Renewable & Sustainable Energy Reviews*, Vol.44(2015), pp.676-681.

巴基斯坦实施 RPS 后将会对国家的能源、经济、环境带来的变化。① 克洛伊（Chloe）探讨了 RPS 在澳大利亚实施所带来的好处，并提出了相应的改进措施。② 田中（Tanaka）和陈（Chen）的研究表明，为了提高可再生能源发展的积极性，监管部门应该有效确保 RPS 的实施，避免造成市场混乱。③

成本和经济影响作为发展 RPS 的关键问题，也受到了大量学者的关注。约翰逊（Johnson）计算了美国 RPS 实施后排放每一吨二氧化碳的成本，结果表明，RPS 的实施将会使排放二氧化碳所需的成本减少 11 美元/吨。④ 约翰逊（Johnson）和诺瓦卡克（Novacheck）共同提出了一个集成的综合经济调度模型和可再生能源项目选择模型，用于评估新的或扩大的 RPS 下可再生能源的减排成本。⑤ 斯塔克迈尔（Stockmayer）等人研究了美国大部分州的 RPS 实施情况，讨论各州通过 RPS 降低可再生能源发电成本的方法，并分析了各成本控制方法的优缺点。⑥ 拉诺拉（Ranola）和纳夫斯（Nerves）等人运用遗传学算法得到了 RPS 所需支付的最小成本。⑦ 权（Kwon）以韩国为例，探讨了上网电价与 RPS 所带来的租金和利润。⑧ 西尔伯曼（Silberman）、鲁哈尼（Rouhani）及巴博斯（Barbose）等人计算了美国不同州在实行 RPS 的成本收益。⑨ 霍林

---

① M.K.Farooq, S.Kumar, R.M.Shrestha."Energy, environmental and economic effects of Renewable Portfolio Standards(RPS) in a Developing Country". *Energy Policy*, Vol.62, No.7(2013), pp.989-1001.

② C.Weiter."The Renewable Portfolio Standard in Western Australia-Performance in the Face of Institutional Constraints". *Energy & Environment*, Vol.15, No.1(2004), pp.81-92.

③ M.Tanaka, Y.Chen."Market power in renewable portfolio standards". *Energy Economics*, Vol.39, No.3(2013), pp.187-196.

④ E.P.Johnson."The cost of carbon dioxide abatement from state renewable portfolio standards". *Resource & Energy Economics*, Vol.36, No.2(2014), pp.332-350.

⑤ J.X.Johnson, J.Novacheck."Emissions Reductions from Expanding State-Level Renewable Portfolio Standards". *Environmental Science & Technology*, Vol.49, No.9(2015), pp.5318-25.

⑥ G.Stockmayer, V.Finch, P.Komor, et al."Limiting the costs of renewable portfolio standards: A review and critique of current methods". *Energy Policy*, Vol.42, No.2(2012), pp.155-163.

⑦ J.A.P.Ranola, A.C.Nerves, R.D.D.Mundo."An optimal Renewable Portfolio Standard using Genetic Algorithm-Benders' decomposition method in a Least Cost Approach", TENCON 2012-2012 IEEE Region 10 Conference.IEEE, 2013, pp.1-6.

⑧ T.H.Kwon."Is the renewable portfolio standard an effective energy policy?: Early evidence from South Korea". *Utilities Policy*, Vol.36(2015), pp.46-51.

⑨ M.Silberman. *Costs and Benefits of a Renewable Portfolio Standard in Florida*. The Ohio State University Press, 2017. O.M.Rouhani, D.Niemeier, H.O.Gao, et al."Cost-benefit analysis of various California renewable portfolio standard targets: Is a 33% RPS optimal?". *Renewable & Sustainable Energy Reviews*, Vol.62(2016), pp.1122-1132. G.Barbose, L.Bird, J.Heeter, et al.."Costs and benefits of renewables portfolio standards in the United States". *Renewable & Sustainable Energy Reviews*, Vol.52, No.1(2015), pp.523-533.

斯沃思(Hollingsworth)和鲁季克(Rudik)研究发现,一个州的可再生能源配额增加1个百分点,就会使美国减少高达1亿美元的避免污染费用。① 迪埃特(Deyette)和克莱默(Clemmer)等人就实施 RPS 为美国得克萨斯州增加的经济效益和带来的就业机会展开了探讨。② 迈克茨瑞(Mamkhezri)、马尔钦斯基(Malczynski)和切尔马克(Chermak)估计了新墨西哥州各种可再生能源配额方案的经济和环境影响,发现较高的可再生能源配额似乎能刺激目标地区的经济增长。③

此外,关于 RPS 的配套政策——绿证交易制度的研究也逐渐涌现。宋(Song)等人利用层次聚类法建立了绿证交易市场运行的投入产出效率评价指标体系,通过对中国代表性省份进行测算,指出不合理的配额标准、较高的绿证交易价格和波动阻碍了市场的有效运行。④ 塔玛斯(Tamas)、什雷斯塔(Shrestha)和周(Zhou)指出,上网电价比绿证价格更偏离成本差异,在上网电价下,可再生能源配额的增加将引致能源供应量增加,削弱其他缓解气候变化措施的实施效果。作者计算了绿证交易下的社会福利,发现该值始终高于上网电价。⑤ 赵(Zhao)等人研究发现,最佳配额、较高的单位罚款、较低的交易成本以及绿色电力和火力发电的边际成本差异有助于提高 RPS 的有效性。⑥ 周(Zhou)和刘(Liu)指出,在一个区域市场中,当 RPS 比例增加时,绿色电力产出会减少,当绿色证书价格增加时,绿色电力产出增加,总利润呈现先减后增的趋势。⑦ 赵(Zhao)、张(Zhang)和李(Li)提出,提高上网电价补贴的下降幅度和 RPS 的单位罚款可以有效促进 RPS 政策的演进,也可以提

---

① A. Hollingsworth, I. Rudik. "External Impacts of Local Energy Policy: The Case of Renewable Portfolio Standards". *Journal of the Association of Environmental and Resource Economists*, Vol.6, No.1 (Jan.2019), pp.187-213.

② J. Deyette, S. Clemmer, W. U. Org. "Increasing the Texas Renewable Energy Standard: Economic and Employment Benefits". 2005.

③ J. Mamkhezri, L. A. Malczynski, J. M. Chermak. "Assessing the Economic and Environmental Impacts of Alternative Renewable Portfolio Standards: Winners and Losers". *Energies*, Vol.14, No.11(2021).

④ X. Song, J. Han, Y. Shan, et al. "Efficiency of tradable green certificate markets in China". *Journal of Cleaner Production*, 2020, p.264.

⑤ M. M. Tamas, S. O. B. Shrestha, H. Zhou. "Feed-in tariff and tradable green certificate in oligopoly". *Energy Policy*, Vol.38, No.8(2010).pp.4040-4047.

⑥ X. G. Zhao, L. Z. Ren, Y. Z. Zhang, et al. "Evolutionary game analysis on the behavior strategies of power producers in renewable portfolio standard". *Energy*, Vol.162(2018), pp.505-516.

⑦ Y. Zhou, T. Liu. "Impacts of the Renewable Portfolio Standard on Regional Electricity Markets". *Journal of Energy Engineering*, Vol.141, No.1(2015).

高绿色电力企业的数量和绿色证书交易市场的活跃度。① 安(An)等人构建了一个基于寡头竞争均衡理论的两阶段联合均衡模型,模拟发现当配额相对较低时,可再生企业倾向于扣留部分绿证以提高绿证价格,否则他们会选择减少电力产出以减少绿证数量,提高绿证价格。此外,面对越来越高的绿证价格,化石燃料公司倾向于扣留电力产出,以减少绿证需求,降低绿证价格。②

（二）国内研究现状

我国学者针对RPS的研究主要分为三个阶段。第一阶段主要集中探讨推进可再生能源发展的必要性以及可再生能源发电政策及制度的抉择,通过对比各国实施可再生能源发电的政策及其实施效果,发现RPS是推动我国发展可再生能源的有力保障。第二阶段是在基本确定RPS作为发展我国可再生能源的有效方法的基础上,探讨该如何进行制度设计,以满足我国当前基本需求,促进可再生能源消纳。第三阶段是在制度设计的基础上,进一步提出RPS的具体实行方案,包括RPS的相关配套政策,配额指标的设定以及预期产生的问题和效果等。

第一阶段,在探讨推进可再生能源发展的必要性以及可再生能源发电政策及制度的抉择中,翁章好和陈宏民通过对比分析各国在发展可再生能源上的不同政策方法,总结了其各自的优缺点③。张正敏、任东明、曹静等人分别讨论了推进可再生能源对我国的战略重要性,国外目前的可再生能源发展现状及趋势,以及我国在可再生能源发展中可以借鉴的经验等。④宋立鹏、朱海、李家才等人分别讨论了RPS在我国国情下的适用性,并由此针对RPS进行了符合中国国情的制度设计。⑤ 俞萍萍认为即使初始政策会

---

① X.G.Zhao,Y.Z.Zhang,Y.B.Li."The Evolution of Renewable Energy Price Policies Based on Improved Bass Model:A System Dynamics(SD)Analysis".*Sustainability*,Vol.10,No.6(2018).

② X.An,S.Zhang,X.Li,et al."Two-stage joint equilibrium model of electricity market with tradable green certificates". *Transactions of the Institute of Measurement and Control*, Vol. 41, No. 6 (2019),pp.1615-1626.

③ 翁章好、陈宏民:《三种可再生能源政策的效果和成本比较》,《现代管理科学》2011年第4期。

④ 任东明、张正敏:《论中国可再生能源发展的主要问题以及新机制的建立》,《可再生能源》2023年第4期。任东明、曹静:《论中国可再生能源发展机制》,《中国人口资源与环境》2003年第5期。张正敏、王革华、高虎:《中国可再生能源发展战略与政策研究》,《经济研究参考》,2004年第84期。

⑤ 宋立鹏:《可再生能源配额制在我国实施的适应性研究》,硕士学位论文,华东政法大学,2008。朱海:《论可再生能源配额制在我国的推行》,硕士学位论文,上海交通大学,2008年。李家才、陈工:《国际经验与中国可再生能源配额制(RPS)设计》,《太平洋学报》2008年第10期。

有缺陷,但只要不断进行改进和完善就可以得到科学合理的制度安排。①秦玠衡和杨譞的研究表明,虽然 RPS 在实施过程中会存在一定的缺陷,但其对本国能源、经济和环境系统是有积极影响的。② 梁吉、董福贵、骆钊等人发现,RPS 的实施对促进可再生能源消纳具有显著作用。③

在第二阶段,国内专家学者探讨了该如何设计 RPS 才能使其更适应我国国情,更符合我国可再生能源发展现状。谢旭轩、任东明等人分别阐述了 RPS 在美国的实施现状,以及我国应如何实施 RPS,并且提出了在我国推行 RPS 要注意的要点。④ 蒋轶澄等人指出,中国应分阶段实施 RPS,可考虑固定电价和配额的双轨制,并按照可再生能源种类和发电企业类型的不同实施 RPS 或固定电价制度。⑤ 赵新刚等人指出,科学的配额、较高的罚金以及较低的交易成本和边际成本差额,能使绿证市场更为有效,能更保证 RPS 的成功实施。⑥ 张卫高、庄秋婷探讨了针对可再生能源进行补贴的不足,并提出相关改进意见。⑦ 宁俊飞提出在设计 RPS 中,应当充分考虑 RPS 实施所带来的发电成本问题。⑧

第三阶段主要是在制度设计的基础上,研究 RPS 的具体实行方案。冯奕等人从我国国情出发,对售电侧实施 RPS 的可行性及可能存在的风险进行了分析,并提出了相关建议。⑨ 赵新刚等人研究了实施 RPS 将会对我国

---

① 俞萍萍:《可再生能源发电的配额制政策初探》,《统计科学与实践》2011 年第 1 期。
② 秦玠衡、杨譞:《绿色证书交易机制对可再生能源发展的积极作用分析》,《金融经济:理论版》2009 年第 6 期。
③ 梁吉、左艺、张玉琢、赵新刚:《基于可再生能源配额制的风电并网节能经济调度》,《电网技术》2019 年第 7 期。董福贵、时磊:《可再生能源配额制及绿色证书交易机制设计及仿真》,《电力系统自动化》2019 年第 12 期。骆钊、卢涛、马瑞等:《可再生能源配额制下多园区综合能源系统优化调度》,《电力自动化设备》2021 年第 4 期。
④ 谢旭轩、土田、任东明:《美国可再生能源配额制最新进展及对我国的启示》,《中国能源》2012 年第 3 期。任东明:《中国可再生能源配额制和实施对策探讨》,《电力系统自动化》2011 年第 22 期。
⑤ 蒋轶澄、曹红霞、杨莉等:《可再生能源配额制的机制设计与影响分析》,《电力系统自动化》2022 年第 7 期。
⑥ 赵新刚、任领志、万冠:《可再生能源配额制、发电厂商的策略行为与演化》,《中国管理科学》2019 年第 3 期。赵新刚、梁吉、任领志等:《能源低碳转型的顶层制度设计:可再生能源配额制》,《电网技术》2018 年第 4 期。
⑦ 张卫高:《我国可再生能源补贴法律制度研究》,硕士学位论文,浙江财经大学,2014。庄秋婷:《我国可再生能源补贴政策研究》,硕士学位论文,浙江大学,2013。
⑧ 宁俊飞:《新能源配额制会提高电价吗?》,《中国物价》2011 年第 6 期。
⑨ 冯奕、刘秋华、刘颖等:《中国售电侧可再生能源配额制设计探索》,《电力系统自动化》2017 年第 24 期。

电源结构产生的影响,指出实施 RPS 有利于我国电源结构的优化。[①] 董畅和张曦分析了我国可再生 RPS 实施后对生物质发电产生的影响,为生物质发电行业实现规模化和产业化发展提供了参考。[②] 马昕等人提出一个基于双目标节能调度模型的 RPS 福利效果分析方法。[③] 衣博文等人建立电力行业多区域优化模型,模拟仿真了不同配额目标的最优实现路径及对电力行业的影响,分析了实现 RPS 的最优路径。[④] 朱继忠等人设计了一套 RPS 和固定电价制并行的电力市场均衡模型,结果可实现总效益的提升,并且平衡利润和电价波动的风险。[⑤] 张翔等人提出了基于曲线的可再生能源交易实施方案,以激励市场成员主动消纳可再生能源。[⑥]

同样的,绿证交易制度也逐渐受到学者们的关注。姚军等人通过构建考虑碳交易和绿证交易制度的电力批发市场能源优化模型,通过仿真分析发现,绿证交易和碳交易制度的协调有利于优化电源结构、促进电力行业碳减排。[⑦] 此外,曹雨微等人发现,在考虑可再生能源消纳责任的约束下,通过出售绿色证书等能显著提高综合能源系统总收益。[⑧] 张鸾、罗正军和周德群构建了可再生能源电力消纳交易仿真模型,仿真实验表明,绿色证书的认购能直接促进本年可再生能源电力消纳,要想加快可再生能源电力消纳,需综合考虑超额消纳量价格、绿证价格和消纳量补充交易频率。[⑨] 武群丽和席曼建立了火电交易市场和绿电交易市场联合的均衡模型,通过仿真分析发现,随着配额比例的增加,可再生能源交易电量先增后减,绿证价格先升后

---

① 赵新刚、冯天天、杨益晟:《可再生能源配额制对我国电源结构的影响机理及效果研究》,《电网技术》2014 年第 4 期。
② 董畅、张曦:《我国可再生能源配额制政策的实施对生物质发电产生的影响》,《能源研究与管理》2015 年第 4 期。
③ 马昕、李旭垚、钟维琼:《基于双目标节能调度的可再生能源配额制福利效果评估方法研究》,《可再生能源》2015 年第 1 期。
④ 衣博文、许金华、范英:《我国可再生能源配额制中长期目标的最优实现路径及对电力行业的影响分析》,《系统工程学报》2017 年第 3 期。
⑤ 朱继忠、冯禹清、谢平平等:《考虑可再生能源配额制的中国电力市场均衡模型》,《电力系统自动化》2019 年第 1 期。
⑥ 张翔、陈政、马子明等:《适应可再生能源配额制的电力市场交易体系研究》,《电网技术》2019 年第 8 期。
⑦ 姚军、何姣、吴永飞等:《考虑碳交易和绿证交易制度的电力批发市场能源优化》,《中国电力》2022 年第 8 期。
⑧ 曹雨微、郭晓鹏、董厚琦等:《计及消纳责任权重的区域综合能源系统运行优化研究》,《华北电力大学学报》(自然科学版)2022 年第 3 期。
⑨ 张鸾、罗正军、周德群:《基于主体的可再生能源电力消纳交易仿真研究》,《系统仿真学报》2022 年第 1 期。

降,且各省的跨省区绿证交易在参与 RPS 的情况下更能有效降低总成本。①冯昌森和骆钊等人将区块链的跨链交易技术应用到了绿证交易市场,提出了各具特色的市场交易模式,并通过算例验证了模式的有效性。②

三、发电企业市场行为决策研究

对于发电企业市场行为决策研究,国外学者们在不断完善市场行为决策理论的基础上,从经济学视角出发对该理论进行验证,并逐渐向探究发电企业市场行为决策拓展;国内学者们主要集中在行为决策的理论探索和建筑业、保险业、房地产业等领域的实践探究,近年来也涌现出一些将市场行为决策与电力相结合的理论探讨。

(一) 国外研究现状

目前,关于市场行为的定义尚未统一。有学者将其概括为企业在充分考虑市场供求条件和与其他企业关系的基础上,所采取的各种决策行为,③也有学者将其表述成企业为了获得更多的利润或更高的市场占有率等经营目标所采取的战略性行为的总称。④ 总体来看,关于市场行为的定义主要表现在主体是特定的市场参与者,目的是实现一定的市场目标,其本质是为了实现一定的战略目标而做出的行为。行为决策理论作为研究市场行为的基本依据,由阿莱斯(Allais)和埃尔斯伯格(Ellsberg)提出,主要是针对存在的理性决策问题进行研究。⑤ 行为决策是探讨"人们实际中怎样决策"以及"为什么会这样决策"的描述性和解释性研究相结合的理论。⑥ 其强调通过实证的方法来研究人们实际决策过程中的行为特征,并从心理和认知方面

---

① 武群丽、席曼:《考虑绿色证书交易的跨省区电力市场均衡分析》,《现代电力》2021 年第 4 期。
② 冯昌森、谢方锐、文福拴等:《基于智能合约的绿证和碳联合交易市场的设计与实现》,《电力系统自动化》2021 年第 23 期。骆钊、秦景辉、梁俊宇:《含绿色证书跨链交易的综合能源系统运行优化》,《电网技术》2021 年第 4 期。
③ Y. Afthinos, N. D. Theodorakis, P. Nassis. "Customers' expectations of service in Greek fitness centers: Gender, age, type of sport center, and motivation differences". *Managing Service Quality*, Vol. 15, No. 3(2005), pp. 245-258.
④ K. P. Arbournicitopoulos, K. Ginis. "Universal accessibility of 'accessible' fitness and recreational facilities for persons with mobility disabilities". *Hysical Activity Quarterly*, Vol. 28, No. 1(2011), pp. 1-15.
⑤ A. Maurice. "Le comportment de l'homme rationanel devant le risque: Critique des postulats et axioms de l'ecole Americaine". *Econometrica*, Vol. 21, No. 4(Oct. 1953), pp. 503-546. D. Ellsberg. "Risk, ambiguity, and the savage axioms". *QJ Econ*, Vol. 75(1961), pp. 643-699.
⑥ 邵希娟、杨建梅:《行为决策及其理论研究的发展过程》,《科技管理研究》2006 年第 5 期。

进行解释,提炼出行为变量进而对理性决策模型进行改进。

现阶段,关于发电企业市场行为决策的研究不断丰富。博弈论通过综合考虑一定范围内多个主体的预测行为和实际行为,同时借助稳定性理论,分析参与者学习模仿、调整适应的稳定状态,研究它们的行为演变过程,在研究电力行业各主体行为方面得到了广泛应用。[1] 沙法哈(Shafie-Khah)等人建立了一个基于代理人的博弈论模型来研究寡头垄断情况下的电力市场行为,发现如果监管机构不考虑市场参与者的战略合谋,在长期范围内可能会对风力发电生产商产生不利影响。[2] 刘(Liu)和李(Lie)通过实证估计发电公司的猜测变量,分析发电公司的市场行为,表示电力市场的监管者可以通过检查发电公司的市场行为来识别和遏制市场力量,市场参与者也可以分析其竞争对手的行为,并做出相应的最佳决策。[3] 肖(Xiao)等人基于斯塔克伯格博弈模型,针对风电生产商在涉及大规模风力发电的电力市场中的行为进行了闭合分析,揭示了风力发电商在各种市场规则和状态下采取行动的机理,包括竞价规则、偏差结算、需求弹性、市场容量和可再生能源补贴。[4] 苏莱马尼(Soleymani)等人介绍了一种从独立系统运营商的角度分析发电公司竞价策略的新方法,提出的模型能够模拟能源市场和参与者的行为,获得他们竞价策略的纳什均衡点,从而发现可能具有市场力量或实际行使市场力量的参与者。[5] 郭(Guo)等人为了分析电力市场的实际竞价行为,提出了一个数据驱动的竞价行为分析框架和竞价行为自适应聚类方法,并对澳大利亚能源市场的实际数据进行了竞价行为的实证分析。[6] 克劳斯(Krause)等人构建了一个代理模型和制定独立系统运营商的优化路径,并通过分析和模拟证明,选择使用哪些技术和地点不受市

---

[1] N.Hajibandeh, M.Shafie-Khah, G.J.Osório, et al."A new approach for market power detection in renewable-based electricity markets". *International Conference on Environment and Electrical Engineering; Industrial and Commercial Power Systems Europe*, 2017, pp.1-5.

[2] M.Shafie-Khah, P.Siano, D.Z.Fitiwi, et al."Regulatory support of wind power producers against strategic and collusive behavior of conventional thermal units".13th, *International Conference on the European Energy Market(EEM)*.IEEE, 2016.

[3] J.D.Liu, T.T.Lie."Empirical dynamic oligopoly behavior analysis in electricity markets". *International Conference on Power System Technology*.IEEE, 2004.

[4] Y. Xiao, X. Wang, X. Wang, et al. "Behavior analysis of wind power producer in electricity market". *Applied Energy*, 2016, p.171.

[5] S.Soleymani, A. M. Ranjbar, A. Jafari, et al. "Market power monitoring in electricity market by using market simulation". *IEEE Power India Conference*.IEEE, 2006.

[6] H.Guo, Q.Chen, Y.Gu, et al."A Data-Driven Pattern Extraction Method for Analyzing Bidding Behaviors in Power Markets". *IEEE Transactions on Smart Grid*, Vol.11, No.4(July 2020), pp.3509-3521.

场参与者战略行为的影响,将社会福利最大化作为投资标准是减少个别参与者的有效手段。①

(二) 国内研究现状

与国外相比,我国关于市场行为决策的研究起步较晚,但近年来市场行为决策愈加受到我国研究者的广泛关注。

对于行为决策的理论探索是相关学者的关注重点之一。魏莹和熊思佳将行为决策理论关于多参照点的最新成果引入报童模型,发现当底线为外生而现状利润为内生变量时,报童决策可能大于(或小于)理论最优订货量,报童最优订货量与批发价、底线点、乐观程度和失败规避系数等负相关,并且在一定条件下随零售价和损失规避系数的增大而减小。② 蒋多和何贵兵指出,以往有关风险决策、跨期决策和社会决策的理论的模型是互不相同的,但是心理距离理论认为,决策结果的概率、时间、空间、人际等属性本质上都可被表征为决策结果在决策者心中的心理距离,这意味着风险、跨期和社会决策模型有可能经由心理距离而得以统一。③ 行为决策理论中,关于前景理论的相关分析研究近年来发展迅速。陈凯和黄滋才利用期望效用理论和前景理论分别与传统精算定价模型相结合,推导出行为决策精算定价模型,从根本上解决保险产品统一定价和逆向选择行为的问题,并对行为决策精算定价模型进行归纳推广。④ 李玉、吴斌和王超考虑个体有限理性特征,基于前景理论构建众包物流参与者感知收益博弈矩阵,建立保价条件下配送方的行为决策模型,并运用数值仿真技术验证模型的有效性。⑤

在理论研究的基础上,关于市场行为决策的实践研究也在服务业、建筑业、保险业、房地产业等领域得到了充分开展。左文明等人针对B2C电子商务环境,基于行为研究领域"非理性人"假设的前景理论,构建网络消费者的多属性行为决策模型,发现良好的服务补救策略有助于提升服务质量。⑥ 伍

---

① T.Krause, S. Chatzivasileiadis, M. Katsampani, et al. "Impacts of grid reinforcements on the strategic behavior of power market participants". *European Energy Market*. IEEE, Vol.2 (Aug. 2012).
② 魏莹、熊思佳:《竞争? 或者合作?——基于报童决策的底线和现状利润双参照点研究》,《系统工程理论与实践》2020年第12期。
③ 蒋多、何贵兵:《心理距离视角下的行为决策》,《心理科学进展》2017年第11期。
④ 陈凯、黄滋才:《基于期望效用与前景理论的行为决策精算定价模型》,《保险研究》2017年第1期。
⑤ 李玉、吴斌、王超:《基于前景理论的众包物流配送方行为决策演化博弈分析——基于发货方视角》,《运筹与管理》2019年第6期。
⑥ 左文明、陈少杰、王旭等:《基于前景理论的网络消费者多属性行为决策模型》,《管理工程学报》2019年第3期。

红民等人构建了能源服务公司(Energy Service Company,ESCO)、政府和业主的三方博弈模型,探讨了三方主体进化稳定策略形成的动态演化过程,表明在各方信息不对称条件下,三方主体的动态利益博弈并不会固定地收敛于某一个稳定策略集合,其在各自不同概率范围内的不同行为取向均会造成不同收益结果,推动市场健康有序运行需要三方主体共同努力。① 严晨指出在垄断的市场结构之下,保险公司采取多种竞争行为,由于保险市场存在政府对保险费率的管制,作为首要竞争方式的价格行为衍生出了其不合理的方面,并根据市场结构、市场行为的分析结果提出了提高市场绩效的建议。② 田志龙和樊帅采用结构内容分析法,以中国典型房地产企业为例,研究了企业市场与非市场竞争行为及其互动规律。③ 冯浩将网络舆情与房地产市场主体行为之间是否具有相关性作为研究内容,对房地产市场的主体及行为进行了分析。④

现阶段,国内学者针对市场行为决策与电力企业相结合的研究逐步涌现。许博等人使用演化博弈理论对考虑了双边交易模式的电力交易模式进行建模分析,构建了发电厂和大用户的电力供需模型,并对发电厂的市场竞争演化过程及均衡状态进行讨论与分析,结果表明在不同类型供需情境下,引入双边协商交易制度未必一定会提升市场平均利润;在市场供需确定情况下,发电厂在双边市场的保留价格会影响市场总体利润水平。⑤ 周步祥等人先对用电主体的效用函数进行改进,以量化区块链技术对其用电福利的影响;然后基于演化博弈理论构建需求侧各主体选择交易对象的动态过程,基于斯坦伯格博弈理论构建供需两侧间的交互机制,建立基于区块链的微电网电力市场双层博弈模型,并采用迭代算法进行求解;最后在区块链平台上进行仿真分析,结果表明所提方法能有效达到状态均衡,得到最优交易策略,提高了微电网的总福利,实现了微电网电力市场内多主体共赢与协调发展。⑥ 为解决多发电商竞价与大用户直购电交易的耦合优化决策问题并

---

① 伍红民、郭汉丁、李柏桐:《多方博弈视角下既有建筑节能改造市场主体行为策略》,《土木工程与管理学报》2019年第1期。
② 严晨:《保险行业的市场结构、市场行为、市场绩效研究》,《统计与管理》2021年第8期。
③ 田志龙、樊帅:《企业市场与非市场行为的竞争互动研究——基于中国房地产行业的案例》,《管理评论》2010年第2期。
④ 冯浩:《网络舆情与中国房地产市场行为相关性研究》,硕士学位论文,吉林大学,2019。
⑤ 许博、左莉琳、金珈伊等:《基于演化博弈的"双边—集中"电力市场交易机制研究》,《中国管理科学》2023年第8期。
⑥ 周步祥、曹强、臧天磊等:《基于区块链的微电网双层博弈电力交易优化决策》,《电力自动化设备》2022年第9期。

实现多主体共赢,李飞等人建立了 RPS 驱动下绿、火电商竞价和大用户直购电的双层博弈优化模型,其中外层多发电商构成非合作博弈,各发电商通过博弈竞价以获得大用户更多的购电;内层多发电商和多大用户构成主从博弈,各发电商优化报价以满足售电利润最大,各大用户优化购电方案满足 RPS 考核并降低交易成本,实现供需双方共赢。采用 KKT 条件和不动点型迭代算法求解优化模型,仿真结果表明,RPS 驱动和博弈竞价机制可提升绿电商竞争力,并降低了用户交易成本;但当 RPS 配比上升到一定程度时,大用户博弈能力削弱,交易成本反弹,从而为 RPS 下大用户直购电策略优化提供了决策参考。① 基于配额制下售电公司市场交易框架及模式,吴玲等人考虑售电公司多种购电渠道的购电成本、柔性合约成本、绿证交易成本及售电收入,以条件风险价值法度量相关不确定因素带来的风险值,构建多市场组合交易决策模型。运用多场景法对风电出力、集中竞价市场出清价格、绿证价格等不确定因素生成典型场景集,以售电公司收益最大、市场交易风险最低为决策目标,采用 GAMS 软件对决策模型进行编程求解。算例仿真分析了风险规避系数、风电出力不确定性、可再生能源配额比例等因素变化对售电公司收益的影响,对模型的有效性进行了验证,为配额制下售电公司参与多市场交易决策提供理论指导。② 为明确相应政策组合对责任主体交易行为的影响效用,曾鸣等人分析了"绿证交易+配额制考核"下电力市场与绿证市场耦合机理;基于反身性视角构建了消费侧责任主体参与电力市场与绿证市场交易的序贯优化模型;最后通过算例模拟了责任主体在考核期内的交易决策过程。结果表明,在 RPS 下,相较固定价格模式,绿证的市场化交易可在不显著增加责任主体成本的前提下,有效提升可再生能源电力消纳量和绿证市场交易额。③ 石永鹏通过对配额制下风电厂成本效益、影响机理以及经营策略进行研究,既能帮助风电厂对电力交易量和风机需求量等进行合理预测,减少弃风和利润最大化,还能帮助政府部门根据不同可再生能源责任消纳权重对风电厂的发展影响程度合理制定政策,促进包括风电产业在内的可再生能源发电行业的发展。④

---

① 李飞、李咸善、鲁明芳等:《计及配额考核约束的发电商与大用户直购电博弈优化模型》,《高电压技术》2022 年第 8 期。
② 吴玲、刘浩、刘秋华等:《可再生能源配额制下售电公司多市场交易决策》,《电力建设》2023 年第 7 期。
③ 曾鸣、许彦斌、马嘉欣等:《"绿证交易+配额制考核"对责任主体交易策略影响研究》,《华北电力大学学报》(自然科学版)2023 年第 4 期。
④ 石永鹏:《配额制实施背景下风电厂的经营决策模型研究》,硕士学位论文,华北电力大学(北京),2022。

四、文献述评

在可再生能源发展政策方面,国外学者在分析可再生能源发展趋势和可再生能源发展政策现状的基础上,对实施可再生能源发展政策的适用性和面临的主要障碍进行了探讨,并提出了未来政策制定的建议。此外,评估可再生能源发展政策的具体影响和对比研究不同国家地区可再生能源发展政策的文献也较为丰富。国内学者首先比较分析了发达国家的可再生能源发展政策,总结了一些政策制定的经验和建议。然后,结合国内可再生能源的发展现状和已颁布的相关政策,探讨了我国可再生能源发展政策的具体制定,主要集中在经济性激励政策、法律法规、产业政策等角度。总体来说,国内外学者关于可再生能源发展政策的制定都进行了一定的研究,但以往研究多从全域性视角出发,研究内容在具有全面性优点的同时,亦存在较为宽泛的弊端,缺乏针对性与适应性,对于政策的影响对象,特别是关于对发电企业市场行为的影响研究,寥寥无几。

在 RPS 方面,国外学者率先指出了实施 RPS 的必要性和有效性,在此基础上指出了当前实施 RPS 面临的主要风险和障碍,并给出了相关建议。值得注意的是,国外学者对于 RPS 的实施效果,特别是对于 RPS 的成本问题和经济影响进行了充分探讨。此外,结合 RPS 开展绿证交易制度的研究也逐渐涌现。国内学者对于 RPS 的研究主要分为三个阶段:分析推进可再生能源发展的必要性和可再生能源发电政策及制度的抉择,探讨我国 RPS 的制度设计和提出我国 RPS 具体实施方案制定的相关建议。此外,关于绿证交易制度的影响研究也予以了一定关注。目前,探索 RPS 制度设计和具体实行方案的研究越来越多,但关于 RPS 下发电主体市场行为的演化过程,以及考虑主体间互动关系的市场行为决策仿真的研究少之又少。

在发电企业市场行为研究方面,国外学者首先有效拓展了市场行为决策理论,并从经济学视角出发对该理论进行验证。然后,将理论应用于实践,探究不同场景下的市场行为决策,其中关于发电企业的市场行为决策研究也在不断丰富。国内学者也对市场行为决策进行了理论探索和实践研究,主要集中在服务业、建筑业、保险业和房地产业等领域,对于将市场行为决策理论应用于发电企业市场行为的相关研究较少,难以满足当前环境的需求。

综上所述,无论是在可再生能源发展政策的研究领域还是 RPS 的研究领域,具体探讨 RPS 实施后对发电企业的影响及随之带来的发电企业市场行为变化的研究都较为薄弱。而在市场行为决策领域,紧跟政策变化考虑 RPS 背景的发电企业市场行为研究也很少,难以满足当前实现"双碳"目标下发展可再生能源、运用市场手段发挥 RPS 有效作用的实际需要。

第三节 研究思路、内容及创新点

一、研究思路

RPS 的实施对发电企业会产生哪些影响？对于市场主体来说,如何有效地选择策略来协调他们之间的利益冲突,从而促使我国 RPS 顺利实施,取得良好的效果？围绕以上问题,本书按照"提出问题—分析问题—解决问题"的思路进行研究。首先,对 RPS 的内涵与国内外实施现状进行了梳理,并提炼了 RPS 下发电企业市场行为的内涵,界定了本书的研究边界。其次,基于政策网络视角,围绕 RPS 参与主体的政策网络中行动者类型、结构及互动等问题,界定 RPS 视角下的市场主要利益主体及其利益目标,深入剖析市场利益主体在 RPS 影响下的互动关系。此外,从宏观、微观角度分别分析了发电企业市场行为的影响因素,并运用 Fuzzy-DEMATEL 模型对发电企业市场行为的关键影响因素进行了提取。在此基础上,考虑影响发电企业市场行为的关键因素,从单市场和多市场的视角分别开展了发电企业市场行为建模与仿真分析。运用演化博弈理论动态分析了市场主体间的行为演化过程,同时基于影响因素之间的机理关系构建了 RPS 下发电企业市场行为的系统动力学模型,分析了不同情景下我国发电企业市场行为的发展趋势,明确各关键影响因素对发电企业市场行为的影响。然后,考虑"双碳"目标对发电企业市场行为的影响,以及电网企业参与电力市场、碳市场和绿证市场等的复杂背景,构建了发电企业多市场组合参与决策模型,并运用优化决策方法对发电企业的多市场参与策略进行仿真分析,为发电企业的市场行为决策提供参考与支撑。最后,基于研究结论,考虑 RPS 对发电企业市场行为的影响,探索构建了 RPS 下发电企业市场行为的保障机制。图 1-1 是本书的研究思路图。

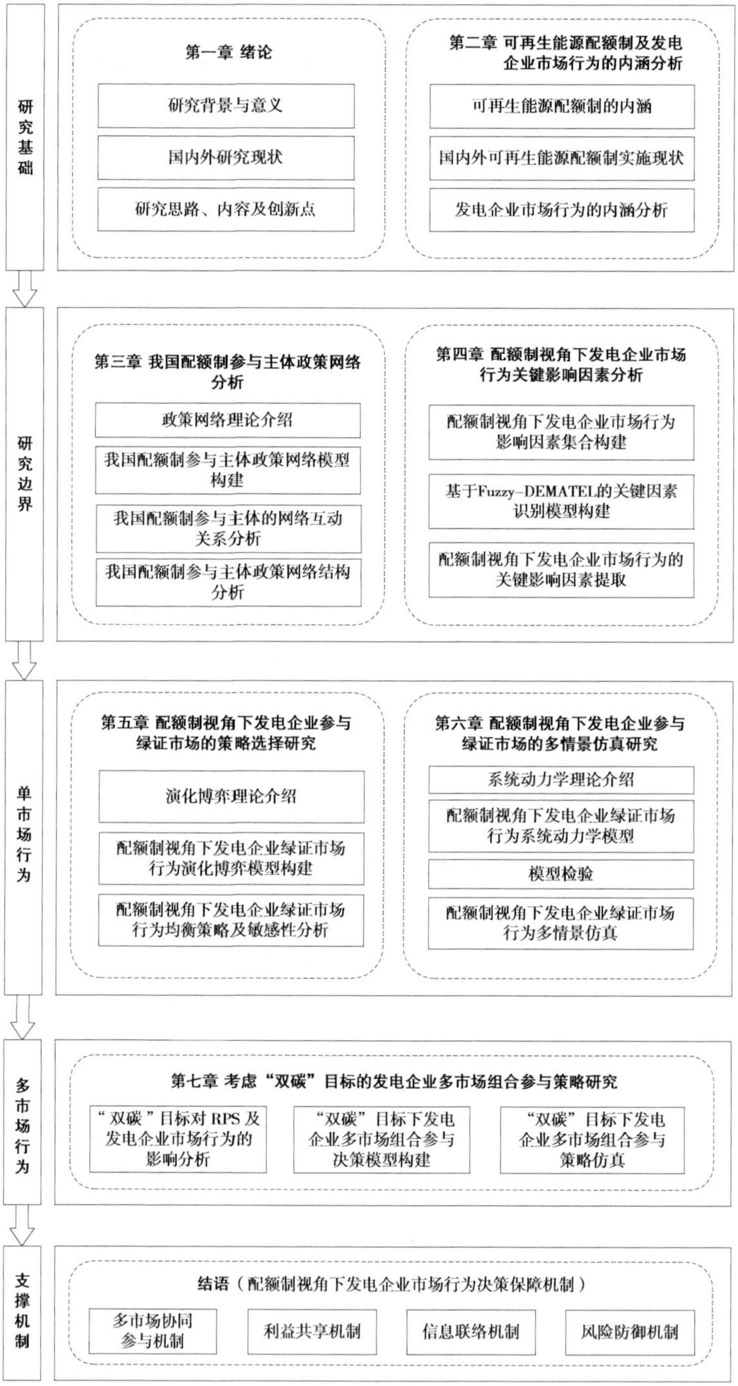

```
┌─────────┐   ┌──────────────────────────────────┬──────────────────────────────────┐
│         │   │      第一章 绪论                  │ 第二章 可再生能源配额制及发电      │
│         │   │                                  │      企业市场行为的内涵分析        │
│ 研      │   │      研究背景与意义              │      可再生能源配额制的内涵        │
│ 究      │   │                                  │                                  │
│ 基      │   │      国内外研究现状              │    国内外可再生能源配额制实施现状  │
│ 础      │   │                                  │                                  │
│         │   │      研究思路、内容及创新点      │      发电企业市场行为的内涵分析    │
└─────────┘   └──────────────────────────────────┴──────────────────────────────────┘
```

图 1-1 研究思路

(研究基础 → 研究边界 → 单市场行为 → 多市场行为 → 支撑机制)

研究基础
- 第一章 绪论：研究背景与意义；国内外研究现状；研究思路、内容及创新点
- 第二章 可再生能源配额制及发电企业市场行为的内涵分析：可再生能源配额制的内涵；国内外可再生能源配额制实施现状；发电企业市场行为的内涵分析

研究边界
- 第三章 我国配额制参与主体政策网络分析：政策网络理论介绍；我国配额制参与主体政策网络模型构建；我国配额制参与主体的网络互动关系分析；我国配额制参与主体政策网络结构分析
- 第四章 配额制视角下发电企业市场行为关键影响因素分析：配额制视角下发电企业市场行为影响因素集合构建；基于 Fuzzy-DEMATEL 的关键因素识别模型构建；配额制视角下发电企业市场行为的关键影响因素提取

单市场行为
- 第五章 配额制视角下发电企业参与绿证市场的策略选择研究：演化博弈理论介绍；配额制视角下发电企业绿证市场行为演化博弈模型构建；配额制视角下发电企业绿证市场行为均衡策略及敏感性分析
- 第六章 配额制视角下发电企业参与绿证市场的多情景仿真研究：系统动力学理论介绍；配额制视角下发电企业绿证市场行为系统动力学模型；模型检验；配额制视角下发电企业绿证市场行为多情景仿真

多市场行为
- 第七章 考虑"双碳"目标的发电企业多市场组合参与策略研究："双碳"目标对 RPS 及发电企业市场行为的影响分析；"双碳"目标下发电企业多市场组合参与决策模型构建；"双碳"目标下发电企业多市场组合参与策略仿真

支撑机制
- 结语（配额制视角下发电企业市场行为决策保障机制）：多市场协同参与机制；利益共享机制；信息联络机制；风险防御机制

图 1-1 研究思路

二、研究内容

本书研究 RPS 视角下我国发电企业市场行为,研究内容主要分为以下七个部分:

1. RPS 及发电企业市场行为的内涵分析

首先,通过整理国内外有关可再生能源发展政策、RPS、市场行为决策等的研究,总结现有的理论成果和实证研究成果。其次,归纳有关可再生能源发展政策、RPS 的相关实践资料,了解其国内外的实施情况,从总体上了解 RPS 的发展进程。最后,对 RPS 下发电企业市场行为内涵进行界定。

2. 我国 RPS 参与主体政策网络分析

首先,对政策网络理论进行介绍,论证该理论在我国 RPS 研究中的适用性。其次,界定政策网络中各利益主体,明确 RPS 参与主体政策网络应包含的基本要素。然后,从四个阶段对 RPS 视角下的政策网络利益主体间存在的互动关系进行探讨。最后,对不同阶段政策网络的开放度和集成度展开分析。

3. RPS 视角下发电企业市场行为关键影响因素分析

首先,从宏观、微观两个方面对发电企业市场行为的影响因素进行分析,并进一步得到 RPS 下的发电企业市场行为影响因素集合。然后,利用 Fuzzy-DEMATEL 模型从发电企业市场行为影响因素集合中提取得到关键影响因素。

4. RPS 视角下发电企业参与绿证市场的策略选择研究

首先,阐述演化博弈模型理论。然后,基于 RPS 视角下发电企业市场行为产生的主要收益与成本情况,构建了发电企业市场行为演化博弈模型。最后,分析发电企业市场行为的均衡策略,并通过仿真分析剖析 RPS 视角下的发电企业市场行为演化博弈过程。

5. RPS 视角下发电企业参与绿证市场的多情景仿真研究

首先,通过分析系统动力学的理论基础,探讨模型的适用性和可行性。然后,基于电力系统中电源结构、生产成本、可再生能源配额、交易价格及罚金价格等诸多变量及参数之间的因果反馈关系,建立 RPS 下发电企业市场行为的系统动力学模型,并对该模型进行检验。最后,考虑 RPS 视角下发电企业市场行为的关键影响因素,开展了发电企业市场行为的多情景仿真与模拟。

6. 考虑"双碳"目标的发电企业多市场组合参与策略

首先,分析"双碳"目标对发电企业市场行为的影响。其次,以综合收益最大化为目标构建了发电企业在电力市场、碳市场、绿证市场等多市场的组合优化决策模型。最后,运用优化算法对多种情景下的发电企业市场参与策略进行仿真分析。

7. RPS 视角下发电企业市场行为保障机制设计

根据发电企业市场行为的仿真分析结果,考虑 RPS 下各关键影响因素对发电企业市场行为的影响,从多市场协同参与、利益共享、信息联络、风险防御等角度构建了发电企业市场行为决策的保障机制。

三、创 新 点

本书运用政策网络理论、模糊集理论、演化博弈论、系统动力学、行为决策等理论方法,对 RPS 下的发电企业市场行为进行了研究,不仅拓展了 RPS、发电企业市场行为等相关研究的框架,还为发电企业参与多市场交易提供了策略选择的参考,本书的创新点主要包括以下五个方面:

1. 构建了我国 RPS 参与主体的政策网络模型,揭示了我国 RPS 参与主体的网络互动关系。本书从政策参与主体的视角出发,运用政策网络模型,分析了我国 RPS 参与主体的政策网络结构,阐述了 RPS 制定的可行性与科学性,并从 RPS 政策发展的不同阶段分析了其主体互动关系演化过程,为 RPS 的相关研究提供了新的方法参考。

2. 构建了基于 Fuzzy-DEMATEL 的关键因素识别模型,提炼了影响发电企业市场行为的关键因素。本书从宏观、微观两个方面对发电企业市场行为的影响因素进行了分析,建立了 RPS 视角下发电企业市场行为影响因素集合。在此基础上,利用 Fuzzy-DEMATEL 模型,提炼出了可再生能源配额比例、可再生能源补贴、发电装机容量、未完成配额目标支付的罚金、政府监督力度以及绿证价格 6 个影响发电企业市场行为的关键影响因素,为后续研究 RPS 对发电企业市场行为影响的机理奠定了基础。

3. 构建了发电企业参与绿证市场的演化博弈模型,刻画了 RPS 下发电企业参与绿证市场的行为决策过程。本书结合 RPS 对发电企业的影响,以及火电企业与绿电企业在绿证市场中的动态博弈关系,构建了演化博弈模型,分析了双方参与绿证市场的最优均衡策略。并通过对发电企业行为决策的动态演化过程进行仿真模拟,揭示了不同参数情景下发电企业市场行为的演化路径和决策选择。

4. 构建了 RPS 下发电企业的市场行为决策系统,预测了不同情景假设下发电企业的行为演化趋势。本书考虑我国"双碳"目标影响下的能源结构、市场机制等因素变化,对不同政策情景下的发电企业市场行为进行了仿真分析,清晰地展示了各发电企业的行为演化趋势,明确了各类政策参数对发电企业市场行为的影响机理与影响效果,为相关研究提供了新的方法支持。

5. 构建了发电企业参与多市场的组合决策模型,提出了"双碳"目标下火电企业的经营策略。本书考虑目前我国发电企业的实际运行背景与运营需求,以及"双碳"目标对发电企业的相关影响,构建了发电企业同时参与电力市场、碳市场和绿证市场的多市场组合决策模型,并通过仿真分析,得到了"双碳"目标下火电企业的经营策略,为发电企业市场决策提供了新的思路支撑。

第二章 可再生能源配额制及发电企业市场行为的内涵分析

第一节 可再生能源配额制的内涵

一、可再生能源配额制概念及特征

RPS 是国际上普遍采用的攻克可再生能源消纳难题、实现非化石能源消费目标的重要市场化机制。RPS 是规划发展可再生能源的主要手段,也是政府部门为保证可再生能源使用所采取的强制性手段。政府通过制定法律,以电力系统相关成员,主要包括电力生产者、零售商及消费者为实施主体,强制规定可再生能源发电量在总电力供应量或使用量中必须占有的最低比例,并规定了有效的可再生能源发电组合,如风电、太阳能发电、小水电、生物质发电等(简称绿电)[①]。RPS 设定了可再生能源发电在总发电量中的目标,其主要目的是开发一定数量的可再生能源电力,并运用市场机制,即竞争性市场定价,寻求最低发电成本,从而高效地促进可再生能源的消纳和平稳有序发展。

RPS 主要具有以下四点特征[②]:

1. RPS 具有显著的强制性。RPS 基于国家层面立法颁布,如果 RPS 主体未能履行法定配额义务,其将会被惩罚,这是政府严格确保实现该国可再生能源发展配额目标的手段。

2. RPS 具有强烈的目标性。RPS 的目标性体现在其规定了在计划期内地区要达到的可再生能源发展目标,可再生能源发展目标包括两部分,一是可再生能源绝对量目标,二是可再生能源增长比例,从而保证在计划期

[①] 陈志峰:《我国可再生能源绿证交易基础权利探析》,《郑州大学学报》(哲学社会科学版) 2018 年第 3 期。

[②] 黄珺仪:《可再生能源配额制政策的理论研究》,《改革与战略》2016 年第 8 期。Zhou Dequn, Hu Fanshuai, Zhu Qingyuan, Wang Qunwei. "Regional allocation of renewable energy quota in China under the policy of renewable portfolio standards". *Resources, Conservation and Recycling*, Vol.176(2022), pp.0921-3449.

内,可再生能源拥有稳固的市场需求。

3. RPS 具有明确的责任主体。整个计划期内,RPS 明确了监管部门,以及 RPS 政策义务的承担者,并明确规定了为加速实现目标,义务主体所需要实现的具体义务。

4. RPS 具有配套的市场机制。可再生能源配额目标可以通过交易绿色证书来实现,电力管制者对可再生能源电量核发一定数量的绿色证书,责任主体通过自身的努力或是市场交易获得绿色证书来完成配额义务,RPS 下的绿证市场极大地方便了义务主体间的竞争。

综合上述 RPS 的基本特征,RPS 可以被归纳为一种依靠于立法的、以市场机制为实现路径的可再生能源发展促进政策,也是一种公正、透明的可再生能源政策工具。从理论层面来看,其强制性、目标性、责任明确性的特点能够保障 RPS 的顺利执行;从现实层面来看,其灵活实现目标、资源配置优化的特点有利于 RPS 的推广应用。

二、可再生能源配额制运行机制

RPS 制度是依靠市场主导的、具备经济性的、以促进可再生能源发展为目标的制度,其有效实施依托于完整的运行保障机制。通常来说,RPS 运行机制包括以下几个要素:

1. 配额目标

RPS 运行机制的政策目标也就是总量目标,总量目标制度是 RPS 的核心和关键。我国 RPS 总量目标应与可再生能源的规划与发展目标相适应。

2. 配额义务承担者

配额义务承担者通常包括发电企业、电网企业及监管部门。其中,监管部门负责制定和监督可再生能源消纳,电网企业负责组织落实消纳目标。

3. 配额指标

配额指标的制定是为了具体落实配额政策目标,政府制定了法律法规,对配额义务承担者提出强制要求,要求其必须在计划期内完成相应比例的可再生能源配额,这就是配额指标。不同国家对于 RPS 指标的制定是不同的,配额指标主要是可再生能源装机容量、可再生能源发电占比以及未来几年可再生能源在新增发电量中所占的百分比等。

4. 合格技术

合格技术是政府规定的一些可再生能源技术,配额义务承担者可以通过应用合格技术,或者开发某些政府规定的可再生能源,来完成其应该承担的配额义务。可再生能源技术主要有风能、太阳能、生物质能、地热能、波浪能、潮汐能以及海洋能等。对于可再生能源技术的选择,应该考虑RPS制度设计原则、本国国情以及能源结构等因素。可再生能源技术纳入作为配额合格技术应当满足以下六点:

(1)技术已相对成熟或技术具有较大发展潜力;
(2)成本会随着技术规模化大幅度降低,并可实现产业化;
(3)市场前景形势好;
(4)可再生能源产量的计量及核实方便简单;
(5)可再生能源资源丰富,易获得;
(6)可再生能源技术非但不会破坏影响自然生态环境,反而会改善本国的自然生态环境。

各个国家在考虑合格技术时通常只考虑可再生能源发电技术,而在发电技术中,又往往选择集中并网的发电技术。那些分散的和非并网的技术一般不被纳入合格技术当中。这样可以提高配额制的可操作性,减少管理成本。

5. 监管措施

监管措施是指根据配额制要求,依法对无法完成配额任务的主体制定一系列处罚措施。监管措施可以监督配额任务实施情况,针对不能完成配额任务的义务承担者进行处罚,能够反向激励各主体主动履行义务。

6. 配套政策

配套政策的目的是辅助RPS的实施,无缝对接现行法规和能源政策,提高可再生能源政策体系的总体效果。为此,政府出台了一系列与之相关的配套激励政策,以及与经济、能源、环境协调发展的其他可再生能源政策。其中,绿色证书交易制度是主要的RPS配套政策之一。

第二节 国内外可再生能源配额制实施现状

一、国外可再生能源配额制实施现状

国外RPS实施较早,美国的31个州以及英国、意大利、波兰、澳大利亚、日本、智利等25个国家及地区自上世纪80年代起陆续颁布RPS。通过梳理分析国外配额制现状,总结出国外实施RPS涉及的配额义务承担主

体、配额指标、惩罚措施、合格技术等要素情况①如下：

（一）美国的 RPS

美国尚未在联邦层面设立 RPS。1983 年，艾奥瓦州首次实行 RPS，制定了替代能源生产法。通过美国大型数据库——州可再生能源及效率激励数据库(Database of State Incentives for Renewables & Efficiency, DSIRE)可知，上世纪 90 年代到 2009 年，美国大量州实施了 RPS 政策，并在实施后，针对州情况需要，不断修订 RPS，修订集中在提高 RPS 目标或者延迟目标持续时间。② 随着 RPS 政策的推行，州政府改变了其推行 RPS 政策的动机，从解决环境问题，延伸到发展当地经济，及解决化石能源的价格危机。从 2000 年至今，美国 60% 的绿色电力消纳得益于 RPS 的实施。截至 2021 年底，美国共有 31 个州和华盛顿哥伦比亚特区依据本州资源、市场、政策背景制定并实施了可再生能源配额标准或清洁能源标准(Clean Energy Standards, CES)，并在实行过程中不断改进 RPS 政策，以此提高可再生能源在整体能源结构中的占比。如 2021 年，特拉华州、俄勒冈州、北卡罗来纳州和伊利诺伊州四个州更新了其 RPS 或 CES 政策。此外，内布拉斯加州于 2021 年 12 月批准了其第一个清洁能源目标，成为美国第 20 个承诺到 2050 年实现 100% 清洁电力的州。

1.配额目标

美国各州的配额目标不同，是各州自己制定的，可以概括为以下类型：

(1)规定配额实现期限和比例。实行该政策的州，制定的 RPS 目标范围为 10%—100%，例如哥伦比亚特区规定在 2032 年达到可再生能源 100% 占比，夏威夷州则是 2045 年。

(2)配额要求逐年增加。例如，马萨诸塞州规定 2030 年实现可再生能源占比 41.1%，之后要逐年提升 1%。

---

① G.Barbose."U.S. Renewables Portfolio Standards 2021 Status Update: Early Release", 2021. M. Fischlein, T.Smith, "Revisiting renewable portfolio standard effectiveness: policy design and outcome specification matter". *Policy Sciences*, Vol.46, No.3(March 2013), pp.277-310. I.Behrsin, S.Knuth, A.Levenda."Thirty states of renewability: Controversial energies and the politics of incumbent industry". *Environment and Planning E: Nature and Space*. Vol.5, No.2(June 2022), pp. 762-786. J.Heeter."Renewable energy certificate(REC) tracking system: Costs & verification issues". *Golden, Colorado: National Renewable Energy Laboratory*, 2013. 黄碧斌、李琼慧、谢国辉等：《意大利可再生能源配额制及对我国的启示》，《风能》2013 年第 11 期。薛晗：《意大利可再生能源激励政策启示》，《智库时代》2017 年第 1 期。

② 谢旭轩、王田、任东明：《美国可再生能源配额制最新进展及对我国的启示》，《中国能源》2012 年第 3 期。

（3）规定装机容量。例如得克萨斯州规定，在 2025 年实现 10000MW 可再生能源装机。也有些州分别给配额主体设定了相应配额目标，科罗拉多州规定，2015—2019 年，电力供应商可再生能源零售电力占比需要达到 20%，2020—2050 年，需要达到 30%。针对服务里程达到 100 公里及以上的相关合作电力供应商，2015—2019 年，将可再生能源零售电力占比提高到 6%，2020—2050 年，提高到 20%。针对服务里程不到 100 公里的相关合作电力供应商，需要在 2020 年实现可再生能源占比 10%，服务用户大于 4 万的市政电力供应商，2015—2019 年，实现可再生能源零售电力占比 6%，2020—2050 年这一目标上升到 10%。

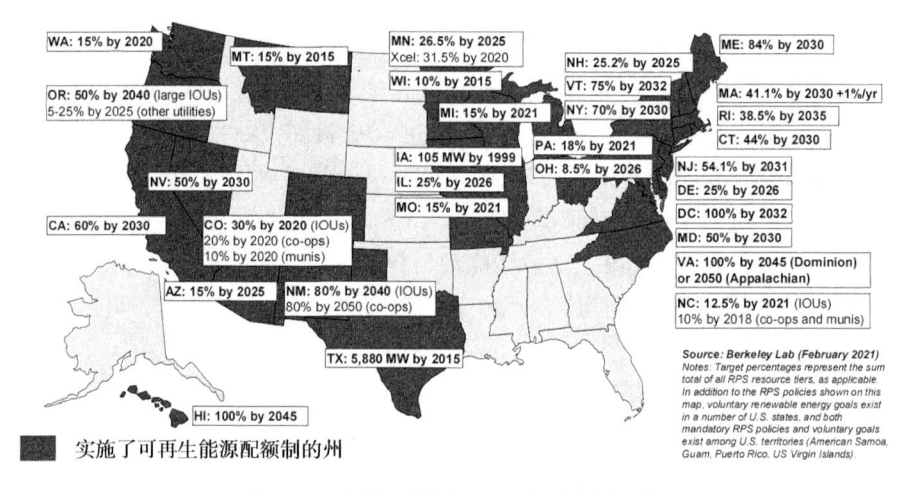

图 2-1　美国各州可再生能源配额目标①

数据来源于美国能源信息署（Energy Information Administration）

---

① 图中美国各州州名以简写表示：阿拉巴马州（AL）、阿拉斯加州（AK）、亚利桑那州（AZ）、阿肯色州（AR）、加州（CA）、科罗拉多州（CO）、康涅狄格州（CT）、特拉华州（DE）、华盛顿哥伦比亚特区（DC）、佛罗里达州（FL）、佐治亚州（GA）、夏威夷（HI）、爱达荷州（ID）、伊利诺伊州（IL）、印第安纳州（IN）、艾奥瓦州（IA）、堪萨斯州（KS）、肯塔基州（KY）、路易斯安那州（LA）、缅因州（ME）、马里兰州（MD）、马萨诸塞州（MA）、密歇根州（MI）、明尼苏达州（MN）、密西西比州（MS）、密苏里州（MO）、蒙大拿州（MT）、内布拉斯加州（NE）、内华达州（NV）、新罕布什尔州（NH）、新泽西州（NJ）、新墨西哥州（NM）、纽约州（NY）、北卡罗莱纳州（NC）、北达科他州（ND）、俄亥俄州（OH）、俄克拉荷马州（OK）、俄勒冈州（OR）、宾夕法尼亚州（PA）、罗得岛州（RI）、南卡罗来纳州（SC）、南达科他州（SD）、田纳西州（TN）、德州（TX）、犹他州（UT）、佛蒙特州（VT）、弗吉尼亚州（VA）、华盛顿州（WA）、西弗吉尼亚州（WV）、威斯康星州（WI）、怀俄明州（WY）、美属萨摩亚（AS）、关岛（GU）、北马里亚纳群岛自由联邦（MP）。

在实施 RPS 的过程中,很多州对配额目标进行了调整,推行 RPS 政策的州中有一半以上持续提高了整体能源结构中可再生能源的占比。各州也依据当地情况,规定了配额目标的推行时间,其中,北卡罗来纳州、明尼苏达州、俄勒冈州、新墨西哥州为不同配额主体规定了不同期限。几乎一半的州扩展 RPS 目标至 2030 年,其中大多数都是在近年完成了修订。部分州甚至将可再生能源目标规划至 2040、2050 年,如 2021 年 2 月,特拉华州将其整体 RPS 目标提高到 2035 年可再生能源发电占电力销售的 40%,高于之前 2030 年目标的 28%。2021 年 9 月,伊利诺伊州将其整体 RPS 目标由早先的 2026 年可再生能源发电占电力销售的 25% 提高至 2040 年的 50%。2021 年 7 月,俄勒冈州立法机构将州 CES 目标提高为到 2040 年清洁能源在销售中的份额达到 100%。明尼苏达州最大的公用事业控股公司埃克西尔能源公司,北卡罗来纳州和其他 5 个州的电力供应商将在最近的几年达到配额目标期限,俄勒冈州及其他 6 个州的公用事业达到配额目标期限的时间是 2025 年或 2026 年,俄勒冈州以及其他 13 个州的公用事业配额目标期限为 2030 年及以后,其中,马萨诸塞州配额目标并未明确最终期限。

2. 配额义务主体

在美国大部分州或地区,RPS 的责任主体是电力供应商,而非直接配给末端电力用户。美国各州通常以公用事业或电力零售商来充当配额义务主体。供电商类型、规模不同,配额义务不同。部分州规定全部供电商均要承担配额义务,比如加利福尼亚州规定州内所有为终端用户提供电力的电力企业均为 RPS 责任主体。也有部分州是根据供电商类型来分配配额义务,对他们来说,电力供应商的规模越大,实力越强,其承担的配额义务越多。还有部分州根据供电商规模大小来分配配额义务,承担更多配额义务的主体是投资人所有电力供应商,还有部分州规定,市政供电商、农村电力合作社不需承担任何配额义务,或者对其配额要求较低。

3. 合格发电能源类型

美国不同州规定的配额合格发电能源类型不同,这是综合州地域的优势能源或者是州能源发展目标设定的。合格可再生资源的数量以及合格发电能源类型,会影响到 RPS 目标实现的难度。是否将某种能源类型纳入合格范围与能源类型在该州的可用性及能源的环境影响有关。由于适用性低,许多内陆州排除了海浪和潮汐能;地热能的适用也有限,只能在西部地区获得,因此在位于东部的某些州,地热能不被纳入符合 RPS 要求的可再生能源类型。相比之下,光伏、太阳热能和风能因为适用性强,在所有州都被纳入合格可再生能源。此外,沼气、生物质能、城市固体废物以及水力发

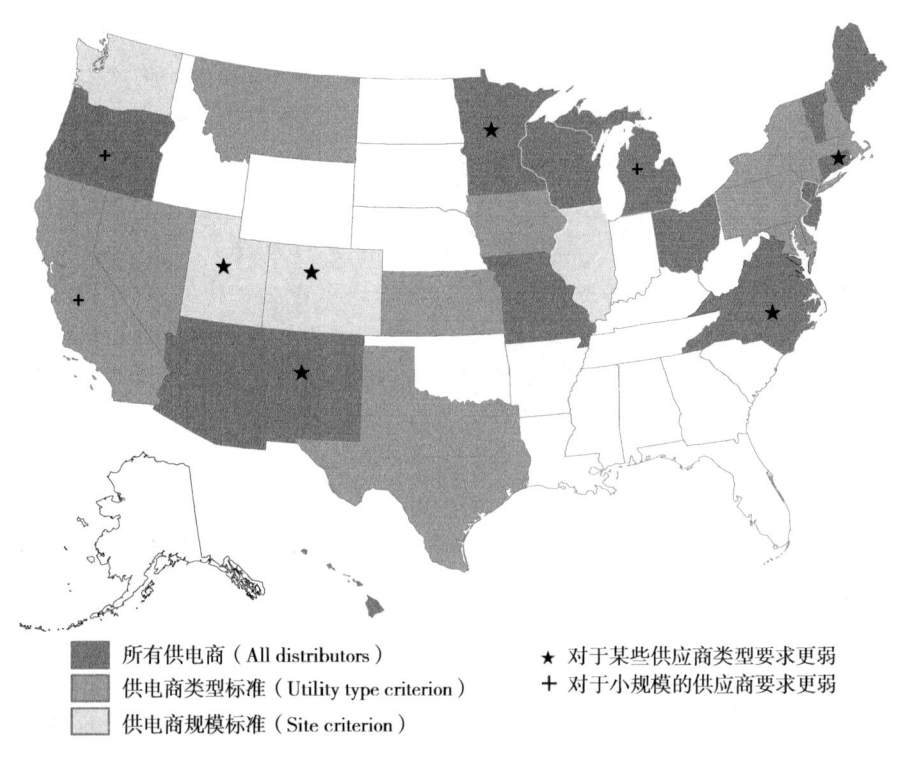

图例：
- 所有供电商（All distributors）
- 供电商类型标准（Utility type criterion）
- 供电商规模标准（Site criterion）
- ★ 对于某些供应商类型要求更弱
- ＋ 对于小规模的供应商要求更弱

图 2-2 美国各州配额责任主体类型

数据来源于美国能源信息署（Energy Information Administration）

电的争议性较大，决定这些能源类型是否合格的限制条件较多。除可再生能源外，一些州还将特定类型的能源技术纳入配额制合格要求。美国各州规定满足 RPS 要求的合格能源类型并不相同，具体情况见表 2-1①。

表 2-1 美国各州 RPS 的合格燃料来源②

能源类型	州	能源类型	州
废煤	PA	不可再生燃料电池	CT DE ME OH PA
合成气	WI	太阳能空间加热	AZ HI NV NH NV PA

---

① I.Behrsin, S.Knuth, A.Levenda. "Thirty states of renewability: Controversial energies and the politics of incumbent industry". *Environment and Planning E: Nature and Space*. Vol.5, No.2(2022), pp.762-786.

② 表中美国各州州名以简写表示，全称参见本书第 30 页注释①。

续表

能源类型	州	能源类型	州
太阳能池加热器	NV	太阳能工艺热	AZ HI NV NH NV PA WI
太阳能光管	WI	太阳能热水器	AZ HI MD NC NH NV PA TX WI
微型涡轮生物柴油	NH	地热热泵	AZ HI MD MI NH NV PA TX VT WI
微型涡轮机	OH	海洋能	CA CT DE HI MA MD NH OR RI TX WA
零排放燃料电池	NM	水力发电（小）	AZ CA MA MO MT NV NY OR PA VT WI
致密燃料颗粒	WI	热电联产	AZ CT HI ME NC NH OH OR PA VT WI
共燃物	MN	海浪	CA CT DE HI MA MD MI NC NH NJ OR RI TX VT WA WI
生物质热	WI	城市固体废物	CA CT HI IA MA MD ME MI MN MO NJ NV OH OR PA WI
沼气	WI	可再生燃料电池	AZ CA CT HI MA MD ME MO MT NH NJ NY OH PA RI VT WI
城市固体废物热解	CO MI	潮汐能	CA CT DE HI MA MD ME MI NC NH NJ NY OR RI TX VT WA WI
分布式发电	ME PA	风能（小）	AZ CA CO CT DE HI IL MA MD MN MT NC NH NJ NM OR PA RI TX VT WA WI
煤矿甲烷	CO PA	地热电力	AZ CA CO CT DE HI MA MD ME MI MT NC NJ NM NV OH OR PA RI TX VT WA WI
生物柴油	IL WI	水力发电	AZ CO CT DE HI IA IL MA MD ME MI MN MO MT NH NJ NM NV OH OR PA RI TX VT WA WI
地热直接利用系统	AZ MD NV	厌氧消化	AZ CA CO CT DE HI IA IL MA MD MI MN MO MT NC NH NJ NM NV NY OH OR PA RI VT WA WI
致密燃料颗粒	WI	垃圾分解气体	AZ CA CO CT DE HI IA IL MA MD ME MI MN MO MT NC NH NJ NM NV OH OR PA RI TX VT WA WI
共燃物	MN	风能（全部）	AZ CA CO DE HI IA IL MA MD MI MN MO MT NC NH NJ NM NV NY OH OR PA RI TX VT WA WI
生物质热	WI	太阳能光伏	AZ CA CO DE HI IA IL MA MD MI MN MO MT NC NH NJ NM NV NY OH OR PA RI TX VT WA WI
不可再生燃料电池	CT DE ME OH PA	生物质能燃料	AZ CA CO DE HI IA IL MA MD MI MN MO MT NC NH NJ NM NV NY OH OR PA RI TX VT WA WI

4. 处罚措施

制定处罚措施是 RPS 政策设计的关键一环,对实现配额目标影响很大。美国有 27 个州及华盛顿特区颁布法规,规定若未完成配额指标,将采取以下三种处罚措施:

(1)替代合规付款(Alternative Compliance Payments,ACP),主体需要为没实现的配额指标按照每兆千瓦时支付一定的款项,从而代替完成配额义务。各州的 ACP 价格不同,有的州根据可再生能源类别不同,设置不同的 ACP,有的州规定随着未完成配额指标的年数增长,ACP 的价格也增长,也有州规定了统一的 ACP 价格,其中有很多州的太阳能 ACP 价格较高。

(2)针对每个未完成配额单位进行罚款,金额依照可再生能源的采购成本以及可再生能源证书的价格来确定。不能将罚款通过成本转嫁客户,不会影响到配额主体的盈利。通常情况下罚款无法减轻配额主体的配额要求,对选择支付 ACP 的主体来说,相当于替代了主体本身的可再生能源义务。

(3)监管执行,美国部分州通过行政罚款监管(这里所说的罚款和上一种处罚措施有区别,不是基于未完成配额单位),部分州只有州监管机构日常监管及执法,除此之外没有规定明确的罚款。美国得克萨斯州根据公用事业监管法及其实体性细则,对没有按时完成配额指标的主体实行严厉的行政处罚:一是按照 50 美元/兆瓦时(约合 0.32 元/千瓦时)处罚,二是处以绿证交易平均价格双倍的罚款。承担配额指标的义务主体可以在这两者之间做选择,选其中价格较低的处罚措施。这项处罚远远高于履行义务的成本。

5. 配套制度——可再生能源证书制度

多数实施 RPS 的州同时建立了可再生能源证书(Renewable Energy Certificate,REC)制度。REC 可以被用来和物理电力一起捆绑出售(捆绑式 REC),也可以和物理电力分开进行出售(非捆绑式 REC)。通过非捆绑式 REC,供电商可区别可再生能源发电的环境效益和物理形态的电力单位,二者分开交易,从而降低电网的传输限制,简化电力市场。非捆绑式 REC 可以使得可再生能源发电商供应电力到本地电网,同时还可独立出售其可再生能源证书。相反,电力供应商也可以通过在市场购买非捆绑式 REC 来完成其配额任务,使得其无须实际来进行可再生能源供电。针对非捆绑式 REC,部分州政策完全放开,部分州规定了非捆绑式 REC 的使用比例,还有部分州则明令禁止采取非捆绑式 REC,REC 只能和物理电力捆绑进行出售。美国有 10 个区域性电子追踪交易系统,覆盖了全美国区域。[①] 得克萨斯州是美国第

[①] L. Fowler, J. Breen. "The Impact of Political Factors on States' Adoption of Renewable Portfolio Standards". *Electeicity Journal*, Vol.26, No.2(2013), pp.79-94.

一个通过绿色电力证书交易系统来跟踪配额义务履行的州。2014—2017年，受到可再生能源发电成本较快下降影响，美国绿证供应量大幅增长，绿证价格显著下降，降幅超过了50%，2018年以来，绿证价格相对平稳。

（二）澳大利亚的RPS

澳大利亚的RPS经历了两个阶段：第一阶段，强制可再生能源目标时期。2001年，澳大利亚政府通过《可再生能源（电力）法》，提出了强制性可再生能源目标，正式推行RPS，目标的主要对象是电力批发和零售机构，在这个时期，可再生能源证书较为单一，使得相对低成本的风能、生物质能得到发展；第二阶段，是扩展的可再生能源目标推行时期。2009年颁布的《可再生能源目标》规定了截止到2020年要实现的可再生能源发电目标；2010年，发布《可再生能源法修正案》；2011年，修订《可再生能源目标》。2015年6月，澳大利亚议会通过了《2015年可再生能源（电力）修正法案》。作为修订法案的一部分，大规模可再生能源目标在2020年从41000 GWh降至33000 GWh（这一指标已于2019年9月实现），且2020—2030年，每年度可再生能源发电目标均稳定在33000 GWh。《可再生能源目标》提出"大型可再生能源目标（Large-scale Renewable Energy Target, LRET）"和"小规模可再生能源计划（Small-scale Renewable Energy Scheme, SRES）"。大型可再生能源目标强制要求高能耗用户从可再生能源中获取固定比例的电力，通过大规模发电证书（Large-scale Generation Certificates, LGCs）的形式完成。LGC由大型可再生能源发电站（如太阳能或风力发电场）设立，然后出售给高能耗用户。小规模可再生能源计划为个人和企业在安装小型可再生能源系统时提供了经济方面的激励。小规模可再生能源计划通过颁布小规模技术证书（Small-scale Technology Certificates, STCs）的形式来完成，这些证书根据系统预期发电量（基于其安装日期和地理位置）预先颁发，到2030年，小规模可再生能源计划结束。

2021年澳大利亚公布了《可再生能源（电力）修正案（小规模可再生能源计划和其他措施）条例》，自2022年4月1日开始在各个阶段实施，通过调整屋顶光伏安装商、设计师、代理商和零售商在申请STC时所需文件的方式，来淘汰劣质屋顶光伏运营商、防止欺诈性零售和安装行为。

1. 配额目标

澳大利亚清洁能源监管机构每年会设置相应可再生能源比例（Renewable Power Percentage, RPP）来推动年度可再生能源发电目标实现。目标会逐年增加，RPP也随之逐年增加。2022年RPP为18.64%，意味着作为责任实体，电力零售商需要交出约3260万份大规模发电证书，以履行其2021年大

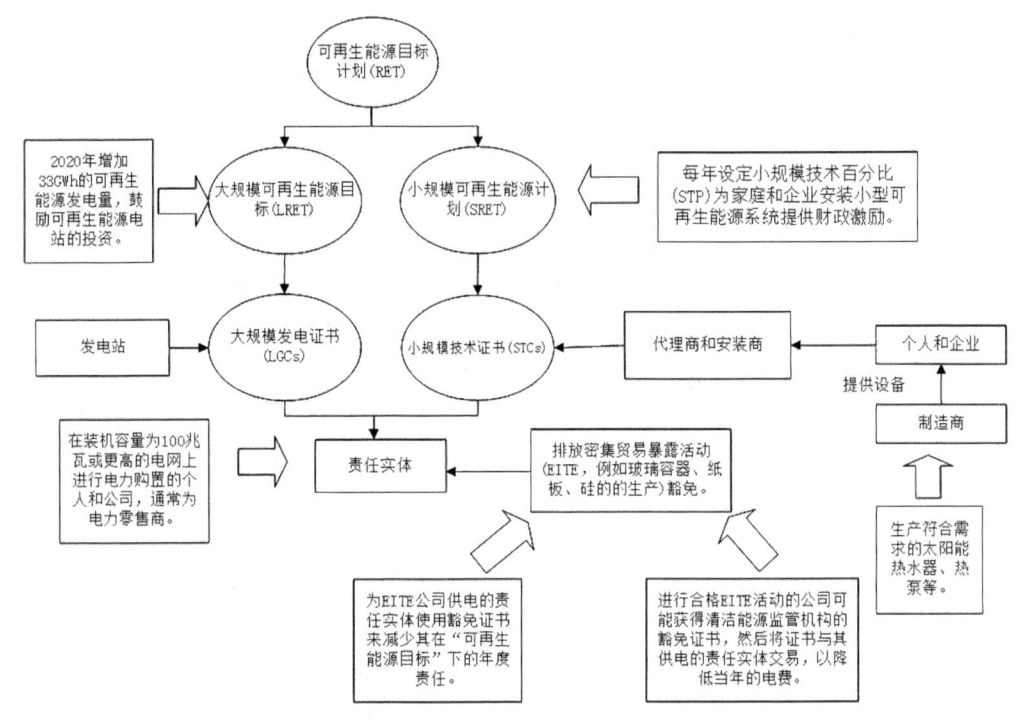

图 2-3 澳大利亚可再生能源目标制度设计及相关主体

规模可再生能源目标义务。如果未交出足够的 LGCS 以履行其义务,则必须支付不可扣税的差额费用。在可再生能源比例总目标下,2022 年 STP 为 27.26%,意味着电力零售商必须交出约 4770 万份 STCS,以履行其 2022 年的 SRES 义务。每年在 3 月 31 日之前,必须制定法规来设置 RPP,不然就使用默认 RPP。通过大规模发电证书市场,大规模可再生能源目标促进了澳大利亚可再生能源电站的迅速发展。小型可再生能源计划则规定了责任主体,需要承担以季度提交小规模技术证书的义务。

2. 相关主体

澳大利亚可再生能源目标的参与主体包括责任主体、监管主体、发电站、个人或小企业以及代理商和安装商。其中,责任主体通常是电力零售商,电力零售商每年需根据配额要求交出足够的 LGCS 及 STCS,以履行配额要求的大规模可再生能源目标及小型技术目标。监管主体为澳大利亚清洁能源监管机构,其职责包括:(1)对可再生能源发电商是否合格进行认证;(2)对企业是否具备豁免资格进行认证;(3)对证书执行情况进行监督;(4)处罚违反了可再生能源的目标法案的行为。发电站在参与大规模可再生能源目标中的关键步骤是,其要取得认证,包括电站、创建证书及保持电站认证。个人和企业可以自己来创建、交易小型技术证书,也可以为换取系统成本折扣及现金,交给代理商注册。例如个人和企业在自家屋顶上安装屋顶光伏发电系统,他们可以自己创建、交易小规模技术证书。当他们安装小规模发电系统时,代理商将一次性计算安装的发电系统一直到2030年预计可产生的可再生能源,并换算为金额,抵扣系统的安装费用或电费。在小型可再生能源计划实现中,代理商和安装商发挥着至关重要的作用,体现在帮助个人及小型企业安装小型可再生能源系统、使其获得相应的经济利益方面。

3. 合格发电能源类型

澳大利亚政府在2010年后明确了合格的可再生能源种类,包括风电、光伏、海洋能发电、水电、地热发电、生物质发电,同时鼓励使用多种政策手段以实现能源技术的多样化。

4. 处罚措施

澳大利亚针对配额制实行提供的主要惩罚措施为罚款,两个阶段有不同罚款金额。强制可再生能源目标时期,向电网购电超过100MW的全部电力批发、零售商都要完成相应义务,未完成义务者将被以差额40澳元/证的价格处以罚款。扩展可再生能源目标时期,可再生能源目标运行机制为:责任主体通过证书注册系统购买并提交证书,实现其法律责任的履行,同时也支持发电站、太阳能热水器、小型发电机组等额外生产可再生能源电力。澳大利亚可再生能源管理办公室负责监管责任主体可再生能源目标的执行情况,若责任实体完成不了该年度的可再生能源电力目标,需要支付大规模生产亏空费,或者是小规模技术亏空费,价格为65澳元/证。

5. 配套政策——可再生能源证书期货

2011年底,在澳大利亚证券交易所,澳大利亚政府上市了可再生能源证书期货产品,这是电力市场、可再生能源市场中,投资者进行价格风险管理的有效手段,其目的主要是辅助实现大规模可再生能源目标,维持证书价格稳定,提高可再生能源证书的流动性,澳大利亚政府也预备上市RECs期权产品,这可以使得投资者多样化地来管控证书价格风险,从而使得证书交易更活跃。期权作为金融衍生品,它们的应用极大影响了证书市场。一是使得交易更加透明,RECs期货能够形成一个远期的价格,这提高了证书产品定价的透明性。二是促进了风险管理,对责任主体来说,RECs期货可以对冲RECs价格及配额义务风险;对可再生能源发电企业来说,RECs可以对冲掉可再生能源发电项目带来的价值风险。三是提高能源环境产品种类,与其他环境产品组合进行跨商品交易,这方便了投资者进行套期保值。四是方便其他国家的投资者参与澳大利亚能源环境市场,还可以吸引住全球资金来对澳大利亚可再生能源市场进行投资。

(三) 意大利的 RPS

意大利最早是在 1999 年颁布的电力改革法令中提到 RPS 指标①,从 2002 年开始,意大利规定了发电商、电力进口商每年向电网输送的可再生能源电量应占其所有输送电量的比例,最开始为 2%,随后按一定比例每年递增,由意大利能源服务运营商(The Gestore dei Servizi Elettrici, GSE)每三年调整一次目标增速,以此来推动可再生能源的发展。研究其执行情况,发现 2014 年意大利可再生能源消费占全部能源消费的比例达到了 17.1%,提前完成了欧盟为意大利制定的 2020 年目标。在 2015 年,意大利退出了 RPS,同时推行了新的可再生能源相关的激励政策。

1. 配额目标

意大利的配额指标规定,可再生能源电量必须占责任主体输送到电网的所有电量的一定比例。这个配额指标每三年调整一次,由 GSE 执行。在 2003 年,该目标为 2%;2004—2006 年,每年递增了 0.35%;2007—2012 年,每年递增了 0.75%。2012 年开始,配额指标则逐年下降,到 2015 年,该目标减至 0,意大利退出 RPS。②

2. 配额义务主体

意大利的配额义务主体包括发电企业、电力进口企业及监管主体。由于意大利的电价高于欧洲的平均水平,为避免供电企业转移成本,造成电力用户压力过大,意大利的 RPS 规定若发电企业和电力进口企业的年发电量及进口量超过 100GWh,就成为义务主体,化石能源发电商履行配额义务的方式为购买可再生能源发电商的绿色证书。监督主体是能源服务机构 GSE,GSE 由国家财政部门全资控股,还负责全国的电力市场交易、实施其他的可再生能源激励政策及相关的认证、申请、监督等工作。

3. 合格发电能源类型

意大利的 RPS 合格发电能源类型广泛,除了光伏发电外,所有可再生能源发电技术及混合发电技术都被包含在内。一开始只有装机容量大于 200KW 的风电及大于 1MW 的其他技术类型系统享受配额政策,2007 年后,不再要求装机容量,只要经过 GSE 认证,各容量系统都可以选择配额政策或者固定电价政策。

---

① 何永秀、吴锐:《面向配额制的中国可再生能源发展机制设计》,《电力需求侧管理》2014 年第 6 期。
② 谢旭轩、王田、任东明:《美国可再生能源配额制最新进展及对我国的启示》,《中国能源》2012 年第 3 期。

4. 处罚措施

如果企业没有完成配额义务，RPS 的监管机构将会通知政府执法机构，警告或处罚企业，严重的将禁止企业进入电力输送网络。

5. 配套政策——可再生能源绿色证书交易制度

可再生能源绿色证书交易是意大利 RPS 运作的载体。义务主体履行配额义务的方式一是自行生产再生能源电力从而获得证书，二是在市场中购买证书。

可再生能源发电商有两方面收益，一是电力交易的收入，二是出售绿电证书的收入。即可以分开交易绿电的物理电力和环保属性。GSE 的子公司 GME(Gestore dei Mercati Energetici)以周为周期监管意大利的绿证交易市场。意大利 RPS 设计中的一个优点是它的证书回购机制，如果市场上证书数量过多，GSE 会按照前一年的平均成交价格回购证书。如果市场上证书数量短缺，GSE 会将回收的证书出售到市场，价格为近三年的平均交易价格。证书回购机制有效弥补了当年 RPS 指标设置不合理所带来的市场供需不平衡，保护可再生能源投资者的利益，激发投资积极性。其运行机制可用图 2-4 表示。

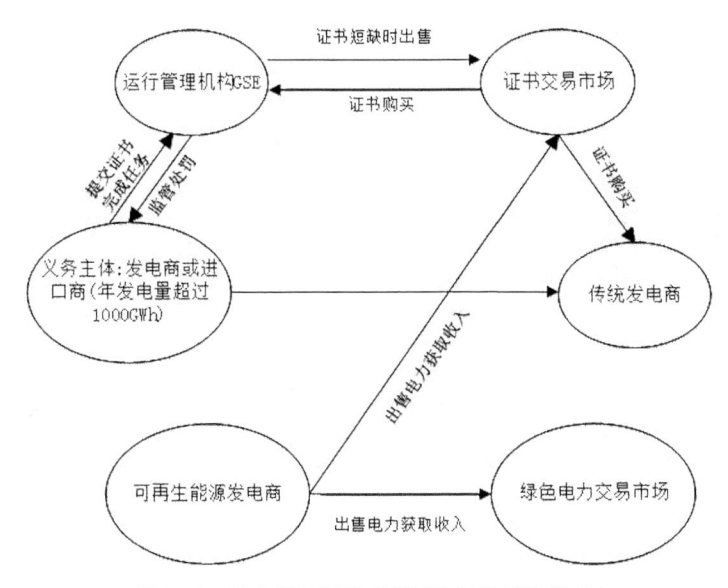

图 2-4　意大利可再生能源配额制运行示意图

除美国、澳大利亚、意大利外，其他国家的 RPS 实施现状如表 2-2 所示。

可以看出，各国的 RPS 都已经建立起完整的运行保障机制，发展较为成熟。综合分析国外 RPS 实施现状，可以总结出国外 RPS 实施主要存在以下问题和挑战：

表 2-2 不同国家可再生能源配额制实施现状

国家	年份	义务承担主体	配额指标	处罚措施	合格技术	实施现状
荷兰	2020	发电厂商	大型企业用户依法强制购买绿电指标达到全国绿电使用的25%	处以绿证市场价格1.5倍以上的罚金	电、热、气等形式；排除以非有机垃圾热为来源的能源和工业热泵；包括已有的和新投产能源；仅限于并网能源	溢价补贴新能源发电系统用户，2020年起逐步停止SDE+项目对光伏发电系统的补贴
意大利	2020	发电厂商	2022年实现可再生能源消费占能源消费总量比重的17%	罚金，失去减税待遇或取消入网资格	仅电力形式；包括热电联产，排除抽水蓄能发电；限于1999年4月后新投产并网能源	政府已停止余电上网的补贴政策，仅以市场价格收购多余电力，强制执行配额制
丹麦	2030	电力消费者	2030年可再生能源至少达到总发电量50%	每一缺失绿证处以0.27丹麦克朗/绿证的罚金	仅电力形式；排除垃圾发电和水利大于10MW的水电；在过渡期，仅包括新投产能源；仅限于并网能源	2015年可再生能源占电力总消费达20%
美国	2030	电力零售商	2016年可再生能源配额制的容量占全美电力零售市场的55%。至2019年累计新增2GW。至2030年，为满足可再生能源配额需求，将增加60GW的可再生能源装机	处以50美元/MWh或绿证交易平均价格2倍的罚金	太阳能、风能、地热能、水能、潮汐能、生物质能以及垃圾填埋气	累计新增可再生能源10000MW至2025年

续表

国家	年份	义务承担主体	配额指标	处罚措施	合格技术	实施现状
澳大利亚	2020	凡是向电网企业购电超过100MW的电力批发商和零售商应按适当的比例完成目标	2020年，可再生能源电力达到电力销售的20%，新增45000GW	65澳元/MWh的罚金	太阳能、风能、海洋能、水力、地热能、生物质能	2025年的可再生能源发电目标为3.3万千兆瓦小时
英国	2025	电力零售商	2016年可再生能源发电最低比例为15.4%	电力销售总额10%的罚金	风能、水能、潮汐能、太阳能、波浪能、地热能、生物质能等	2003年的可再生能源发电最低比例3%，2010年可再生能源发电占比10%，2020年可再生能源发电占比43%，2025年前动态提高
巴西	2027	电力零售商	引入净计量机制，装机容量5MW以下分布式光伏发电系统用户盈余发电量上网，且豁免商业流转税		风能、太阳能、波浪能、地热能、生物质能等	拟将可再生能源的比例由2017年的43%提升至2027年的47%

1. 配额指标的设定

指标设定需要考虑地区发展差异、网架安全系数以及责任主体企业发展程度等因素。配额指标如果设置过低,配额义务主体在完成被分配的配额后,可能会不愿承担更多配额,导致国家的可再生能源发展停滞不前;配额目标设定过高,则会超出责任主体所能承受的可再生能源数量,导致责任主体只能选择受罚来完成配额目标,从而违背政府设立 RPS 的初衷,并且会造成可再生能源电价上涨。①

2. 合格技术范围的设置

可再生能源技术范围需要根据配额制的总体目标随时调整。如果实行 RPS 主要是为了增加可再生能源装机量,那么技术范围中就不应该包括目前已有的可再生能源。而当如果实行 RPS 目标是提高可再生能源整体贡献发电率,以及最大化利用可再生能源设备,就应当将可再生能源技术全部纳入合格技术中。从各国的 RPS 实施现状来看,大部门配额指标均包含了现有的可再生能源。

3. 处罚措施的制定

各国设立监管机构对 RPS 实施监管,对于有违反规定的市场主体进行处罚,但是处罚的松紧程度不能很好地控制。处罚过轻,可能无法对义务承担主体产生威胁,使义务主体缺乏实施 RPS 的积极性;处罚过重,则容易造成义务主体受自利性的影响,不愿意履行规定的可再生能源配额义务,从而导致 RPS 无法发挥作用。

二、国内可再生能源配额制实施现状

我国试点推行了 RPS 政策并取得良好效果,开始逐步推动 RPS 的广泛实施。最初的《可再生能源法》(草案)明确了可再生能源的配额指标,但社会对于 RPS 的主流观点认为,RPS 政策目标应针对社会经济发展变化灵活调整,而《可再生能源法》具有法律属性,应该具备稳定性,不宜列入具体的配额目标。2006 年正式实施的《可再生能源法》规定了可再生能源的上网电价由国务院价格主管部门确定,然而,随着可再生能源的发展,固定电价

---

① J.Jorgenson, P.Denholm, M.Mehos. "Estimating the Value of Utility-Scale Solar Technologies in California Under a 40% Renewable Porfolio Standard", 2014. L.Fowler, J.Breen, "The Impact of Political Factors on States' Adoption of Renewable Portfolio Standards". *Electeicity Journal*, Vol.26, No.2(2013), pp.79-94. G.Barbose, R.Wiser, J.Heeter, et al. "A retrospective analysis of benefits and impacts of U.S.renewable portfolio standards". *Energy Policy*, Vol.26, No.2(March 2013), pp.645-660.

制度的缺点逐渐暴露。

2007年,国家发改委制定了《能源发展"十一五"规划》,指出要实行可再生能源发电配额制度。随后颁布的《可再生能源中长期发展规划》,首次强制性规定了非水可再生能源发电占总发电量的比例,并同时提出了装机目标。需要注意的是,此次规定的比例目标并未提供细则方面的规定,只是大方向上的规划。2009年新修订的《可再生能源法》在法律层面保障了可再生能源发展,形成了以标杆电价和财政补贴共同作用的我国可再生能源政策体系。

2010年国务院下发的《关于加快培育和发展战略性新兴产业的决定》明确提出要实施新能源配额制。2012年5月,国家能源局就《可再生能源电力配额管理办法(讨论稿)》(下称《办法》)征求相关部委、地方政府、电力公司的意见。该讨论稿确定了配额责任主体并设定了配额指标。但由于RPS的复杂性,关于指标的设定,各省、发电企业、电网企业都存在异议。而且,未来如何对指标进行考核,也是需要解决的问题之一,《办法》的出台再次难产。

到2014年,由国家能源局所起草的《可再生能源电力配额考核办法(试行)》(下称《考核办法》),上报国家发改委主任办公会讨论并原则通过。该《考核办法》将可再生能源配额指标分成基本指标和先进指标两级来进行考核。即各省(自治区、直辖市)强制规定达到基本指标,在满足基本指标的情况下,鼓励各省(自治区、直辖市)人民政府根据本省情况,制定超出基本指标的可再生能源配额目标。

2016年,《关于建立可再生能源开发利用目标引导制度的指导意见》(下称《指导意见》)发布,提出了"建立可再生能源电力绿色证书交易机制",以保证配额指标的实现,这也是我国首次将绿色证书作为RPS的配套措施正式提出。《指导意见》明确了2020、2030年我国非化石能源占一次能源消费比重要分别达到15%、20%,其中非水电可再生能源电力消费量要达到我国电力消费量的9%。2017年2月3日,国家发布了《关于试行可再生能源绿色电力证书核发及自愿认购交易制度的通知》,明确建立可再生能源绿色电力证书(简称"绿证")自愿认购体系,并试行向风电、光伏企业核发绿色电力证书。2018年,我国正式实行绿色电力配额考核和证书强制约束交易,提升了绿证交易市场的活跃性。

2018年3月、9月、11月,国家能源局三次就可再生能源电力配额及其考核办法向政府、企业、行业协会等公开征求意见,提出实施可再生能源电力配额,包括"可再生能源总量配额"和"非水电可再生能源电力配额"。在广泛听取各方意见后,2019年5月10日,国家发改委、国家能源局印发《关于建立健全可再生能源电力消纳保障机制的通知》,提出要建立可再生能源电力消纳的保障机制,设定了可再生能源电力消纳的责任权重,根据省级行政区域划分,规定了电力消费应达到的可再生能源电量比重,至此我国开始正式实施 RPS。

2020 年 5 月 18 日,国家发改委、国家能源局下发《关于印发各省级行政区 2020 年可再生能源电力消纳责任权重的通知》,正式提出各省 2020 年可再生能源电力消纳责任权重。2021 年,国家发改委发布《国家能源局关于完善能源绿色低碳转型体制机制和政策措施的意见》,要求加快构建清洁低碳、安全高效的能源体系,发挥 RPS 的主动性与积极性,促进能源高质量发展和经济社会发展的全面、绿色转型。2022 年 1 月国家发改委、国家能源局印发的《"十四五"现代能源体系规划》,要求建立可再生能源消纳责任权重引导机制,实行消纳责任考核,研究制定可再生能源消纳增量激励政策,推广绿色电力证书交易,加强可再生能源电力消纳保障。

根据国家能源局 2023 年 9 月《关于 2022 年度全国可再生能源电力发展监测评价报告》,2022 年各省(自治区、直辖市)可再生能源电力消纳责任权重完成情况如表 2-3 所示:

表 2-3 2022 年各省(自治区、直辖市)非水电可再生能源电力消纳责任权重完成情况

省(区、市)	非水可再生能源电力消纳责任权重			省(区、市)	非水可再生能源电力消纳责任权重		
	实际消纳量(亿千瓦时)	实际完成情况百分点(个)	同比增加百分点(个)		实际消纳量(亿千瓦时)	实际完成情况百分点(个)	同比增加百分点(个)
北京	283	22.1	2.7	河南	895	22.9	1.5
天津	192	19.4	1	湖北	400	15.1	4.2
河北	904	20.8	4	湖南	402	18.0	4
山西	637	23.4	0	广东	637	8.1	2.4
山东	1232	16.3	1.4	广西	290	13.1	1.7
内蒙古	1029	24.5	2	海南	46	11.1	1.7
辽宁	421	16.5	2.5	重庆	86	6.1	1.8
吉林	218	25.6	4.6	四川	265	7.7	0.6
黑龙江	347	30.5	7.3	贵州	246	14.1	4.3
上海	105	6	0.8	云南	289	12.1	-2.9

续表

省(区、市)	非水可再生能源电力消纳责任权重			省(区、市)	非水可再生能源电力消纳责任权重		
	实际消纳量(亿千瓦时)	实际完成情况百分点(个)	同比增加百分点(个)		实际消纳量(亿千瓦时)	实际完成情况百分点(个)	同比增加百分点(个)
江苏	1080	14.6	2.5	陕西	411	17.3	-0.6
浙江	609	10.5	1.9	甘肃	363	24.2	5.3
安徽	530	17.7	1.7	青海	306	33.2	3.9
福建	325	11.2	2.1	宁夏	361	28.9	2.7
江西	297	15	4.2	新疆	444	12.8	0.9

根据国家发改委、国家能源局《关于2023年可再生能源电力消纳责任权重及有关事项的通知》(发改能源〔2023〕569号)有关规定,2023年各省(自治区、直辖市)的具体配额指标如表2-4所示。

表2-4 2023年各省(自治区、直辖市)非水电可再生能源电力消纳量比重指标

省(区、市)	非水可再生能源电力消纳量比重指标	省(区、市)	非水可再生能源电力消纳量比重指标
北京	20%	河南	21%
天津	18.7%	湖北	12.5%
河北	19%	湖南	16%
山西	21.5%	广东	7.5%
山东	15.7%	广西	12.5%
内蒙古	22%	海南	10.5%
辽宁	16%	重庆	6.5%
吉林	23.5%	四川	8%
黑龙江	22.7%	贵州	11%
上海	6%	云南	17%
江苏	135%	陕西	18.5%
浙江	11%	甘肃	21.5%
安徽	16.5%	青海	27.2%
福建	10%	宁夏	24.5%
江西	14.5%	新疆	12.8%

通过梳理分析我国 RPS 相关法律、法规和实施情况,总结出我国 RPS 涉及的政策目标、义务承担主体、配额指标、合格技术、处罚措施和配套政策六个要素的实际情况:

(一) 政策目标

RPS 的实施目标必须符合我国总体能源发展战略目标要求:要积极落实科学发展观,摆脱对化石能源的高度依赖,构建资源节约型、环境友好型社会。RPS 的政策目标要求,可再生能源总量要占到能源供应和消费的一定比例,可再生能源产业要达到一定规模,这是一个总量目标的概念,也是 RPS 最直接的体现。根据《"十四五"现代能源体系规划》相关部署,"十四五"期间我国可再生能源发展的总体目标有:到 2025 年,单位 GDP 二氧化碳排放五年累计下降 18%,灵活调节电源占比达到 24% 左右,非化石能源消费比重提高到 20% 左右,非化石能源发电量比重达到 39% 左右,其中,常规水电装机容量达到 3.8 亿千瓦左右,核电运行装机容量达到 7000 万千瓦左右,见表 2-5。

表 2-5 "十四五"可再生能源发展目标

政策变量	具体目标	当前情况
单位 GDP 二氧化碳排放	2020 年到 2025 年 5 年累计下降 18%	"十三五"时期单位 GDP 二氧化碳排放比 2015 年下降 18.8%
可再生能源在一次性能源中的消费比例	到 2025 年,消费比例占 20%	"十三五"时期为 15.9%
	到 2030 年,消费比例占 25%	

2022 年 6 月 1 日,国家发改委、国家能源局等 9 部门印发的《"十四五"可再生能源发展规划》正式提出了我国"十四五"期间的可再生能源发展目标,规定到 2025 年,我国可再生能源消费总量要达到 10 亿吨标准煤左右的可再生能源总量目标。"十四五"期间的可再生能源占比目标为:可再生能源在一次能源消费增量中的占比超过 50%。可再生能源的发电目标为:2025 年,可再生能源年发电量达到 3.3 万亿千瓦时。可再生能源电力消纳目标为:2025 年,全国可再生能源电力总量消纳责任权重达到约 33%,可再生能源电力的非水电消纳责任权重则要达到约 18%,可再生能源利用率保持在一定合理水平。可再生能源非电利用目标为:到 2025 年,地热能供暖、

生物质供热、生物质燃料、太阳能热利用等非电利用规模达到6000万吨标准煤以上。可再生能源电力总量消纳责任权重预期目标为2020年达到28.8%、2025年达到33%;非水电可再生能源电力消纳责任权重预期目标为2020年达到11.4%、2025年达到18%。《"十四五"可再生能源发展规划》还提出,"十四五"期间要健全可再生能源电力消纳保障机制,强化可再生能源电力消纳责任权重引导,建立以可再生能源利用为导向的开发建设管理机制,明确可再生能源电力消纳责任权重目标并逐年提升,逐步缩小各地权重目标差异。要加强可再生能源电力消纳责任权重评价考核,建立健全可再生能源电力消纳长效机制。

(二) 义务承担主体

RPS的主体包括发电侧、售电侧、用户侧和监管部门,其中电网企业作为发电用电衔接的桥梁,承担着组织落实消纳责任,编制消纳权重实施细则的任务。监管部门主体包括电力交易机构、省级能源主管部门和国务院能源主管部门等。其中电力交易机构负责促成可再生能源电力的交易,省级能源主管部门负责制定该区域的消纳权重和方案,考核责任主体并进行督促与处罚;国务院能源主管部门负责调整各省消纳责任权重,汇报完成情况。发电企业要依据国家规定的配额目标要求来制定发电计划、开发可再生能源项目、完成绿色证书交易以及提交绿色证书,以保证其在电力市场、绿证市场上的正常活动。用户侧作为承担消纳责任的市场主体,完成配额的主要方式是实际消纳可再生能源电量,此外还可通过以下方式来完成配额:一是购买超额完成年度消纳量的市场主体的可再生能源电力消纳量,价格由双方自主确定;二是自愿认购绿证,绿证对应的可再生能源电量等量记为配额完成量。

(三) 配额指标

配额指标是将来一段时间内所要达成的可再生能源配额目标,我国采用可再生能源电力消纳量比重指标作为配额指标,根据因地制宜和考虑各省资源禀赋的原则,为各省(区、市)制定了差异化配额指标,如表2-6所示。

表2-6 2020—2030年各省(自治区、直辖市)可再生能源电力消纳量比重指标

年度	2020	2021	2022	2023	2024	2025	2026	2027	2028	2029	2030
北京	15.0%	18.0%	20.4%	22.9%	25.3%	27.8%	30.2%	32.7%	35.1%	37.6%	40.0%
天津	15.0%	18.0%	20.4%	22.9%	25.3%	27.8%	30.2%	32.7%	35.1%	37.6%	40.0%
河北	15.0%	16.5%	19.1%	21.7%	24.3%	26.9%	29.6%	32.2%	34.8%	37.4%	40.0%

续表

年度	2020	2021	2022	2023	2024	2025	2026	2027	2028	2029	2030
山西	16.5%	20.5%	22.7%	24.8%	27.0%	29.2%	31.3%	33.5%	35.7%	37.8%	40.0%
内蒙古	18.5%	21.0%	23.1%	25.2%	27.3%	29.4%	13.6%	33.7%	35.8%	37.9%	40.0%
辽宁	12.5%	15.5%	18.2%	20.9%	23.7%	26.4%	29.1%	31.8%	34.6%	37.3%	40.0%
吉林	22.0%	28.0%	29.3%	30.7%	32.0%	33.3%	34.7%	36.0%	37.3%	38.7%	40.0%
黑龙江	26.0%	22.5%	24.4%	26.4%	28.3%	30.3%	32.2%	34.2%	36.1%	38.1%	40.0%
上海	33.0%	33.0%	33.8%	34.6%	35.3%	36.1%	36.9%	37.7%	38.4%	39.2%	40.0%
江苏	14.0%	18.5%	20.9%	23.3%	25.7%	28.1%	30.4%	32.8%	35.2%	37.6%	40.0%
浙江	28.5%	19.0%	21.3%	23.7%	26.0%	28.3%	30.7%	33.0%	35.2%	37.7%	40.0%
福建	19.5%	18.0%	20.4%	22.9%	25.3%	27.8%	30.2%	32.7%	35.1%	37.6%	40.0%
江西	29.0%	27.5%	28.9%	30.3%	31.7%	33.1%	34.4%	35.8%	37.2%	38.6%	40.0%
山东	10.0%	13.0%	16.0%	19.0%	22.0%	25.0%	28.0%	31.0%	34.0%	37.0%	40.0%
河南	16.0%	26.0%	27.6%	29.1%	30.7%	32.2%	33.8%	35.3%	36.9%	38.4%	40.0%
湖北	40.0%	40.5%	—	—	—	—	—	—	—	—	—
湖南	49.0%	47.0%	—	—	—	—	—	—	—	—	—
广东	29.5%	30.0%	31.1%	32.2%	33.3%	34.4%	35.6%	36.7%	37.8%	38.9%	40.0%
广西	50.0%	43.5%	—	—	—	—	—	—	—	—	—
海南	11.5%	16.0%	18.7%	21.3%	24.0%	26.7%	29.3%	32.0%	34.7%	37.3%	40.0%
重庆	45.0%	48.5%	—	—	—	—	—	—	—	—	—
四川	80.0%	79.0%	—	—	—	—	—	—	—	—	—
贵州	31.5%	38.0%	38.2%	38.4%	38.7%	38.9%	39.1%	39.3%	39.6%	39.8%	40.0%
云南	80.0%	75.0%	—	—	—	—	—	—	—	—	—
陕西	21.5%	26.0%	27.6%	29.1%	30.7%	32.2%	33.8%	35.3%	36.9%	38.4%	40.0%
甘肃	47.0%	49.5%	—	—	—	—	—	—	—	—	—
青海	70.0%	70.0%	—	—	—	—	—	—	—	—	—
宁夏	22.0%	26.5%	28.0%	29.5%	31.0%	32.5%	34.0%	35.5%	37.0%	38.5%	40.0%
新疆	22.5%	23.0%	24.9%	26.8%	28.7%	30.6%	32.4%	34.3%	36.2%	38.1%	40.0%

其中2020年与2021年实际可再生能源电力消纳量比重下达指标略有变动,如表2-7所示。

表 2-7 2020、2021 年各省（自治区、直辖市）可再生
能源电力消纳量比重实际下达指标

省 (区、市)	实际下达指标		省 (区、市)	实际下达指标		省 (区、市)	实际下达指标	
	2020 年	2021 年		2020 年	2021 年		2020 年	2021 年
北京	15.5%	18.0%	江苏	17.5%	16.5%	陕西	40.0%	25.0%
天津	14.5%	17.0%	浙江	19.5%	18.5%	甘肃	80.0%	49.5%
河北	13.0%	16.5%	安徽	22.0%	16.0%	青海	30.0%	69.5%
山西	17.0%	20.0%	福建	11.5%	19.0%	宁夏	80.0%	24.0%
山东	18.0%	13.0%	江西	75.0%	26.5%	新疆	17.0%	22.0%
内蒙古	15.0%	20.5%	河南	32.5%	21.5%	广东	44.5%	29.0%
辽宁	24.0%	15.5%	湖北	40.0%	37.0%	广西	63.5%	43.0%
吉林	22.0%	28.0%	湖南	28.5%	45.0%	海南	22.0%	16.0%
黑龙江	32.5%	22.0%	重庆	39.5%	43.5%	贵州	20.0%	35.5%
上海	14.0%	31.5%	四川	13.5%	74.0%	云南	80.0%	75.0%

（四）合格技术

我国可再生能源技术主要有风能、太阳能、生物质能、地热能、波浪能、潮汐能以及海洋能等。从具体的操作角度看，我国 RPS 将水电与其他可再生能源发电技术的责任权重进行区分，出于我国水电截流和改变地形的现实因素，目前学术界对水电是否应归类为可再生能源，其责任权重数值如何确定尚无定论。除水电外，其他可再生能源发电合格技术具有同样的抵扣数值。

（五）处罚措施

我国 RPS 考核具有奖惩双重措施。对于超额完成激励性消纳责任的省份，其能源消费量不纳入该区域能源消费总量和强度"双控"考核范围内，这在一定程度上降低了该省传统能源升级改造的现实压力。如果一省未完成目标，或者其年中进度明显落后，该省的新增化石发电项目的开展将受到影响，对于具体的责任主体来说，如果责任主体未完成消纳责任，并且限期也未完成整改，责任主体将被列入不良信用记录，同时被联合惩戒，监管部门将采取要求责任主体限期补齐绿证、收取罚金或取消优惠等措施。

（六）配套政策

配套政策是由政府制定的，鼓励、支持可再生能源产业发展为目标的政策，包括经济激励政策、税收优惠政策等配套激励政策，以及一些适应经济、能源、环境协调发展要求的其他可再生能源政策，包括绿证交易制度、碳交

易机制等,其中最主要的配套政策就是绿证交易制度。作为我国 RPS 的重要构成部分,绿色证书交易制度一般包括以下因素:绿色证书、发证机关、交易管理机构、管理系统和登记机关等,以保证绿色证书的交易和流通。RPS 规定了单位绿色电力可以兑换绿证的比例,企业可以根据该比例要求,将可再生能源电力兑换成绿色证书,这就是绿证。绿色证书交易机制可以分为两种类型:一是强制交易机制;二是自愿认购机制,绿色证书的价格由证书的供给与需求来决定。在 RPS 规定中,发电企业获得收入有通过电力市场的售电收入和通过绿证市场的售证收入两种。配额主体必须完成规定的配额义务,其完成情况受到监管部门的定期监督,若责任主体无法通过发电完成配额任务,其可以在绿证市场购买绿证,通过购买和上交绿证也可以完成配额任务。在绿色证书交易系统中,证书交易的相关信息会发送至中心数据库,中心数据库会根据证书信息验证证书的有效性,核查交易是否登记,如果配额主体达到了配额要求,系统将验证并收回绿色证书,如果主体未达到要求,将被处以罚金。据此不难看出,绿色证书交易系统的建立能够有效保证可再生配额交易的独立性及有效性。

第三节 发电企业市场行为的内涵分析

一、市场行为的内涵

市场是各方参与交换的多种系统、机构、程序、法律强化和基础设施之一,是商品和服务交换的场所。市场由四大要素构成:市场主体、市场客体、市场行为和市场秩序。市场主体是指在市场上从事经济活动,享有权利和承担义务的个人和组织体,可以分为投资者、经营者、劳动者和消费者,企业是重要的市场主体;市场客体是指进入市场交易的各种商品和服务;市场行为是商品交换过程中市场主体所表现出来的各种行为;市场秩序是市场在运行中形成的各类市场主体都必须遵循的各种规则与法律规范的总称。

市场行为是指企业在充分考虑市场的供求条件和其他企业关系的基础上,所采取的各种决策行为,也可以说是企业为了实现其既定目标所采取的一系列适应市场要求的调整行为。一般可以将企业的市场行为分成三类,即价格行为、非价格行为和组织调整行为。企业的价格行为以控制和影响价格为基本特征,指的是企业在销售或者提供实行市场调节价的商品或者服务过程中产生的,与价格相关的经营活动,通常指定价行为,即综合考虑成本、竞争、顾客需求等因素制定产品价格。企业的非价格行为以研究与开发、形成产品差异、促销为基本内容,非价格行为最终目的是通过研究与开发新产品及产品促销来获得较高利润,如技术开发行为、广告宣传行为等。企业的组织调整行为的基本特征表现在产权关系和企业规模变动方面,主要体现在企业的兼并。企业的组织调整行为可以概括为企业兼并行为、多元化行为、一体化行为和跨国经营行为等。

二、配额制视角下发电企业市场行为的内涵

发电企业的市场行为指的是发电企业在市场中为实现其目标而采取的适应市场要求的决策行为。发电企业的市场行为受其参与市场的特征影响:不同的市场中由于市场机制及供需关系的差异,发电企业会做出相应的市场参与决策,进而影响其市场行为。RPS下可将发电企业分为两类:一类是火电企业,另一类是绿电企业。近年来,我国能源转型、发电侧市场化改革和RPS的实施,给电力系统带来了巨大转变,也使得发电企业活跃在以下三个市场:电力市场、绿证交易市场及碳排放权交易市场。由于电力产品的无差异性和电力系统的特殊性,发电企业的市场行为主要为价格行为。基于此,本书将配额制视角下发电企业市场行为定义为在RPS的影响下,发电企业为了实现经营目标、满足政策要求与市场要求,在参与电力市场、绿证交易市场与碳排放权交易市场时采取的价格行为。具体而言,RPS下发电企业在三个市场中的市场行为如下:

(一) 电力市场

在电力市场中,市场主体——电能供给者和电能需求者通过协商、竞价等方式交易电能及相关产品,通过市场竞争来确定价格和数量。作为电能供给者的发电企业需要满足电力市场准入机制才可进入电力市场,进入市场后,发电企业结合成本,通过竞争确定电量和价格,并与电网企业、售电商、电力用户进行交易。在电力市场中,发电企业的售电对象由原来唯一的电网企业转变为包括电网、售电公司、普通用户等广大主体,由统购统销变为需要主动争取用户,利润在激烈竞争中趋于边际利润,促使发电企业全方位强化管理、降低成本、提升效率。电力市场又可分为电力中长期市场、现货市场和辅助服务市场等。在电力市场中,发电企业主要参与中长期市场进行售电,以现货市场作补充,此外还会参与辅助服务市场,提供调峰调频等电力辅助服务。

在电力中长期交易市场中,发电企业通过自主协商、集中竞价等市场化方式,以与电网企业、售电企业或用户签订合约的形式,开展多年、季、月、周

等日以上的电力交易。在中长期市场中,发电企业主要进行电能量交易(包括集中竞价交易、滚动撮合交易、挂牌交易和双边协商交易),灵活开展发电权交易、合同转让交易。

在电力现货市场中,发电企业主要参与日前、日内、实时的电能量交易,交易和交付的间隔时间较短:在我国试点建设的电力现货市场中,电力日前市场以15分钟为一个交易时段,每天96个时段;日内市场每个交易时段为15—60分钟;实时市场以交割时点前一小时的电能交易为准。实时电力市场中,发电企业根据自己所在的节点电价来收取发电费用。

在电力辅助服务市场中,火力发电企业是辅助服务的主要提供方,主要提供调峰辅助服务,交易方式以"集中竞价、边际出清、共同分摊"为主,通过固定补偿或市场化方式提供有偿的达到规定标准的电力辅助服务。配额制影响下,可再生能源发电占比将进一步提高,对调峰、维护电力系统安全稳定的需求加大,未来火电企业参与电力市场的重心将向辅助服务市场偏移。

(二) 绿证交易市场

绿证交易市场的交易产品是绿证。绿证是国家对发电企业每兆瓦时非水可再生能源上网电量颁发的具有独特标识代码的电子证书,是非水可再生能源发电量的确认和属性证明,以及消费绿色电力的唯一凭证。绿证政策是RPS的配套政策,绿色证书交易系统就是RPS实施措施的具体化。在绿证市场中,具备资格的陆上风电、光伏发电企业将从核发机构(国家可再生能源信息管理中心)处按标准(1个证书对应1MWh结算电量)申领的绿证出售给各级政府机关、企事业单位、社会机构和个人等可再生能源配额责任主体。交易在绿证认购平台进行,目前支持两种交易方式:一种是单项挂牌,另一种是协议转让。发电企业在绿证市场的行为模式主要为:绿电企业通过生产绿电获得绿证,并在绿证交易市场出售给未能完成RPS的配额责任主体,以获取经济利益;各类责任主体等通过购买绿色证书来完成可再生能源配额指标,以避免未完成指标带来的惩罚。

(三) 碳排放权交易市场

全国碳排放权交易市场是实现碳达峰与碳中和目标的核心政策工具之一,碳排放权交易主要是以市场手段对企业的碳排放额度进行调配。顾名思义,碳排放权交易市场的交易产品是碳排放权,具体来说有两类:一是政府分配给企业的碳排放配额,二是企业自愿核证减排量(Chinese Certified Emission Reduction, CCER)。如果企业实际排放低于政府分配给企业的碳排放配额,差额部分可以前往碳排放权市场进行交易;企业还可以自愿申请核证碳减排量,1个CCER等同于1个配额,可以抵消1吨二氧化碳当量的排放。一般来说,绿电企业可以申请CCER,并将其出售给未完成减排指标的企业,比如火电企业。RPS的实施下,绿电的繁荣发展,将会提升火电企业和绿电企业在碳排放权交易市场的活跃度,促使更多交易行为的产生。

RPS是国际上普遍采用的攻克可再生能源消纳难题、实现非化石能源消费目标的重要市场化机制。政府通过制定法律,以电力系统相关成员,主要包括电力生产者、零售商及消费者为实施主体,强制规定可再生能源发电量在总电力供应量或使用量中必须占有的最低比例,并规定了有效的可再生能源发电组合;具有强制性、目标性、明确的责任主体、配套的市场机制四个特征。基于以上的基本特征,RPS被归纳为一种依靠于立法的、以市场机制为实现路径的可再生能源发展促进政策,也是一种公正的、透明的可再生能源政策工具。

美国的31个州以及英国、意大利、波兰、澳大利亚、日本、智利等25个国家及地区自上世纪80年代起陆续颁布RPS,通过设定配额目标、明确配额义务主体、界定合格发电能源类型、制定处罚措施和完善配套制度来确保RPS的有效实施。我国参考相关RPS政策并结合相关的试点经验,逐步推动RPS在国内的广泛实施。我国RPS设定的政策目标主要参考《"十四五"可再生能源发展规划》,即要在2025年达到10亿吨标准煤左右的可再生能源消费总量目标。我国RPS的主体包括发电侧、售电侧、用户侧和监管部门,其中电网企业作为发电用电衔接的桥梁,承担着组织落实消纳责任,编制消纳权重实施细则的任务。配额指标上我国采用可再生能源电力消纳量作为比重指标,根据因地制宜和考虑各省资源禀赋的原则,为各省制定了差异化配额指标。我国可再生能源技术主要有风能、太阳能、生物质能、地热能、波浪能、潮汐能以及海洋能等。我国的RPS考核体系独具特色,采用奖惩并重的双重措施,旨在全面、有效地推动RPS目标的达成。我国RPS的主要配套政策是绿证交易制度。绿色证书交易机制可以分为两种类型:一是强制交易机制;二是自愿认购机制,绿色证书的价格由证书的供给与需求来决定。这种市场化的机制设计不仅为可再生能源的发展提供了强有力的经济激励,同时也促进了电力市场的公平竞争和资源的优化配置。

发电企业的市场行为指的是发电企业在市场中为实现其目标而采取的适应市场要求的决策行为。配额制视角下发电企业市场行为是指在RPS

的影响下,发电企业为了实现经营目标、满足政策要求与市场要求,在参与电力市场、绿证交易市场与碳排放权交易市场时采取的价格行为。在 RPS 的影响下,发电企业的市场行为更加聚焦于可再生能源的开发和利用,以及碳排放的减少。通过参与电力市场、绿证交易市场和碳排放权交易市场,发电企业不仅实现了经营目标,还满足了政策要求和市场要求,促进了我国能源结构的转型和可持续发展。

第三章 我国配额制参与主体政策网络分析

第一节 政策网络理论介绍

一、政策网络理论的基本内涵

(一) 政策网络的内涵

政策网络理论一方面对管理学、政治学、社会学诸学科的理论知识予以充分的综合;另一方面,还对多元主义、社会网络、管理决策、资本理论、公共管理理论等予以有机的整合。对于政策网络理论来讲,不仅有国家机关参与博弈,同时众多社会组织也参与其中。利益各方在协商以及竞争的作用下,彼此之间相互协调互动,形成了一个网络,在这个网络下所达成的方案很难让诸方均达到利益最大化,不过其一定为各方所接受,也是让各方均受益的。发展到现在,学术界针对"政策网络"都未形成统一的界定。总结分析政策网络各方观点,其整体上都围绕以下四个方面[①]:

1. 在资源彼此依赖的层面上界定政策网络。

2. 站在行为决策者角度对政策网络予以界定,也就是从主体和主体之间关系的角度认识政策网络。政策制定的主体并非单一的,也不是孤立的。

3. 从国家自主性这个角度对政策网络予以界定。

4. 从治理视角对政策网络予以界定。

---

① 参见张林星:《政策网络理论视野下的欧盟治理研究》,硕士学位论文,南京大学,2014;冯贵霞:《中国大气污染防治政策变迁的逻辑——基于政策网络的视角》,博士学位论文,山东大学,2016; D. Ponzini, "Urban Implications of Cultural Policy Networks: the Case of the Mount Vernon Cultural District in Baltimore". *Environment & Planning C-Government & Policy*, Vol.27, No.3(2016), pp.433-450;[美]詹姆斯·麦甘恩、理查德·萨巴蒂尼等:《全球智库:政策网络与治理》,韩雪、王小文译校,上海交通大学出版社2015年版;T. Garvin, B. Mclennan, J. Calvo-Alvarado, et al. "Growing Together: Transnational Policy Networks and Environmental Policy Change in Costa Rica". *International Journal of Society Systems Science*, Vol.7, No.1(2015), pp.1-22。

(二) 政策网络主要特征

1. 相互依赖。对于政策网络来讲,互为依赖是其重要特征。目标的达成一定有赖于行动主体彼此交换信息、交换资源,不过这并非说不同行动主体的权力一样,只是说在政策制定的过程中,各方参与者之间彼此依赖。伴随彼此间的互动,参与者之间的依赖性也在变化,呈现出动态化的特点。

2. 持续。对于政策网络来讲,关系形态为其重要的组成。不同参与主体彼此互动,此互动是相对稳定的,是持续的,是制度化的。

3. 多元参与主体。对于政策网络来讲,其参与主体众多,含政府、社会团体、公民、其他利益集团、专家学者,还有私人组织,等等。不同参与主体的目标不同,所拥有的资源也不一样。在政策制定过程中,不同参与主体都会选择不同的行动策略来追求自身利益的实现。

4. 互动博弈。在政策网络中,任何一个参与主体都没有能力驾驭其他主体,因为各个参与主体各有目标,也各有不同的资源和利益追求。政策网络是不同行动主体基于自己所掌握的资源追求自身利益达成、目标实现的互为作用、彼此影响的博弈过程。

5. 制度约束。制度的实质为规则,这些规则有着自身的约束力,能够对人们的合作关系、互动关系予以调整,或进行规范化设定,在此基础上所形成的关系规则会对相关主体的互动产生影响,同时彼此的互动影响也会由于资源分配的改变而发生变化。

(三) 政策网络理论分析框架

政策网络的概念源起于美国,在英国得到了发展,广受西方专家学者的关注。由于各个国家的政治、文化、经济等背景的差异,学者专家们对政策网络的认知理解不同,呈现出三大流派,分别是:主要强调于各政治主体之间的人际互动关系的美国学派[1];主要着眼于政府部门与利益集团的网络

---

[1] K.Kihara."A Framework of Policy Networks".*Administration*,Vol.2,No.3(Dec.1995),pp.1–37. C.X.Gao."On Theoretical Origin, Practical Limits and Development Prospect of Policy Network Research".*Journal of Anhui University of Technology*,2008. A.Sandström, L.Carlsson."The Performance of Policy Networks:The Relation between Network Structure and Network Performance".*Policy Studies Journal*,Vol.36,No.4(Jan.2008),pp.497–524. H.Blom."A New Institutional Perspective on Policy Networks".*Public Administration*,Vol.75,No.4(May 2015), pp.669–693. C.Adelle, A.Jordan, D.Benson."The Role of Policy Networks in the Coordination of the European Union's Economic and Environmental Interests:The Case of EU Mercury Policy". *Journal of European Integration*, Vol. 37, No. 4 (May 2015), pp. 471–489. B. Leucht. "Transatlantic policy networks in the creation of the first European anti-trust law:mediating between American anti-trust and German ordo-liberalism".In *The book of the History of the European Union Schizophrenia Research*,2008.

关系对政策结果的影响的英国学派[1];以及主要关注于用政策网络来分析国家和社会之间关系的欧洲大陆学派[2]。各个学派通过从不同视角的拓展对政策网络理论的发展做出了贡献。

目前,对于政策网络的概念,大众比较接受英国学者罗兹(Roderick Rhodes)所提出的观点,他将政策网络定义为"一群人或者复杂的组织因资源依赖而彼此结盟,又因资源依赖结构的断裂而相互区别"。罗兹参考政策网络整合程度、参与主体数量、资源配置等因素,将政府网络分为政策社群、专业网络、府际网络、生产者网络、议题网络[3],如表3-1所示:

表3-1 罗兹政策网络分类模型

网络类型	网络特性	利益主体
政策社群	关系稳定、高度限制行动者数目、行动者之间相互依赖、有限程度的垂直联结	与某一政策有关的政府部门官员和相关的参与者构成
专业网络	关系稳定,限制行动者数目	由相同职业者维护共同的职业利益而成

---

[1] M.Wright."Policy Community,Policy Network and Comparative Industrial Policies".*Political Studies*,Vol.36,No.4(Dec.1988),pp.593-612. G.Jordan."Sub-Governments,Policy Communities and Networks Refilling the Old Bottles?"*Journal of Theoretical Politics*,Vol.2,No.3(July 1990).pp.319-338. M.Thatcher,J.Braunstein."Issue Networks:Iron Triangles, Subgovernments, Policy Communities,Policy Networks".*International Encyclopedia of the Social & Behavioral Sciences*,2015,pp.769-773. D.Stone."The Group of 20 transnational policy community:governance networks,policy analysis and think tanks".*International Review of Administrative Sciences*,Vol.81,No.4(Dec.2015).pp.793-811. D.Marsh,R.A.W.Rhodes.*Policy Networks in British Government*,Clarendon,1992. J.O'Gorman."Is there an effective football development policy network in England? A case study of the FA's Charter Standard",The Power of Football Conference,2005.

[2] V.Schneider."The structure of policy networks:A comparison of the 'chemicals control' and 'telecommunications' policy domains in Germany",*European Journal of Political Research*,Vol.21,No.1-2(Feb.1992),pp.109-129. V.Schneider,R.Werle."Policy Networks in the German Telecommunications Domain" in The Policy Networks:Empirical Evidence and Theoretical Considerations,B.Marin & R.Mayntz(eds.),1991,pp.97-136.1991. P.Leifeld,V.Schneider."Institutional Communication Revisited:Preferences,Opportunity Structures and Scientific Expertise in Policy Network",*Working Paper*,Vol.12(April 2010),pp.1-25. 姚荣:《关于我国教育政策网络治理的思考》,《教育探索》2013年第9期。田华文:《从政策网络到网络化治理:一组概念辨析》,《北京行政学院学报》2017年第2期。高翔、贾亮亭、胡蓉:《基于政策网络治理的空运承运人监管模式研究》,《经营管理者》2014年第35期。

[3] D.Ponzini,"Urban Implications of Cultural Policy Networks:the Case of the Mount Vernon Cultural District in Baltimore",*Environment & Planning C:Government & Polic*,Vol.27,No.3(June 2009),pp.433-450.

续表

网络类型	网络特性	利益主体
府际网络	有限行动者、有限的水平相互依赖、扩张程度的垂直联结	由某一政策制定过程有关联的政府部门形成
生产者网络	不固定行动者数目、有限的水平相互依赖、以追求经济利益为导向	由为同一项目供给产品的集团或个人组成
议题网络	关系不稳定,行动者数目多,成员进出门槛低	由对某一问题感兴趣,或对某一问题有专业见解的人松散地组合而成

综上,本书认为,政策网络是一种有效的工具,此工具能对既定政策内容和制定过程予以全面的分析。据此,政策网络概念可以理解为:在具体的政策领域里,因为共同利益的作用、由于共同资源彼此之间的依赖,形成的组织化联合体。组织之间以动态化的、多样化的方式相联系,网络结构与互动关系会对运行状态、政策效果产生重大影响。RPS下各主体的分析与政策网络下各主体的分析具有相同的特征。具体来讲,可以从以下三个方面理解:

1. 政策网络的行动主体呈现出多元化的态势,包括政府、发电企业、媒体、专家学者等等;RPS在执行的过程中也会有诸多的主体参与进来。不同行动者的目标不同,拥有的资源也不同,发挥的作用也就不一样。

2. 政策网络内部不同行动者之间彼此依赖。例如:对于政府的配额制政策,发电企业必须要予以掌握,借此对自己的投资行为予以指导;相应的政府也要对电力企业和其他行动主体所持的态度予以了解并给予反馈。

3. 在政策网络中,不同行动主体持续地进行互动。配额制下为了让市场的正常运转得到保证,参与者需要持续地互动,此互动不是在单个环节中偶然展开的,是稳定的、持续的、制度化的。

二、政策网络理论的应用价值

在RPS实施过程中,借鉴政策网络的意义如下:首先,在某一政策领域内,由于共同的利益或资源相互依赖而联系在一起的利益相关者,他们之间的联系是动态的、多样性的,网络内的主体互动博弈影响着政策过程和最终的政策效果。政策网络理论将公共政策视作多元行动主体彼此共同作用、一起参与所得的结果,政策过程不再仅由政府独享,而是强调多元参与、共享共议,也强调互相信任、彼此协作,同时对政策制定过程中的低成本以及高效率的特征予以充分的强调,政策网络模式下制定执行政策的可靠度更高。

其次,民主、多元主体利益诉求合法化是政策网络所倡导的,无论是民主,还是合法化,都不是凭借简单命令可以实现的,都需要多方主体互惠互利。最后,在具体分析方法方面,网络执行不仅强调阶段分析,同时引入结构分析,让政策执行的具体过程表述与实际更为贴合,说服力更强。基于这一特征,政策网络为中国 RPS 政策过程的研究提供了一个很好的分析框架。

随着清洁能源的推广运用及双碳目标的提出,政策网络理论将更好地助力 RPS 的实施。政策网络由中央政府及其相关职能部门、专家学者、各级地方政府、电网企业、发电企业、媒体协会等参与主体共同构成,参与主体间互动博弈将会影响政策的执行效果。运用政策网络理论可突破以往简单分析政策过程中行动者关系的局限,有益于明晰各个利益主体互动博弈关系及其行为决策过程,为中国 RPS 的研究提供新的视角。

三、政策网络理论的适用性分析

(一) 配额制视角下市场主体政策网络存在多元性

在社会经济发展的推动下,利益需求更为多元化,社会结构朝着网络化的方向不断发展。在这样的背景下,利益格局以及决策模式就需要随之调整和变动,公共政策仅靠政府很难被高效地制定出来,各方行动主体参与的程度越来越高,这就需要借助政策网络理论对各方主体的参与行为进行分析,从而提高政策的制定效率和执行效果。

RPS 视角下的市场主体关系网中,政府基于所掌控的资源并不能完全彻底地理顺全部的关系和利益归属,此现象也很好地证实了政策网络中不同参与主体彼此之间的相互依赖作用。参与方彼此平等是政策网络的主要运行规则,基于此规则各参与方均要遵照协定行事,让相关政策过程变得更为有序、更为有效。借助政策网络理论研究 RPS,可以更进一步推进其制定与执行。

(二) 配额制视角下政策网络的多元主体具有相互依赖关系

政策网络这一分析手段能够在长期动态的视角对政策过程予以解释及描述,政策网络理论研究的整体范畴可以归纳为对政策过程中行动主体间所形成的关系以及所构建的结构问题的研究。利用政策网络理论分析 RPS,可知其政策环境复杂,主体多样化。借助政策网络理论,主体间的关系能够很好地理顺,为不同主体间构建起良性互动的关系提供可能。

政策网络不只是在基础理论知识上能够为 RPS 的研究所汲取,同时也能在实证层面上引导 RPS 的展开和建立,并为解决 RPS 所存在的问题提供了理论参考。借助政策网络论可以对不同行动主体以及他们彼此之间的关系予以全面的考察与具体的描述,在此基础上,构建起对应的关系结构,并通过分析网络互动关系以及互动规则,对配额制视角下市场参与主体政策网络特征进行多维度的研究与认识。

第二节 我国配额制参与主体政策网络模型构建

一、我国配额制参与主体的构成

由配额制视角下的我国发电市场参与主体可知,RPS 政策网络由政府、社会团体、电力企业、公民、其他利益集团、专家学者,还有私人组织等多方主体共同组成。各主体因为资源所限,具有不同的利益诉求、不同的目标策略,角色、地位、作用也不同。基于中国现状,借鉴罗兹模式把政策网络划分为五种不同的类型,分别是政策社群、专业网络、府际网络、生产者网络、议题网络。

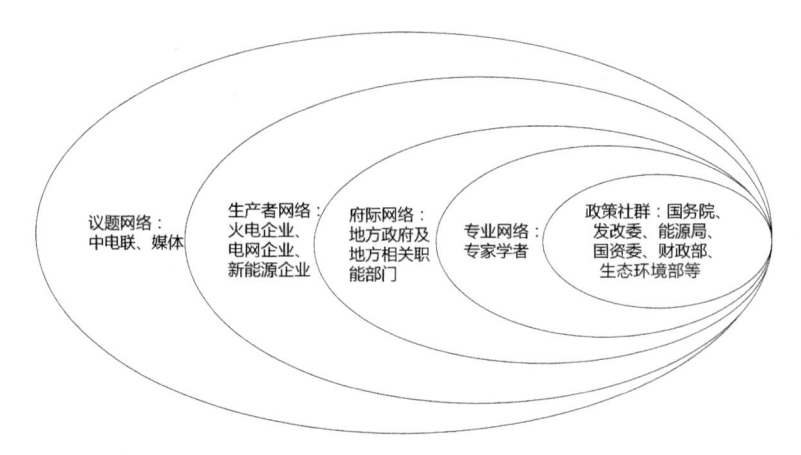

图 3-1 配额制视角下的发电市场参与主体政策网络示意图

（一）政策社群

在各行为主体中,政策社群处于核心、主导位置。根据中国当前的行政体制,行政机构以及立法机构是政策社群的重要组成部分。在制定 RPS 的过程中,政策社群网络里主要的行动主体为国家机构,具体有国务院、发改委、财政部、国有资产监管委、能源局、生态环境部等等。具体而言,国家能源局是起草方,发改委是审批方,负责审批能源局报送的文件法规。能源局负责拟定战略并组织实施,给出改革建议,同时做好监管工作。国资委主要负责对国有资产的监督、管理工作,对配额制各责任主体完成情况进行考核监督。财政部、生态环境部等部门作为我国财务管理、环境保护管理的主管部门,在 RPS 制定的过程中,参与制定可再生能源的财政补助、绿色证书价格和配额指标制定等方面的工作,为加快 RPS 实施提供了有力的保障。

(二) 专业网络

在 RPS 的分析中,涉及诸多专业领域的问题,需要得到专业人士的大力支持。专业网络的成员高度稳定且都具备 RPS 所需的专业知识,主要包括地方各级政府中的政策研究室、专家学者、社会研究学者等。分析 RPS 的具体推进过程,专家和学者介入的主要作用体现在以下方面:

1. 在酝酿阶段,并未明确构建起 RPS。从理论研究层面上看,专家和学者具有视野开阔、条理清晰、逻辑一致等特点,可以为配额制的科学决策在理论上提供充分的参考和支持。

2. 在准备阶段,逐渐构建起配额制政策,政策话语具备的导向性逐步增强,话语特征可集中化呈现,专家学者在独立研究、理性思考方面的能力进一步彰显,他们以智库的身份将知识提供给政府,参与到决策之中。

3. 在实行阶段,专家学者分析已有的配额制政策,总结概括既有政策的优势和劣势,做出进一步评述,将会为政策的进一步修正提供建议。

(三) 府际网络

府际网络主体包含地方政府及地方职能部门。在我国,府际网络主体是政策最终落实者,也是真正的执行者,与其他政策网络主体间相互依存、联系密切、互动频繁。一方面,地方政府担负着维护公共利益的职责,在执行相关政策的过程中一定要和中央政府的立场保持一致。配额制的出台增加了地方政府的工作量,地方政府部门既要动员当地发电企业平衡本地的电源结构,又要协调电网完成更多的可再生能源消纳,同时要督促电网的基础建设。另一方面,市场参与主体中的电力相关企业是地方重要财政收入来源,当强制实行 RPS 后,对企业利润产生很大影响。因此,地方政府与生产者网络的主体存在较为密切的联系,利益更容易达成一致,这会对 RPS 的落实带来一定影响。

(四) 生产者网络

制定以及执行公共政策的过程中,生产者网络的角色日渐重要。作为各利益群体参政的重要通道,生产者网络的积极参与才能保证政策顺利执行。

生产者网络往往会结成具体的利益集团,基于所掌握的专业知识与信息资源,在政策过程中发挥自身的作用和价值,表达自己的观点、维护自己的利益,借此对制定和执行公共政策产生影响。在配额制下的发电市场政策网络中,生产者网络主要包括发电企业、电网企业。其中电网企业主要包括国家电网公司、南方电网公司,发电集团则以中国华能集团有限公司、中国大唐集团有限公司、中国国电集团有限公司、中国华电集团有限公司和中国电力投资集团有限公司为主要代表,另外有中国长江三峡集团公司、华润集团公司、中国节能环保集团公司、中国广核集团公司。电网企业、发电企业在整个可再生能源发展中占据着主导地位,中央政府在实行 RPS 时,需征询这些企业的意见,根据其意见和政策执行情况进一步调整政策。

(五) 议题网络

可再生能源配额制下的市场参与主体政策网络的议题网络参与者众多、成员复杂,主要包括媒体、中电联等行业协会,是较为松散的支持团体或个人。议题参与者由于对 RPS 有着共同的研究兴趣而组合成一个团体,他们可以自由表达观点,出入网络较为自由,网络结构整合度低,牵涉利益范围不受限制,不存在权利中心。对于议题网络来讲,其功能主要可以归纳为信息提供,以及按照需求在政策具体实施的过程中帮助传播信息。因为议题网络不同成员所掌握的资源极为有限,在资源分配结构上呈现出不稳定性。一旦出现了新需求,新议题网络就会出现。

二、我国配额制参与主体的网络结构构建

不同类型的互动方式和网络结构会导致不同的政策后果。政策网络作为政策形成过程中多元行动者形成的一种网络状结构,其中的节点和关系具有多样性。节点包括政策制定主体、政策接收客体与政策等多样性节点,对于可再生配额制而言,政策制定主体包括政策社群,政策接收客体包括专业网络、府际网络、议题网络和生产者网络,政策则包含 RPS 及其配套政策构成的政策体系。关系的多样性不仅体现为政策的发布与接收关系,还包括某些隐藏的关系,如政策制定主体之间的府际关系、政策之间的关联等。

RPS 政策网络中的核心是 RPS 政策,其中隐含了政策发布者、政策接收者、政策主题等。以 RPS 发布主体、接收客体、政策及政策主题描述的政策网络结构如图 3-2 所示。从图中可以看出,政策网络中的节点分为:政策(各部门发布的具有法律效力的政策文件)、政策主题(政策中包含的主要内容)、政策主体(政策的发布者)、政策客体(政策响应的部门)。政策网络中的关系可以抽象为:合作关系、发布关系、响应关系、包含关系。合作关系是政策制定主体间联合发布政策而形成的关系,发布关系是政策主体与政策之间的对应关系,响应关系是政策客体与政策间的对应关系、包含关系是政策与政策主题的相联关系。

尽管政策网络之间的界限有时存在模糊之处,但是依据其地位和作用分为不同的类型,可以提高对政策形成过程的辨析程度。政策网络以一种

第三章 我国配额制参与主体政策网络分析　　63

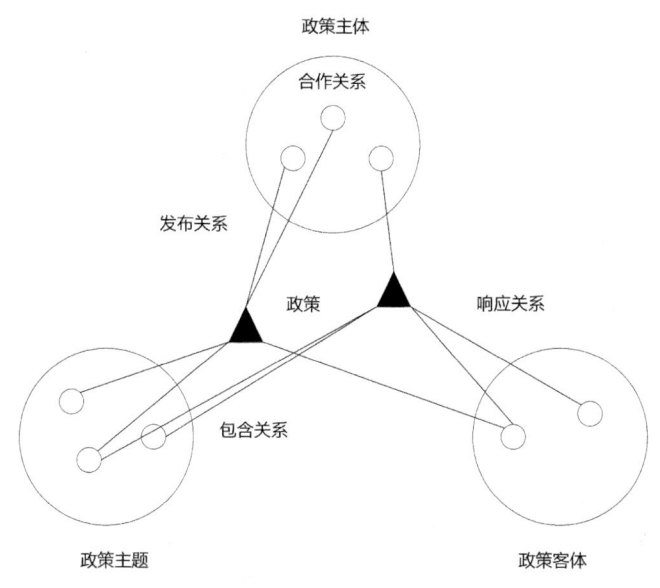

图 3-2　RPS 政策网络结构图

辩证的途径构建其概念和模式,通过分析网络结构与行动者、网络与环境、网络与政策结果的交互影响,梳理其中隐含的网络结构,能够全面透视行动者如何在一定的制度及文化中改变政策制定和治理的格局,从而可以了解和解释政策变迁如何发生。

第三节　我国配额制参与主体的网络互动关系分析

本书根据 RPS 政策制定过程,从问题构建、议程设置、方案规划以及方案合法化四个阶段对 RPS 参与主体间存在的复杂对抗、结盟、竞争、合作等互动关系进行了探讨。政策制定的步骤如表 3-2 所示。利用政策网络可有效揭示在 RPS 演变过程中参与主体的利益目标和行为策略变化。

表 3-2　政策制定步骤

政策制定步骤	内　容
问题构建阶段	主要包括思考、界定问题的边界、寻找事实依据、列举目的和目标、界定政策范围、显示潜在盈亏、重新审视问题的表现等
议程设置阶段	将政策问题纳入政治或政策机构执行计划的过程

续表

政策制定步骤	内 容
方案规划阶段	指决策者为应对政策问题而制定相应的解决方案、对策和措施的过程,具体涉及确定目标、制定计划、预测计划后果、选择计划的目的
方案合法化阶段	主要包括对政策制度机构的审查、领导决策会议的讨论和决定、行政长官政策的签署和颁布。其过程主要包括提出政策建议、审议政策建议、投票采纳政策建议、颁布政策。而后对颁布的政策作进一步修订,采纳地方、企业以及专家学者的建议,使得已有政策更加合理

(一) 问题构建阶段的网络互动

在 RPS 的问题构建阶段中,网络互动呈现出单向联系以及双向互动并存的状态。在问题构建环节,政策社群期望能够对府际网络、专业网络、生产者网络、议题网络所持的态度有所了解,从而合理确定相关问题和需求。在此环节,由于政府在政策资源方面占据特殊优势地位,府际网络、议题网络、生产者网络缺少直接参与问题构建的有效渠道,而专业网络则基于对政府课题的研究,能够清晰而且准确地描述 RPS 相关问题,包括配额制对象具体范围的确定、目标的确定、利益主体对应需求等,从而为政府提供理论支持。在问题构建环节中,政策社群需要专业网络的理论支持,专业网络基于此需要与府际网络、议题网络、生产者网络进行畅通化交流,并对各方主体所持的态度予以准确的了解和把握,进而给予政策社群更具说服力的研究结论。因此,在该环节,政策社群与府际网络、议题网络、生产者网络间是单向的、从上到下的关系;专业网络与府际网络、议题网络、生产者网络之间是单向的、信息了解的关系;政策社群和专业网络之间则是双向互动关系。问题构建阶段的网络互动关系如图 3-3 所示。

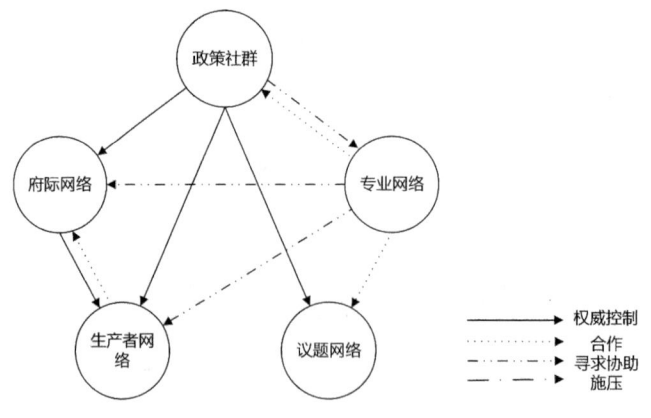

图 3-3 问题构建阶段政策网络互动图

(二) 议程设置阶段的网络互动

在 RPS 的议程设置阶段中,网络互动形态为各网络主体的表面接触。在议程设置阶段,政策社群要对府际网络、议题网络、生产者网络的相关意见信息予以吸收。议程讨论牵涉社会各类成员,特别是市场中诸多不同的参与主体。不同主体所掌握的信息及资源不同,所传递出来的信息也不同,通过不同主体之间的有效互动,RPS 议程得以初步建立。不过该阶段的讨论仍是初步探讨,有很多有待研究以及不确定的问题存在,加上政策社群的高自主性,政策社群和其他网络主体之间的沟通深度有限。议程设置阶段的网络互动关系如图 3-4 所示。

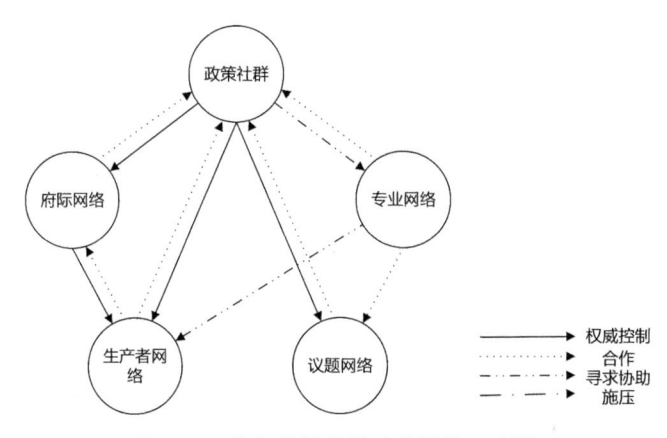

图 3-4 议程设置阶段政策网络互动图

(三) 方案规划阶段的网络互动

在 RPS 的方案规划阶段中,各网络主体互动频繁。在方案规划阶段,政策社群和府际网络间存在一定的博弈关系。府际网络主体包括地方政府与相关职能部门,主要的职责是对中央政府确立的政策法规予以执行,从权力的延续性上看,政策社群网络和府际网络是相近的。然而,府际网络执行 RPS 的时候总是尽可能多地考虑地方利益,可能产生对中央部署执行不力或变通处理的情况。在此阶段的府际网络和生产者网络是利益互惠的,对于地方财政来讲,电力行业的税收是地方收入的主要来源,因此地方政府比较偏重于电力企业的发展;同样的,电力企业借助政府影响力能够拓展融资渠道,求得自身的发展和进步。在该阶段中,专业网络、议题网络和生产者网络都可以借助有效以及通畅的利益诉求通道施压于政策社群,对 RPS 的实施产生一定的影响,对自身的利益予以更好的维护。方案规划阶段的网络互动关系如图 3-5 所示。

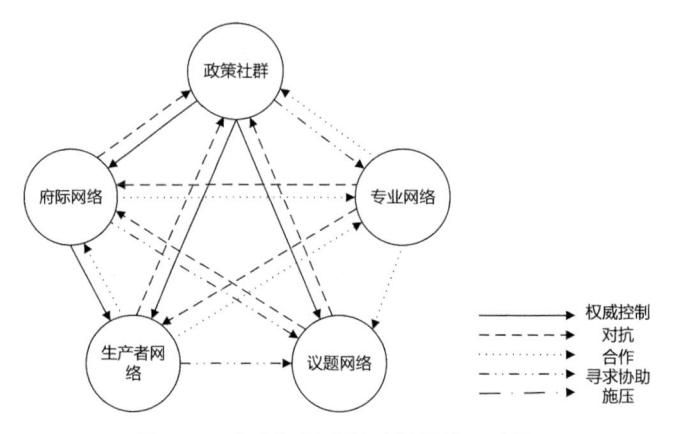

图 3-5　方案规划阶段政策网络互动图

（四）方案合法化阶段的网络互动

在 RPS 的方案合法化阶段，网络主体以非实质接触的状态而存在，相关主体的网络关系发展不断成熟。随着 RPS 相关政策的颁布，RPS 进入方案合法化阶段。在此阶段，政策社群仍起着非常重要的作用，信息传递表现为自政府从上到下的模式输出，主体关系具有明显的单向性，也就是说政策社群和府际网络、生产者网络、议题网络间以单向互动的方式沟通。专业网络充分参与政策制定的各个阶段，所以在合法化阶段，政策社群和专业网络之间依然有一定的联系。此外，专业网络和议题网络主体转变为阐述及分析 RPS 具体实施进程中所存在的问题，专业网络逐渐呈现出智库形态，将知识基础提供给政府，并积极参与决策。方案合法化阶段的网络互动关系如图 3-6 所示。

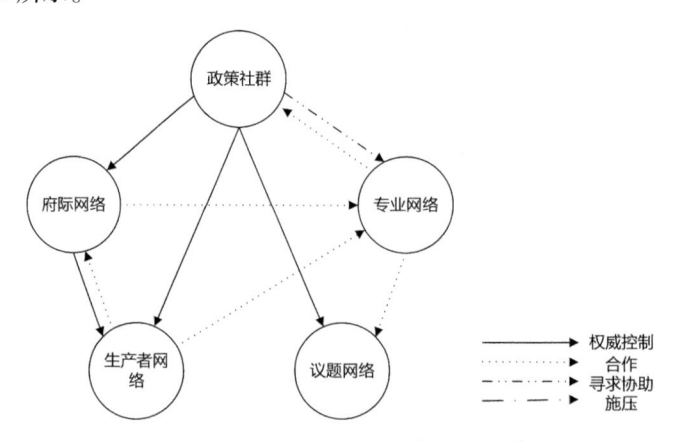

图 3-6　方案合法化阶段政策网络互动图

第四节　我国配额制参与主体
政策网络结构分析

政策网络的结构是指政策网络主体根据自身利益及诉求，不断沟通形成的联系模式。在不同的政策网络结构中，由于议题、互动方式不同，政策网络结构关系、政策网络结构行为规则及政策网络结构形态各不相同。其中网络开放度、网络集成度为衡量网络结构特征最为关键的指标，本书将这两项指标作为分析配额制视角下的市场参与主体政策网络的关键性因素。

一、我国配额制参与主体的网络开放度

对政策网络进行描述的所有指标中，开放度为关键性的指标。这个指标也是对网络内部主体和外部环境交流信息、沟通合作的具体程度予以衡量、进行评判的重要指标。RPS下市场参与主体政策网络为有限开放的结构模式。

酝酿环节，政策网络的进入门槛较高，能够进入政策网络的只有部分专家网络，他们以智囊团体的身份进入其中。而其他行动主体均在政策网络外围，无论是在信息的获取方面，还是在利益诉求的具体表达渠道方面，都非常有限。从结构方面看，此时的政策网络结构非常稳定。从层级上看，政策网络可谓泾渭分明。政策网络能够保持这一稳定性，主要因为在市场发展初期不同成员针对RPS的价值观、利益主张方面没有明显分化，政策社群手握政策网络中多数的资源，如较高的权威与合法性资源，这就使得在酝酿阶段RPS完全受政策社群主导。

RPS的实施事关环保和新能源发展，是专业性议题。准备环节，中央政府通过不断地调整，从原来的权力型精英决策向知识型精英决策模式转变。政策社群也在慢慢地将大门敞开给手握专业资源的专家网络，同时要求专家主体对RPS的必要性予以充分的论证，而后基于研究论证建言献策。另外，由于RPS的实施会造成不同主体在利益上的分化和认同上的偏差，政策社群同府际网络、生产者网络进行资源交换，并允许专家成员就RPS议题进行广泛的讨论。生产者网络将庞大的经济资源垄断于手中，要想以电网企业抑或是发电企业的身份进入电力市场，面临较高的门槛。所以在经济资源方面它们占据着绝对的控制地位，对应的利益诉求可以被更为准确地表达出来。很明显，和酝酿环节比，此时在结构上政策网络从内到外开始呈现出松动化的特征。此松动一方面表现为政策网络从内向外的逐

渐开放,另一方面也表现为内部的松动性。基于对合法性的追寻,政策社群必须要保持网络的开放性,借此获取在网络间所交换的信息资源。RPS 发展过程中仍有待进一步完善的原因在于价值利益的分化,政策网络伴随互动交换的频繁化,让政策结果从原来自内部对外的单一化输出过程转变成对资源的整合、对结构调适的过程。

对于 RPS 来讲,推广阶段是政策的第三阶段。RPS 议题的再次提出在结构上已是松动的。和第一阶段比,政策网络层级已非泾渭分明,相反呈现出纵横捭阖的态势。各网络主体无论是在价值观方面,还是在利益主张上都已成型,网络主体在此基础上构建起跨网络合盟。

在政策网络里,具有较强专业性的行动主体控制了利益诉求的表达渠道,同时尝试在"权利"立场上对 RPS 的规划、方案设计予以审视,比如发电企业,就基于央企的身份为自身权利予以公开呐喊,期望能够掌握更多话语权,获得更充分的信息。在整个政策网络中,府际网络横跨两级,其中一级隶属于政策社群,处于政策网络中稳定的组织机构;另一级与生产者网络、议题网络紧密相连。政策社群会主动地寻求和其他网络交换资源,借此得到各网络主体支持,并且能够与之更好地进行合作。因此,所有行动主体在开放式结构中互为牵连。

不难得出,在价值观不断转变的社会背景下,伴随利益分化和政策网络结构越来越开放,政策网络主体间互动性越来越强、交换日渐频繁化,政策变迁带来的影响也就会不断地增大。

二、我国配额制参与主体的网络集成度

网络集成度是政策网络中各因素的整合程度,指的是政策目标之间的一致性、政策价值观上的统合性,还有信息整合的程度与水平。对于政策网络来讲,其集成度直接体现了不同行动主体互为交流、彼此协作的结果。在各个网络主体中,若互动紧密频繁,所形成的网络势力就会非常强大,资源就会集中到这一强势网络之中,并对政策结果产生重要的影响。若在各个网络间,此集成度成为常态,表现出均势,那么政策网络主体的目标、利益交换以及价值观将跳跃出本级网络,动态地朝着整体政策网络流动,让政策本身不断地变动调整。伴随 RPS 自身的变迁演绎,政策网络对应的集成度同样也在不断变化调整。

对于 RPS 来讲,在酝酿环节,政策社群所对应的网络结构是高度集成的,进入到后两阶段,因为加入了其他网络主体,所以网络中资源交换日渐频繁,政策网络的集成度也就随之降低。但是在推广环节,府际网络在集成

度方面呈现出持续加强的态势,议题网络对信息集成的需求也愈发强烈。集成度处于动态的变化过程中,不能很快地就实现均衡。通常情况下,集成度不断增强的网络就会联合在一起对抗于集成度较高的网络。例如,在RPS准备阶段中,府际网络会和生产网络、集成度持续增强的部分专家网络、议题网络积极地联合在一起抗议政策社群所提出的RPS。在RPS提出之后的十年(2005—2015)里,网络主体一直处于制衡状态。

虽然网络集成度的改变决定了究竟哪个主体负责界定政策,但从表面分析,政策结果通常被掌握于强势主体手中。不过在政策变迁的最后阶段,伴随网络开放度的提升,以及对政策网络认识的加深,政策网络内部的价值观念就会在较高层次上达到统一。同时各个网络主体对于重大利益问题的关注更是被进一步地激发,它们会积极地参与相关问题的协商探讨,最终形成均势网络。

现在,网络互动呈现不断加深、资源交换持续增强的态势,RPS下市场参与主体政策网络对应的结构从封闭的状态朝着开放化的状态发展,从松散化的状态朝着集成化的状态演变。也就是说各网络主体在价值观、利益诉求、信息导向方面已经相对统一与明确。政策社群必定会积极地进行网络治理,对网络内其他主体的强势姿态予以调整和改变,借此让网络具有更高的协同性以及互动性,构建起一个较为均衡、有较高集成度的网络结构,让政策朝着良性的方向不断地变迁演绎。

随着我国经济的快速发展,能源消耗逐年增加。为解决环境污染、高碳能源占比高等问题,促进新能源电力行业的进一步发展,我国实施了RPS。2020年,习近平主席在联合国大会上提出"双碳"目标,即中国二氧化碳排放力争于2030年前达到峰值,2060年前实现碳中和。"双碳"目标的提出为我国能源结构的转型提出了新的要求。由于减碳和能源转型的迫切需要,我国的RPS必须进行优化升级,对现有的制度加以完善,使得RPS能够在"双碳"背景下发挥作用,促进新能源产业和社会能源转型发展。研究RPS下利益主体互动博弈关系,对于RPS的进一步完善有着重要参考作用。

RPS制度及其实施的每一个具体环节中都存在着多元行动者的资源交换、互动以及不同行动者的利益诉求,如何厘清各主体互动关系是研究中的难点。传统政策分析范式中的"功能—过程"范式已经不能完整解释配额制所衍生的复杂多变的政策,以往学者们关于政策的研究也并不完全适用于此处。为了更好地对这一关系进行分析,本章尝试构建了RPS政策网络模型,将政策网络划分为政策社群、专业网络、府际网络、生产者网络以及议题网络。通过对政策网络主体、网络互动、网络结构三方面展开分析,深入了解 RPS 主体互动关系,系统地将中国 RPS 政策网络图景呈现出来。通过界定 RPS 政策网络的主要利益主体、分析其利益目标和行为策略,进一步明晰各个利益主体之间的互动行为关系,有利于更好地理解中国 RPS 的现状,并且有助于实现政策网络理论在中国公共政策分析中的本土化。

第四章 配额制视角下发电企业市场行为关键影响因素分析

第一节 配额制视角下发电企业市场行为影响因素集合构建

一、宏观影响因素分析

为全面分析发电企业所处的宏观环境,本节采用PESTEL分析模型,分析各类宏观因素对发电企业的影响情况。PESTEL分析模型通常作为有效的工具用于分析主体所处的宏观环境,调查影响组织的外部因素如政治因素(Political)、经济因素(Economic)、社会文化因素(Sociocultural)、技术因素(Technological)、环境因素(Environmental)和法律因素(Legal)。鉴于本书主要研究发电企业的市场行为,市场(Market)作为重要的宏观因素对发电企业的影响不可忽视,本书在已有PESTEL分析模型的基础上增加市场因素,成为PESTELM分析模型。

(一)政治因素

在能源发展的历程中,人们逐渐意识到化石能源生产利用过程中排放的二氧化碳等气体带来的温室效应等问题对人类生存环境带来的恶劣影响,从1994年150多个国家签署《联合国气候变化框架公约》并生效,到2016年全球197个缔约方共同签署《巴黎协定》并生效,"控制碳排放,减缓气候变化"的全球共识逐渐达成。在这个过程中,我国充分展现大国担当,于2020年9月提出"双碳"目标。随后,为促进"双碳"目标的实现,2021年3月提出"构建以新能源为主体的新型电力系统",明确了我国电力行业清洁化、低碳化的发展方向。

此后,为推动上述目标顺利实现、促进能源高质量发展,国家发改委、能源局、国务院国资委提出《"十四五"现代能源体系规划》《关于推进中央企业高质量发展做好碳达峰碳中和工作的指导意见》等多项方案举措。除了本书重点研究的与RPS相配套的绿证交易市场以外,国家还进行碳排放权交易市场建设,不同于以促进可再生能源消纳为目的的绿证市场,碳市场是从降低碳排放的角度来推动能源结构调整。2021年7月16日,全国碳排放权交易市场启动上线交易,发电行业成为首个纳入全国碳市场的行业。随着未来新能源逐渐成为发电主体,为应对风力、光伏等发电具有的间歇性问题,传统火电的角色也将由主力电源逐步变为以调峰、应急为主的辅助电源。2021年12月21日,国家能源局对《并网发电厂辅助服务管理暂行办法》(电监市场〔2006〕43号)进行了修订,并将名称修改为《电力辅助服务管理办法》,主要目的是推动构建新型电力系统,规范电力辅助服务管理,深化电力辅助服务市场机制建设,也为传统火力发电企业指明了一条发展道路。2022年4月10日,《中共中央 国务院关于加快建设全国统一大市场的意见》正式印发,强调建设全国统一的能源市场。

可以看到,我国鼓励、支持能源结构向清洁、低碳、可持续方向发展,在国家大政方针的引导下,化石能源的清洁利用,电能逐步替代化石能源,火电的低碳化改进,绿电逐步替代火电等将成为主要的发展趋势。在这样的形势下,发电行业也将面临重大调整,这对于发电企业来讲,是重大挑战,也是重要机遇,要在政策引导下积极探索生存方案,牢牢把握住这一重要转型期,实现可持续发展。

(二)经济因素

电力行业作为关系国计民生的基础能源产业,其发展周期与宏观经济周期紧密相关。中国电力行业具有较明显的周期性特征,变动趋势与宏观经济变动趋势基本相同。一方面,宏观经济的发展要依赖电力行业提供可靠的能源支持;另一方面,国民经济增长对电力行业发展具有驱动作用,当国民经济处于稳定发展时期,发电量随电力需求量的增加而上升,并促使电力行业快速发展,而当国民经济增长放缓或处于低谷时,发电量随电力需求量的减少而下降,电力行业发展也将随之放缓。

近年来,受新冠疫情冲击,地缘政治冲突加剧等影响,经济发展区域失衡、国际能源价格波动剧烈、世界贸易管制情势变幻无常等问题愈发明显。全球经济呈现生产总值大幅负增长、失业率升高、通货膨胀率普遍下降、国际贸易显著萎缩、国际投资断崖式下降、全球金融市场大落大起、全球债务水平快速攀升、大宗商品价格大幅波动等趋势。当前世界经济发展整体呈现低迷态势,预计这种局面还会持续较长的时间。

十九大以来,我国经济运行总体平稳,发展质量稳步提升,国内经济结构持续优化升级,工业结构继续优化,消费持续升级。但随着世界整体形势的变化,我国面临着消费萎缩、投资下降、进出口减少和供应链断裂等危机。虽然近年来中国经济总体上抵御了增速大幅下滑的风险,但仍然面临着经济下行压力加大以及体制性、结构性方面的问题。未来,我国经济将在追求高质量、低碳化的发展模式中保持"稳中求进"的态势,在这样的形势下,电力需求也将在很长一段时间保持增长态势,电力行业仍有较大的发展空间,但同时也面临着保障稳定充足的社会电源供给、提高电能的清洁化程度、提升电力系统智能化水平等方面的压力。

(三) 社会文化因素

从法拉第发明了世界上第一台能连续产生电流的电动机开始,电力逐渐渗入人类的生活,并在人类社会的进步和发展中发挥重要的作用,大大改善了人们的生活环境和生活质量。经历近两百年的发展历程,电力早已成为现代生活中不可缺少的能源。

随着环保观念不断深入人心,人们的用电需求不断增加的同时节电意识也在不断提升,"地球一小时"等节电环保活动越发受到公众的支持和响应。随着"二氧化碳会造成温室效应"这一观点得到普遍认同,加之近年来全球气候变化加剧,化石能源短缺现象凸显,各国积极探索发展低碳经济,与低碳经济发展相适应的"低碳文化"模式也逐渐诞生。低碳文化将引导人们趋向于消费更加清洁、低碳的产品,作为一种产品的电力也将面临这种消费倾向,未来人们将更倾向于选择消费绿色电力。尽管当下这种情况还不明显,但文化的影响是潜移默化且深刻长远的,发电企业为了长远发展需要就不可忽视社会文化的影响力,并且应采取主动措施,做低碳文化的践行者和传播者,构建企业内部的低碳文化体系,为企业乃至全社会营造良好的低碳文化氛围,助力我国低碳经济发展,"双碳"目标顺利实现。

(四) 技术因素

"科学技术是第一生产力",技术创新是决定企业生存发展的关键因素,是提高企业核心竞争力的重要力量,能够增加企业经营效益,降低企业经营风险。尤其在"双碳"目标下,为实现清洁低碳化生产,对发电企业技术水平提出了更高的要求。

对于火电企业来说,面对碳减排的压力,要积极探索清洁化生产技术方案,同时为了应对从电力供应向提供调峰调频等辅助服务转型的趋势,要重视火电灵活性改造技术。目前,火力发电清洁低碳化相关技术主要包括增压流化床联合循环发电技术,整体煤气化联合循环发电技术,高效超超临界燃煤发电技术,以及烟尘、SO_2、NO_x 等的超低排放技术。火电企业对于去碳技术也较为关注,这是一种从末端进行治理的低碳技术,最具代表性的是碳捕获、利用与封存技术,该技术的目的是降低大气中碳含量,理想状态是实现碳的零排放,例如碳回收与储藏技术、CO_2 聚合利用技术、PH 型智能化扩容蒸发器技术,与生物质耦合的负碳排放技术等。而在提高火电灵活性方面,涉及的技术包括:锅炉低负荷稳燃技术,宽负荷脱硝技术,汽轮机通流设计与末级叶片性能优化技术,供热机组热电解耦技术,提高负荷响应速率协调优化控制技术和水冷壁安全防护技术。

而对于绿电企业而言,提高发电效率,提升安全稳定性,降低生产成本,是其寻求技术突破的主要目的。目前重要的风电技术包括高效率电网友好型风机,海上风电突破主轴承制造,漂浮式风电动态海缆技术,大兆瓦风机变桨技术和中速传动机组等,这些技术可有效提升机组的可利用率、可制造性、可维护性,提高风力发电的稳定性和安全水平。光伏技术主要关注高转化效率光伏发电、低成本长储热光热发电、光伏发电系统半波与全波有功注入阻尼技术等。水电方面也在不断进行技术创新,当前重要的水力发电技术发展方向包括:径流式低水头水电站设计技术,无落差流水发电设备设计,高水头大容量机组,高海拔高寒地区水电开发,水轮机调速器和同步电机励磁的调节与控制技术,水轮发电机高压绝缘核心技术,可变速水泵水轮机及其调速系统,可变速抽水蓄能控制策略等,这些技术的创新有利于提升水电站的调节性能。

此外,发展储能是解决新型电力系统供需匹配和波动性问题的关键。储能技术按介质分为机械类储能、电气类储能、电化学类储能、热储能和化学类储能。其中,锂离子电池目前的研究集中在进一步提高使用寿命和安全性,降低成本,以及新的正、负极材料开发。飞轮储能技术、压缩空气储能技术、电池—超级电容器混合储能技术、应用于火电机组深度调峰的熔融盐储能技术等的开发和应用也是重点的发展方向。

上述技术的研发,将有力推动发电行业的发展,对于促进发电侧结构优化调整具有重要意义。发电企业要充分关注相关技术发展情况,并根据国家、行业、企业自身需要,针对自身技术短板,通过产学研合作等方式,提升企业技术创新改造能力,以便更好应对不断加剧的市场竞争环境。

(五) 环境因素

近一百年,人类使用了大量的化石燃料,大量二氧化碳被排放到大气中,导致温室效应。同时,乱砍滥伐、过度开发土地、滥用化学物质,也严重破坏了地球环境。全球气温升高、水污染、绿色植被减少、空气质量下降、灾害性天气、化学污染乃至核污染等造成的生态危机使人类的生存环境进一步恶化。

一般来说,工业生产活动基本上伴随着对自然环境质量的破坏,各个国家意识到这个问题后,均开始重视环境问题,这是保护地球环境、实现"人与自然和谐共处"的必然趋势。我国将环境保护作为国策,如前所述,"双碳"目标等政策的提出很大程度上都是出于环保的需要。其中,电力清洁化生产对于环境保护的重要性更是不言而喻。为减少对资源的破坏和浪费,更有效地利用资源,走可持续发展道路,电力工业发展要与经济发展、社会发展、环境保护、资源利用等协调配合。发电企业要承担起社会责任,在保障电力安全稳定生产的前提下,提高电力清洁化程度,为环境保护贡献力量。

(六)法律因素

目前,我国颁布的多项法律法规对规范和约束发电行业作出了规定,如环境保护法、电力法、清洁生产促进法、节约能源法等,此外,《电力供应与使用条例》《电力设施保护条例及实施细则》《供电营业规则》等文件也对发电行业的行为进行了明确的规范。为改善我国的能源结构、鼓励可再生能源发展,在2005年,我国就已经通过了可再生能源法。2006年1月1日,可再生能源法正式实施,2010年,修改后的可再生能源法正式实施。

这些法律、法规和条例等,明确了发电企业的相关权利、责任和义务,强调了其行动规范和要求,划定了其不能触碰的红线,以此约束发电企业在国家、地方政府规定的合理范围内开展相关活动,保障了国家和地方对电力等相关行业发展的最基本要求。而未来,为加快推动实现"双碳"目标,国家和地方政策规划的探索实践过程中,也将会结合实际情况,优化和完善相关法律法规,更加严格、规范地管理发电企业行为。例如,为建设全国统一的电力市场、碳市场等,国家应构建完善的配套法律法规体系,增加市场交易透明度,保证信息通畅,为市场发展提供有力保障。

(七)市场因素

市场是各方参与交换的多种系统、机构、程序、法律强化和基础设施之一。企业所处的市场环境涉及政治、经济、文化、社会等多方面内容,是前六种因素的综合体现。不同产品的交易市场有着不同交易规则和习惯,涉及的交易主体和主体间关系也各有不同,作为交易参与者,在不同的市场上有不同的需求和目的,也就会作出不同的行为决策。对于发电企业而言,其面对的市场环境发生变化,其市场行为也会作出改变。

发电企业主要以产品提供者的身份参与电力市场,主要参与电力中长期交易、现货交易和辅助服务交易。在电力中长期交易市场和现货交易市场中,火电企业和绿电企业相互竞争,企业主要以降低生产成本从而降低电力交易价格的方式提高竞争优势,但在煤炭价格居高,RPS等政策鼓励绿电消纳等背景下,绿电企业更具竞争优势。但伴随着可再生能源发展带来电力系统稳定性降低,对火电企业提供辅助服务的需求增大,未来火电企业参与电力市场的重心将向辅助服务市场偏移,减少与绿电企业的正面竞争。

而在绿证市场中,两种发电企业则由电力市场中的竞争关系转变为供需关系。在绿证市场中,火电企业向绿电企业购买绿色证书以完成 RPS 的配额责任,双方能否达成交易,取决于两者对绿证价格、火电企业未履约遭受的惩罚、绿电企业不出售绿证获得额外补贴收益等因素的综合考虑结果。

碳市场中,火电企业可根据自身碳排放情况,转换供需身份,当碳排放量高于所获碳配额时,在碳市场出售多余的碳配额;当碳排放量低于所获碳配额时,在碳市场购买碳配额以完成履约责任。而绿电企业可以申请 CCER 项目的形式,参与碳市场,作为供方出售 CCER。

二、微观影响因素分析

从微观层面分析发电企业市场行为决策的影响因素,则采用波特五力模型作为隶属于外部环境分析方法的微观分析方法。20 世纪 80 年代初,迈克尔·波特(Michael Porter)提出:行业中存在着同行业内现有竞争者的竞争能力、潜在竞争者进入的能力、替代品的替代能力、供应商的讨价还价能力以及购买者的议价能力五种力量,决定着行业的竞争规模和程度,影响着现有企业的竞争战略决策,被称为"波特五力模型"。

(一)供应商的议价能力

供应商具有提高投入要素价格的能力以及降低单位价值质量的能力,使企业成本增加和产品品质下降,由此影响行业中现有企业的盈利能力与产品竞争力。发电企业面对的主要是发电设备及发电原料的供应商。对于绿电企业来说,其发电原料为风、光、水等可再生能源,获取成本很低或几乎为零,其主要受到发电设备供应商议价能力的影响。而对于火电企业来说,其生产成本更多来源于煤炭、天然气等发电原料,其中又以煤炭为主要发电原料,因此煤炭生产企业对其影响较大。

中国机械工业联合会发布的《2023 年我国发电设备行业发展情况及形势展望》显示,2023 年我国发电设备产量达到 1.77 亿千瓦,同比增长 30.6%,再创历史新高。其中,新能源和可再生能源设备产量占比稳步提升,达到 59.7%,成为发电设备增长的重要支撑。可以看到,当前风、光等新能源发电设备制造产业发展前景可观,并且,企业不断地寻求技术突破以提升设备质量、降低成本,这也将进一步推动绿电企业成本的降低,在支撑绿电企业发展上起到重要作用。

而火电企业近几年来则一直面临着煤炭采购成本居高不下的压力,其至出现秦皇岛2021年度5500大卡动力煤飞涨至2600元/吨的情况。预计近几年动力煤价格将依旧稳定在较高水平,但随着煤炭优质产能的释放,未来煤炭价格将承压下行(下行幅度有限)。尽管国家有关部门迅速察觉煤价的连续上涨现象,并出台了相关政策,期望稳定煤炭供应、抑制煤价过快上涨,但由于多种原因,仍没有从根本上遏制上涨趋势,火电企业成本仍持续增加,盈利空间大幅缩减,较高比例火电集团及公司处于严重亏损,还有部分火电企业濒临倒闭。为此,国家发布《关于进一步深化燃煤发电上网电价市场化改革的通知》等,以缓解火电经营压力,但煤炭供需矛盾尚未得以解决。

在本书视角下,发电企业间进行绿证交易时,绿电企业作为绿色证书这一商品的供应商,其议价能力对作为购买方的火电企业带来影响。目前来看,在"双碳"目标政策引导下,绿证需求不断增大,绿证逐渐步入卖方市场,绿电企业议价能力提升,绿证价格也随之提高。

(二) 购买者的议价能力

购买者具有压价能力,对产品和服务品质有较高要求,影响行业中现有企业的盈利能力。新电改以前,电网企业具有垄断性购电、实施电网调度和负荷控制等优势,使发电企业在与电网企业的购销活动中处于劣势,电网企业作为购买者,有较强的议价能力。而随着电力市场化改革的推进以及售电侧的放开,电网企业的垄断能力受到大幅削弱。更多类型购买者进入电力市场,按照市场价格购电,由此,单个购买者的议价能力可能降低,但购买者的市场选择更多,且电作为商品,其极大程度的同质性,会使购买者按照低价原则进行消费,这将迫使发电主体激发活力,提高自身生产效率。

而在绿证市场,与上文分析内容相对应,火电企业作为绿色证书的购买者,其议价能力也会对绿电企业带来影响,但从绿证向卖方市场发展的趋势来看,这种影响相对较小。

(三) 新进入者的威胁

新进入者能够带给行业新的生产能力和新的资源,并希望在市场中赢得一席之地,因此不可避免地出现与现有企业发生原材料、市场份额竞争的情况,进而导致行业中现有企业盈利水平降低,甚至可能危及这些企业的生存。

发电行业属于技术、资金密集型行业,存在着较高的行业进入壁垒,因此现有发电企业受到新进入者的威胁较小。但从行业整体来看,新建机组增速较大,国家能源局数据显示,2022年1—4月,全国新增发电装机容量

4233万千瓦,比上年同期多投产1262万千瓦。其中,水电500万千瓦、火电938万千瓦、风电958万千瓦、太阳能发电1688万千瓦。在电力市场化逐步推进,市场交易份额扩大、发用电计划取消的背景下,新建机组对发电行业竞争加剧的影响不容忽视。

(四)替代品的威胁

处于不同行业的两个企业,若其产品可相互替代,则可能引发两企业间的竞争行为。现阶段,从能源消费角度来看,用户能源供给品类丰富,煤、石油、天然气等各类能源给用户带来的便捷性相近。未来,伴随着天然气等能源市场的建设完善或极端情况的发生,用户可能考虑能源种类的价格因素,从而选择不同的用能方式,这将造成针对电能的用能方式替代。例如,在俄乌冲突期间,由于天然气和电的价格上涨,欧盟各国转而直接使用柴薪能源,导致柴火需求激增。因此,在终端用能场景下,电能有可能被其他能源品种所替代。

(五)同业竞争者的竞争程度

大部分行业中,企业间利益交织联系,作为企业整体战略一部分,企业竞争战略的目标都在于使本企业相比于其他企业更具有竞争优势。那么,在战略实施过程中,企业间的冲突与对抗现象不可避免。中国的能源结构以煤炭为主,电力供应以火电为主,但在国家政策引导下,风、光等可再生能源发展规模不断扩大,且技术的提升使得其发电成本明显下降,有效提升了绿电企业的竞争能力。而火电企业则受"能耗双控""双碳"等政策影响,一定程度上遏制了其发展。

目前,火电机组因具有可调控、发电技术成熟、稳定性高、高效耐用等特性,在未来一段时间仍将作为中国能源结构的主流,在发电领域占主导地位。但是随着科学技术的发展及行业体系及制度的完善,新能源技术发展所面临的成本、技术、稳定性、地域局限等问题解决后,未来必然出现绿电企业逐渐替代火电企业在发电市场的主体地位的局面。而随着全国统一的能源市场建设完善,各发电企业将面临更多的竞争者,竞争程度将进一步加剧。

三、影响因素集合构建

基于上述影响因素,以及本书后续研究发电企业市场行为决策的需要,本节选取了更为具体的影响因素指标,为后续研究的参数选取奠定基础。构建的影响因素集合如表4-1所示。

表4-1 发电企业市场行为影响因素集合

符号	影响因素
U_1	全社会用电量
U_2	全社会绿证供给量
U_3	全社会绿证需求量
U_4	发电装机容量
U_5	未完成配额目标支付的罚金
U_6	政府监督力度
U_7	绿证价格
U_8	电价
U_9	度电成本
U_{10}	可再生能源配额比例
U_{11}	可再生能源补贴
U_{12}	电力需求增长率

其中,全社会用电量能够反映电力企业受替代品威胁程度;电价一定程度上可作为购买者议价能力的体现;度电成本则较易受供应商议价能力的影响;从发电装机容量可以反映发电行业的技术水平;绿证供给量、需求量以及绿证价格能够反映出绿证市场的前景和竞争程度,也反映着绿电企业作为绿证供应商对火电企业的议价能力,以及火电企业作为绿证消费者对绿电企业的议价能力;政府监督力度、未完成配额目标支付的罚金和可再生能源配额比例,可体现出政治和法律因素对发电企业的要求和约束,可再生能源配额比例还可以反映出环境保护的迫切程度,和绿证价格一定程度上可作为经济和市场因素的体现;而电力需求增长率则可反映出一定的经济发展态势。

第二节 基于 Fuzzy-DEMATEL 的关键因素识别模型构建

一、DEMATEL 方法

DEMATEL 分析法,全称为 Decision-making Trial and Evaluation Laboratory,即决策实验室分析法或决策与试验评价实验室法,是一种系统科学的方法。

DEMATEL 分析法主要运用图论和矩阵工具进行系统分析。通过探究系统中各要素之间的逻辑关系和直接影响矩阵,可以计算出每个要素对其他要素的影响度以及被影响度。进一步的,可以确定每个要素的原因度和中心度,这些数值将作为构造模型的依据。这样不仅能确定要素间的因果关系,还能明确每个要素在系统中的地位和作用。

运用 DEMATEL 方法要明确目标系统的内在规律,确定各因素之间的关系,用数字"0-4"表示系统中不同因素之间影响关系的强弱,并结合实际情况进行深入分析。具体计算步骤如下:

1. 影响因素确定

首先,对所要研究的问题进行分析,明确其影响因素。

2. 构造直接影响矩阵

判断影响因素 U_i 对 U_j 的直接影响程度,构造直接影响矩阵:

$$A = [a_{ij}]_{n \times n} \tag{4-1}$$

a_{ij} 表示影响因素 U_i 对 U_j 的影响程度,$1 \leq i \leq n$,$1 \leq j \leq n$,用数字 0-4 表示从无影响到强烈影响五个等级。

3. 归一化直接影响矩阵

在 A 的基础上进行归一化处理得到:

$$M = \frac{1}{\max\limits_{1 \leq i \leq n} \sum_{j=1}^{n} a_{ij}} A \tag{4-2}$$

4. 计算综合影响矩阵

综合影响矩阵反映各因素在整个系统中的因果关系,在 M 的基础上计算得到:

$$T = [t_{ij}]_{n \times n} = \lim_{k \to +\infty} (M + M^2 + M^3 + \cdots + B^k) = M(I - M)^{-1} \tag{4-3}$$

式中,I 为单位矩阵。

5. 求解中心度和原因度

D_i 表示因素 i 对其他因素的影响程度,为 T 的第 i 行元素之和;R_j 表示其他因素对因素 j 的影响程度,为 T 的第 j 列元素之和:

$$D = \sum_{j=1}^{n} t_{ij}, \quad R = \sum_{i=1}^{n} t_{ij} \tag{4-4}$$

则 $D + R$ 为中心度,其值越大,表明该因素在整个因素体系中的越重要;$D - R$ 为原因度,若 $D - R > 0$,则该指标为原因因素,表明其对其他因素影响程度较大;反之,为结果因素。

二、模糊集理论

专家在打分时不可避免存在模糊和不清晰的问题,为保证分析的准确性和真实性,需要将专家语言变量转化为模糊数据,再对模糊数据进行去模糊化处理。在本研究中引用区间二型模糊理论进行去模糊化处理。孟德尔(Jerry M.Mendel)等最先给出区间二型模糊集的概念,随后陈(Shyi-Ming Chen)和李(Li-Wei Lee)在应用中给出了区间二型模糊集的运算定义:

1. 定义1

论域 X 上的二型模糊集定义为:

$$\widetilde{A} = \begin{cases} ((x,u), \mu_{A_i}(x,u)), \forall \mu \in X, \forall J_x \subseteq [0,1], \\ 0 \leqslant \mu_{A_i}(x,u) \leqslant 1 \end{cases} \tag{4-5}$$

其中, μ_{A_i} 是 $\widetilde{A}$ 的隶属度函数, $J_x \subseteq [0,1]$ 表示一个区间。

2. 定义2

当二型模糊集中全部的 $\mu_{A_i}(x,u) = 1$,且 $\widetilde{A}$ 的上下隶属度函数为梯形模糊数时,那么论域 X 上的二型模糊集进化成区间梯形二型模糊集:

$$\widetilde{A} = \int_{x \in X} \int_{x \in J_x} \frac{1}{(x,u)} \tag{4-6}$$

其中, $J_x \in [0,1]$ 。

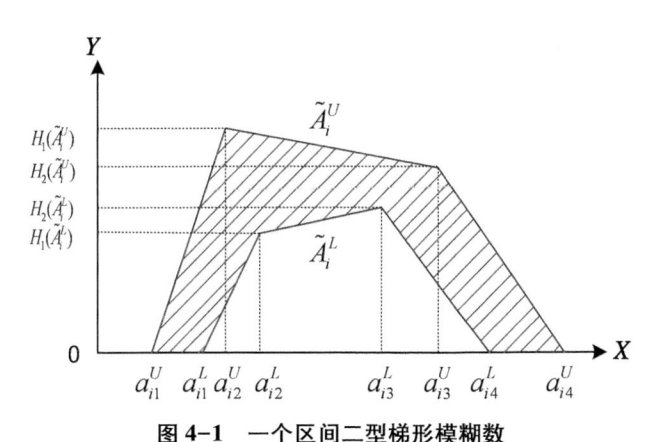

图4-1 一个区间二型梯形模糊数

3. 定义3

用 $\widetilde{A}_1$, $\widetilde{A}_2$ 分别表示两个区间二型梯形模糊数, k 为实数,则基本运算如下：

$$\widetilde{A}_1 + \widetilde{A}_2 = (\widetilde{A}_1^U, \widetilde{A}_1^L) \oplus (\widetilde{A}_2^U, \widetilde{A}_2^L) =$$

$$\begin{pmatrix} a_{11}^U + a_{21}^U, a_{12}^U + a_{22}^U, a_{13}^U + a_{23}^U, a_{14}^U + a_{24}^U; \min(H_1(\widetilde{A}_1^U), H_1(\widetilde{A}_2^U)), \min(H_2(\widetilde{A}_1^U), H_2(\widetilde{A}_2^U)), \\ a_{11}^L + a_{21}^L, a_{12}^L + a_{22}^L, a_{13}^L + a_{23}^L, a_{14}^L + a_{24}^L; \min(H_1(\widetilde{A}_1^L), H_1(\widetilde{A}_2^L)), \min(H_2(\widetilde{A}_1^L), H_2(\widetilde{A}_2^L)) \end{pmatrix}$$

$$(4-7)$$

$$\widetilde{A}_1 + \widetilde{A}_2 = (\widetilde{A}_1^U, \widetilde{A}_1^L) \otimes (\widetilde{A}_2^U, \widetilde{A}_2^L) =$$

$$\begin{pmatrix} a_{11}^U \times a_{21}^U, a_{12}^U \times a_{22}^U, a_{13}^U \times a_{23}^U, a_{14}^U \times a_{24}^U; \min(H_1(\widetilde{A}_1^U), H_1(\widetilde{A}_2^U)), \min(H_2(\widetilde{A}_1^U), H_2(\widetilde{A}_2^U)), \\ a_{11}^L \times a_{21}^L, a_{12}^L \times a_{22}^L, a_{13}^L \times a_{23}^L, a_{14}^L \times a_{24}^L; \min(H_1(\widetilde{A}_1^L), H_1(\widetilde{A}_2^L)), \min(H_2(\widetilde{A}_1^L), H_2(\widetilde{A}_2^L)) \end{pmatrix}$$

$$(4-8)$$

$$k \times \widetilde{A}_1 = \begin{pmatrix} k\,a_{11}^U, k\,a_{12}^U, k\,a_{13}^U, k\,a_{14}^U; H_1(\widetilde{A}_1^U), H_2(\widetilde{A}_1^U), \\ k\,a_{11}^L, k\,a_{12}^L, k\,a_{13}^L, k\,a_{14}^L; H_1(\widetilde{A}_1^L), H_2(\widetilde{A}_1^L) \end{pmatrix} \quad (4-9)$$

其中，为方便对区间二型模糊数矩阵转置及进行比较，可以用以下公式去模糊化：

$$Defuzzified(\widetilde{a}_i) =$$

$$\frac{\dfrac{(a_{i4}^U - a_{i1}^U) + (H_1(\widetilde{A}_i^U) \times a_{i2}^U - a_{i1}^U) + (H_2(\widetilde{A}_i^U) \times a_{i3}^U - a_{i1}^U)}{4} + a_{i1}^U + \dfrac{(a_{i4}^L - a_{i1}^L) + (H_1(\widetilde{A}_i^L) \times a_{i2}^L - a_{i1}^L) + (H_2(\widetilde{A}_i^L) \times a_{i3}^L - a_{i1}^L)}{4} + a_{i1}^L}{2}$$

$$(4-10)$$

三、Fuzzy-DEMATEL 方法

单纯的 DEMATEL 方法，会由于专家对系统因素间的影响关系分值较为主观，而造成与现实不符合的情况出现。因此，考虑到专家评价过于主观可能带来的不确定性和模糊性，本书将 DEMATEL 方法与模糊方法结合，避免打分模糊性的影响，同时将专家打分的模糊语句转化为清晰的数值，使结果更加真实合理。基于区间二型梯形模糊集和 K-means 聚类算法改进的

第四章 配额制视角下发电企业市场行为关键影响因素分析

DEMATEL 计算步骤如下:

1. 构建直接影响矩阵

$D = (E_1, E_1, \cdots, E_k)$ 表示 k 位参与风险分析的专家,共有 n 组待分析的风险。每个专家将提供一个语言变量直接影响矩阵 A^k,如式(4-11)所示,以确定风险之间的直接影响关系。本研究采用引入的语言变量集。a_{ij} 的值基于以下语言变量集:{极低(EL),非常低(VL),低(L),中(M),高(H),非常高(VH),极高(EH)}。

表4-2 语言变量和对应的区间二型梯形模糊数

语言变量	区间二型梯形模糊数
极低(EL)	((0,0.1,0.1,0.2;1,1),(0.05,0.1,0.1,0.15;0.9,0.9))
非常低(VL)	((0.1,0.2,0.2,0.35;1,1),(0.15,0.2,0.2,0.3;0.9,0.9))
低(L)	((0.2,0.35,0.35,0.5;1,1),(0.25,0.35,0.35,0.45;0.9,0.9))
中(M)	((0.35,0.5,0.5,0.65;1,1),(0.4,0.5,0.5,0.6;0.9,0.9))
高(H)	((0.5,0.65,0.65,0.8;1,1),(0.55,0.65,0.65,0.75;0.9,0.9))
非常高(VH)	((0.65,0.8,0.8,0.9;1,1),(0.7,0.8,0.8,0.85;0.9,0.9))
极高(EH)	((0.8,0.9,0.9,1;1,1),(0.85,0.9,0.9,0.95;0.9,0.9))

2. 构建聚合模糊直接关系矩阵

基于表4-1的映射关系,将语言变量(a_{ij})转换为区间二型梯形模糊数(b_{ij}),则区间二型梯形模糊数直接影响矩阵 $\widetilde{A}^k$ 可用等式(4-12)表示。

$$A^k = \begin{bmatrix} a_{11} & a_{12} & \cdots & a_{1n} \\ a_{21} & a_{22} & \cdots & a_{2n} \\ \vdots & \vdots & \vdots & \vdots \\ a_{n1} & a_{n2} & \cdots & a_{nn} \end{bmatrix} \quad (4-11)$$

a_{ij} 是一个语言变量,表示第 i 个障碍对第 j 个障碍的直接影响。

$$\widetilde{A}^k = \begin{bmatrix} b_{11} & b_{12} & \cdots & b_{1n} \\ b_{21} & b_{22} & \cdots & b_{2n} \\ \vdots & \vdots & \vdots & \vdots \\ b_{n1} & b_{n2} & \cdots & b_{nn} \end{bmatrix} \quad (4-12)$$

耶格儿(R.R.Yager)提出的有序加权平均(OWA)算子,如式(4-13)所示,只需要评价值的顺序权重,不需要确定专家权重,有效避免了主观赋予专家权重的不合理之处。

$$OWA(b_{ij}^{E_1}, b_{ij}^{E_2}, \cdots, b_{ij}^{E_k}) = \sum_{j=1}^{k} w_j b_j \quad (4\text{-}13)$$

b_j 是 $b_{ij}^{E_1}, b_{ij}^{E_2}, \cdots, b_{ij}^{E_k}$ 按从小到大顺序排序后第 j 大的值，w_j 是元素的权重，$w_j \in [0,1]$，$\sum_{j=1}^{k} w_j = 1$。w_j 的计算如下：

$$w_j = Q\left(\frac{j}{k}\right) - Q\left(\frac{j-1}{k}\right) \quad (4\text{-}14)$$

$Q(\beta) = \beta^\alpha, \alpha \geq 0, 1 \leq j \leq k$。在本书中，参数的值 α 设置为 2。

然后，可以得到聚合模糊直接影响矩阵 $\otimes A$：

$$\otimes A = \begin{bmatrix} \otimes b_{11} & \otimes b_{12} & \cdots & \otimes b_{1n} & \otimes b_{21} & \otimes b_{22} & \cdots \\ \otimes b_{2n} & \vdots & \vdots & \vdots & \otimes b_{n1} & \otimes b_{n2} & \cdots & \otimes b_{nn} \end{bmatrix} \quad (4\text{-}15)$$

3. 归一化直接影响矩阵

$$N = \max\left(\max_{1 \leq i \leq n} \sum_{j=1}^{n} b_{ij}, \max_{1 \leq j \leq n} \sum_{i=1}^{n} b_{ij}\right) \quad (4\text{-}16)$$

$$M = \frac{\otimes A}{N} \quad (4\text{-}17)$$

4. 求出综合影响矩阵

与公式(4-3)相同。

5. 计算中心度和原因度

与公式(4-4)相同。

6. K-means 聚类算法确定阈值

在 K-means 聚类算法中，簇数的参数设置为 2，因为 s_{ij} 分为"有效"和"无效"两类，如果值 s_{ij} 低于阈值，视为"无效"。集群中心 c_i 从 s_{ij} 值是随机选择的。每个元素之间的欧几里得距离 s_{ij} 和 c_i 由式(4-18)计算并判断属于哪个簇 s_{ij}：

$$d_{ji} = \| s_{ij} - c_i \|^2, 1 \leq j \leq n, 1 \leq i \leq 2 \quad (4\text{-}18)$$

然后，判断是否收敛，即聚类中心不会改变，否则重复上述步骤。最后，合格的总关系矩阵 $\tilde{S} = [\tilde{s}_{ij}]_{n \times n}$ 能够消除"无效"数据。

7. 构建四象限影响图

对 $D+R$，$D-R$ 数据集进行映射，得到影响图。

第三节 配额制视角下发电企业市场行为的关键影响因素提取

基于第一节已经分析得到的影响因素集合，以及构建的 Fuzzy-DEMATEL

模型的计算步骤,为保证数据真实性,本书以面对面访谈的形式向发电企业、高校等不同机构的 5 位专家咨询,采用矩阵填写的方式收集到对各因素影响关系的判断数据,为后期的分析提供支持。各专家的语言变量直接影响矩阵见表 4-3 至表 4-7。

表 4-3 专家 1 的语言变量直接影响矩阵 A^1

影响因素	U_1	U_2	U_3	U_4	U_5	U_6	U_7	U_8	U_9	U_{10}	U_{11}	U_{12}
U_1	—	L	VL	VL	EL	EL	H	EL	VL	EL	EL	EL
U_2	M	—	EL	EL	EL	VL	EL	EL	EL	EL	EL	EL
U_3	L	EL	—	EL	VL	EL	L	EL	EL	EL	EL	VL
U_4	EL	M	EL	—	EL	EL	EL	H	L	L	EL	EL
U_5	EL	H	L	L	—	L	H	EL	L	EL	EL	H
U_6	EL	L	L	L	H	—	M	H	L	EL	L	EL
U_7	L	L	EL	L	H	EL	—	VL	L	EL	EL	EL
U_8	EL	EL	EL	VL	EL	EL	EL	—	L	EL	EL	EL
U_9	L	EL	VL	EL	VL	EL	L	EL	—	EL	EL	EL
U_{10}	L	EL	EL	L	VL	EL	EL	L	EL	—	M	L
U_{11}	EL	EL	EL	L	EL	L	EL	VL	L	VL	—	EL
U_{12}	L	VL	EL	L	EL	EL	L	EL	EL	EL	EL	—

表 4-4 专家 2 的语言变量直接影响矩阵 A^2

影响因素	U_1	U_2	U_3	U_4	U_5	U_6	U_7	U_8	U_9	U_{10}	U_{11}	U_{12}
U_1	—	EL	EL	EL	EL	EL	L	EL	EL	EL	EL	EL
U_2	EL	—	EL	EL	EL	VL	H	EL	EL	EL	EL	EL
U_3	EL	L	—	EL	EL	EL	EL	EL	EL	VL	EL	EL
U_4	EL	H	L	—	EL	EL	L	L	L	VL	H	M
U_5	M	L	M	H	—	EL	H	EL	EL	EL	L	H
U_6	EL	L	EL	H	H	—	M	EL	EL	EL	EL	EL
U_7	EL	L	L	M	EL	EL	—	VL	L	EL	EL	EL
U_8	EL	EL	EL	EL	EL	EL	M	—	EL	EL	EL	EL
U_9	LH	VL	EL	EL	EL	L	L	EL	—	EL	EL	EL

续表

影响因素	U_1	U_2	U_3	U_4	U_5	U_6	U_7	U_8	U_9	U_{10}	U_{11}	U_{12}
U_{10}	EL	EL	L	M	EL	EL	L	EL	EL	—	L	L
U_{11}	EL	EL	EL	EL	EL	EL	H	L	VL	EL	—	EL
U_{12}	VL	EL	VL	L	EL	EL	L	EL	EL	VL	VL	—

表 4-5 专家 3 的语言变量直接影响矩阵 A^3

影响因素	U_1	U_2	U_3	U_4	U_5	U_6	U_7	U_8	U_9	U_{10}	U_{11}	U_{12}
U_1	—	VL	EL	EL	EL	EL	L	EL	EL	EL	EL	EL
U_2	EL	—	L	EL	EL	L	L	EL	EL	EL	EL	EL
U_3	EL	EL	—	EL	EL	EL	L	EL	VL	EL	EL	EL
U_4	EL	L	EL	—	EL	VL	L	H	L	EL	L	EL
U_5	L	L	VL	EL	—	EL	L	EL	EL	EL	EL	L
U_6	EL	L	EL	EL	L	—	L	EL	H	EL	L	EL
U_7	EL	L	L	L	L	EL	—	EL	L	EL	EL	EL
U_8	EL	M	EL	VL	EL	EL	EL	—	EL	EL	EL	EL
U_9	EL	VL	EL	EL	EL	EL	L	EL	—	EL	EL	EL
U_{10}	L	VL	VL	L	VL	VL	EL	EL	VL	—	VL	EL
U_{11}	EL	EL	EL	L	EL	EL	VH	H	EL	EL	—	EL
U_{12}	EL	EL	EL	L	VH	EL	L	L	VL	EL	EL	—

表 4-6 专家 4 的语言变量直接影响矩阵 A^4

影响因素	U_1	U_2	U_3	U_4	U_5	U_6	U_7	U_8	U_9	U_{10}	U_{11}	U_{12}
U_1	—	VL	L	VL	EL	EL	M	EL	EL	EL	EL	EL
U_2	EL	—	EL	VL	EL	VL	L	EL	L	EL	EL	EL
U_3	EL	VL	—	L	EL	EL	L	EL	EL	EL	EL	VL
U_4	EL	L	L	—	EL	L	VH	L	M	VL	L	EL
U_5	EL	VL	EL	L	—	VL	M	EL	EL	EL	EL	EL
U_6	EL	L	L	EL	L	—	L	VL	L	EL	EL	EL

续表

影响因素	U_1	U_2	U_3	U_4	U_5	U_6	U_7	U_8	U_9	U_{10}	U_{11}	U_{12}
U_7	EL	EL	EL	L	EL	EL	—	EL	L	EL	EL	EL
U_8	EL	EL	L	EL	EL	EL	L	—	VL	EL	EL	EL
U_9	L	EL	VL	EL	EL	EL	L	VL	—	EL	EL	EL
U_{10}	EL	VL	EL	L	L	EL	L	L	L	—	VL	EL
U_{11}	EL	EL	EL	VL	EL	EL	L	EL	EL	EL	—	EL
U_{12}	VL	VL	EL	L	EL	EL	L	EL	EL	EL	L	—

表 4-7 专家 5 的语言变量直接影响矩阵 A^5

影响因素	U_1	U_2	U_3	U_4	U_5	U_6	U_7	U_8	U_9	U_{10}	U_{11}	U_{12}
U_1	—	EL	EL	EL	EL	EL	L	EL	EL	EL	EL	EL
U_2	EL	—	EL	EL	EL	M	EL	EL	EL	EL	EL	EL
U_3	VL	EL	—	EL	EL	EL	L	EL	EL	EL	EL	EL
U_4	EL	VL	L	—	EL	M	M	L	L	EL	EL	EL
U_5	L	VL	EL	EL	—	VL	EL	EL	EL	EL	EL	L
U_6	EL	L	L	L	EL	—	L	VL	EL	EL	EL	EL
U_7	EL	L	EL	VL	VL	L	—	L	VL	EL	EL	EL
U_8	EL	VL	EL	EL	EL	EL	M	—	VL	EL	EL	EL
U_9	EL	EL	EL	EL	EL	EL	L	EL	—	EL	EL	EL
U_{10}	EL	EL	EL	L	EL	VL	EL	VL	L	—	EL	EL
U_{11}	EL	EL	EL	VL	EL	L	L	EL	L	EL	—	EL
U_{12}	VL	EL	EL	EL	M	EL	EL	L	EL	VL	EL	—

基于表 4-1 的映射关系,将表 4-3 至 4-7 中的语言变量转换为区间二型梯形模糊数,并利用公式(4-13)至(4-17)及公式(4-3),得到综合影响矩阵,如表 4-8 所示。

利用公式(4-4)计算得到各影响因素的影响度、被影响度、中心度和原因度,如表 4-9 所示。

表 4-8 综合影响矩阵 T

影响因素	U_1	U_2	U_3	U_4	U_5	U_6	U_7	U_8	U_9	U_{10}	U_{11}	U_{12}
U_1	((0.006, 0.018,0.026;1,1),(0.013,0.018,0.023;0.9,0.9))	((0.010, 0.019, 0.019, 0.030;1,1),(0.014,0.019,0.019,0.026;0.9,0.9))	((0.007, 0.015, 0.015, 0.023;1,1),(0.01,0.015,0.015,0.02;0.9,0.9))	((0.005, 0.012, 0.012, 0.022;1,1),(0.008,0.012,0.012,0.018;0.9,0.9))	((0,0.006, 0.006,0.012;1,1),(0.003,0.006,0.006,0.009;0.9,0.9))	((0,0.005, 0.005,0.01;1,1),(0.003,0.005,0.005,0.008;0.9,0.9))	((0.047, 0.067, 0.067, 0.087;1,1),(0.054,0.067,0.067,0.081;0.9,0.9))	((0,0.006, 0.006,0.012;1,1),(0.003,0.006,0.006,0.009;0.9,0.9))	((0.003,0.01, 0.01,0.018;1,1),(0.006,0.01,0.01,0.015;0.9,0.9))	((0,0.003, 0.003,0.007;1,1),(0.002,0.003,0.003,0.005;0.9,0.9))	((0,0.005, 0.005,0.01;1,1),(0.003,0.005,0.005,0.008;0.9,0.9))	((0,0.005, 0.005,0.009;1,1),(0.003,0.005,0.005,0.007;0.9,0.9))
U_2	((0.009, 0.014, 0.014, 0.022;1,1),(0.01,0.014,0.014,0.019;0.9,0.9))	((0,0,0,0;1,1),(0,0,0,0;0.9,0.9))	((0.005, 0.013, 0.013, 0.022;1,1),(0.009,0.013,0.013,0.018;0.9,0.9))	((0.003, 0.011, 0.011, 0.02;1,1),(0.007,0.011,0.011,0.016;0.9,0.9))	((0,0.007, 0.007,0.014;1,1),(0.003,0.007,0.007,0.01;0.9,0.9))	((0.017, 0.027, 0.027, 0.039;1,1),(0.021,0.027,0.027,0.035;0.9,0.9))	((0.044, 0.065, 0.065, 0.086;1,1),(0.051,0.065,0.065,0.079;0.9,0.9))	((0,0.006, 0.006,0.013;1,1),(0.003,0.006,0.006,0.01;0.9,0.9))	((0.006,0.016, 0.016,0.026;1,1),(0.01,0.016,0.016,0.021;0.9,0.9))	((0,0.004, 0.004,0.008;1,1),(0.002,0.004,0.004,0.006;0.9,0.9))	((0,0.006, 0.006,0.011;1,1),(0.003,0.006,0.006,0.009;0.9,0.9))	((0,0.005, 0.005,0.01;1,1),(0.002,0.005,0.005,0.007;0.9,0.9))
U_3	((0.006, 0.014, 0.014, 0.022;1,1),(0.01,0.014,0.014,0.019;0.9,0.9))	((0.007, 0.016, 0.016, 0.026;1,1),(0.011,0.016,0.016,0.022;0.9,0.9))	((0,0,0,0;1,1),(0,0,0,0;0.9,0.9))	((0.002, 0.008, 0.008, 0.015;1,1),(0.005,0.008,0.008,0.012;0.9,0.9))	((0.002, 0.008, 0.008, 0.016;1,1),(0.005,0.008,0.008,0.012;0.9,0.9))	((0,0.005, 0.005,0.01;1,1),(0.002,0.005,0.005,0.007;0.9,0.9))	((0.023, 0.041, 0.041, 0.059;1,1),(0.029,0.041,0.041,0.053;0.9,0.9))	((0,0.005, 0.005,0.011;1,1),(0.003,0.005,0.005,0.008;0.9,0.9))	((0,0.005, 0.013, 0.013,0.026;1,1),(0.009,0.013,0.013,0.021;0.9,0.9))	((0,0.003, 0.003,0.007;1,1),(0.002,0.003,0.003,0.005;0.9,0.9))	((0,0.005, 0.005,0.01;1,1),(0.002,0.005,0.005,0.007;0.9,0.9))	((0,0.003, 0.008, 0.008,0.015;1,1),(0.006,0.008,0.008,0.012;0.9,0.9))
U_4	((0,0.009, 0.009,0.019;1,1),(0.005,0.009,0.009,0.014;0.9,0.9))	((0.048, 0.069, 0.069, 0.091;1,1),(0.056,0.069,0.069,0.084;0.9,0.9))	((0.019, 0.035, 0.035, 0.051;1,1),(0.025,0.035,0.035,0.046;0.9,0.9))	((0,0,0,0;1,1),(0,0,0,0;0.9,0.9))	((0,0.011, 0.011,0.021;1,1),(0.005,0.011,0.011,0.016;0.9,0.9))	((0,0.022, 0.036, 0.036,0.052;1,1),(0.028,0.036,0.036,0.047;0.9,0.9))	((0.108, 0.141, 0.141, 0.171;1,1),(0.119,0.141,0.141,0.160;0.9,0.9))	((0.041, 0.06, 0.06,0.08;1,1),(0.047,0.06,0.06,0.074;0.9,0.9))	((0.037, 0.059, 0.059,0.08;1,1),(0.044,0.059,0.059,0.073;0.9,0.9))	((0.004, 0.01, 0.019;1,1),(0.007,0.01,0.01,0.016;0.9,0.9))	((0.037, 0.056, 0.056,0.075;1,1),(0.044,0.056,0.056,0.069;0.9,0.9))	((0.011, 0.021, 0.021, 0.032;1,1),(0.015,0.021,0.021,0.027;0.9,0.9))

续表

影响因素	U_1	U_2	U_3	U_4	U_5	U_6	U_7	U_8	U_9	U_{10}	U_{11}	U_{12}
U_5	((0.026, 0.043, 0.060; 1, 1), (0.032, 0.043, 0.054; 0.9, 0.9))	((0.036, 0.054, 0.074; 1, 1), (0.042, 0.054, 0.068; 0.9, 0.9))	((0.023, 0.038, 0.054; 1, 1), (0.029, 0.038, 0.048; 0.9, 0.9))	((0.038, 0.058, 0.077; 1, 1), (0.045, 0.058, 0.07; 0.9, 0.9))	((0,0,0,0; 1), (0,0,0,0; 0.9, 0.9))	((0.011, 0.023, 0.036; 1, 1), (0.016, 0.023, 0.032; 0.9, 0.9))	((0.09, 0.122, 0.154; 1, 1), (0.1, 0.122, 0.143; 0.9, 0.9))	((0,0,0.01, 0.01, 0.019; 1, 1), (0.005, 0.01, 0.014; 0.9, 0.9))	((0.007, 0.022, 0.036; 1, 1), (0.014, 0.022, 0.03; 0.9, 0.9))	((0,0,0.006, 0.012;1, 1), (0.003, 0.006, 0.009; 0.9, 0.9))	((0,0,0.009, 0.017;1, 1), (0.004, 0.009, 0.013; 0.9, 0.9))	((0.043, 0.059, 0.075; 1, 1), (0.048, 0.059, 0.07; 0.9, 0.9))
U_6	((0,0,0.009, 0.018;1, 1), (0.005, 0.009, 0.014; 0.9, 0.9))	((0.027, 0.047, 0.067; 1, 1), (0.033, 0.047, 0.060; 0.9, 0.9))	((0.019, 0.035, 0.05; 1, 1), (0.024, 0.035, 0.045; 0.9, 0.9))	((0.038, 0.057, 0.077; 1, 1), (0.045, 0.057, 0.07; 0.9, 0.9))	((0.051, 0.071, 0.091; 1, 1), (0.058, 0.071, 0.084; 0.9, 0.9))	((0,0,0,0; 1), (0,0,0,0; 0.9, 0.9))	((0.06, 0.091, 0.121;1, 1), (0.071, 0.091, 0.111; 0.9, 0.9))	((0.027, 0.04, 0.057;1, 1), (0.032, 0.04, 0.051; 0.9, 0.9))	((0.039, 0.059, 0.078; 1, 1), (0.046, 0.059, 0.071; 0.9, 0.9))	((0,0,0.005, 0.011;1, 1), (0.005, 0.008; 0.9, 0.9))	((0.013, 0.026, 0.039; 1, 1), (0.018, 0.026, 0.034; 0.9, 0.9))	((0,0.008, 0.008, 0.015; 1,1), (0.004, 0.008, 0.012; 0.9, 0.9))
U_7	((0.006, 0.017, 0.027;1, 1), (0.011, 0.017, 0.023; 0.9, 0.9))	((0.019, 0.036, 0.052;1, 1), (0.025, 0.036, 0.046; 0.9, 0.9))	((0.012, 0.025, 0.037;1, 1), (0.017, 0.025, 0.033; 0.9, 0.9))	((0.03, 0.048, 0.066;1, 1), (0.048, 0.06; 0.9, 0.9))	((0.044, 0.061, 0.079;1, 1), (0.05, 0.061, 0.073; 0.9, 0.9))	((0.006, 0.016, 0.025;1, 1), (0.01, 0.016, 0.021; 0.9, 0.9))	((0,0,0,0;1), (0,0,0,0; 0.9, 0.9))	((0.011, 0.023, 0.036;1, 1), (0.016, 0.023, 0.031; 0.9, 0.9))	((0.023, 0.041, 0.059;1, 1), (0.029, 0.041, 0.053; 0.9, 0.9))	((0,0,0.005, 0.01;1, 1), (0.002, 0.005, 0.007; 0.9, 0.9))	((0,0.006, 0.016, 0.025;1, 1), (0.01, 0.016, 0.021; 0.9, 0.9))	((0,0.007, 0.007, 0.014;1, 1), (0.007, 0.01; 0.9, 0.9))
U_8	((0,0.005, 0.005, 0.01;1, 1), (0.005, 0.008; 0.9, 0.9))	((0,0.009, 0.017, 0.026;1, 1), (0.013, 0.017, 0.022; 0.9, 0.9))	((0,0.005, 0.005, 0.01;1, 1), (0.005, 0.008; 0.9, 0.9))	((0,0.004, 0.011, 0.02;1, 1), (0.008, 0.011, 0.017; 0.9, 0.9))	((0,0.006, 0.0061, 0.011;1, 1), (0.03, 0.006, 0.008; 0.9, 0.9))	((0,0,0.005, 0.01;1, 1), (0.002, 0.005, 0.007; 0.9, 0.9))	((0.031, 0.048, 0.065;1, 1), (0.037, 0.048, 0.059; 0.9, 0.9))	((0,0,0,0;1), (0,0,0,0; 0.9, 0.9))	((0.009, 0.018, 0.028;1, 1), (0.013, 0.018, 0.025; 0.9, 0.9))	((0,0,0.003, 0.0006;1, 1), (0.003, 0.005; 0.9, 0.9))	((0,0,0.005, 0.01;1, 1), (0.002, 0.005, 0.007; 0.9, 0.9))	((0,0,0.004, 0.008;1, 1), (0.002, 0.004, 0.006; 0.9, 0.9))

影响因素	U_1	U_2	U_3	U_4	U_5	U_6	U_7	U_8	U_9	U_{10}	U_{11}	U_{12}
U_9	((0.009, 0.018, 0.028; 1, 1)，(0.012, 0.018, 0.008; 0.9, 0.9))	((0.004, 0.011, 0.021; 1, 1)，(0.008, 0.011, 0.017; 0.9, 0.9))	((0.004, 0.01, 0.018; 1, 1)，(0.007, 0.01, 0.015; 0.9, 0.9))	((0,0.006, 0.006,0.013;1, 1)，(0.006, 0.009; 0.9, 0.9))	((0.002, 0.008, 0.015; 1, 1)，(0.005, 0.008, 0.012; 0.9, 0.9))	((0.003, 0.008, 0.014; 1, 1)，(0.005, 0.008, 0.012; 0.9, 0.9))	((0.023, 0.041, 0.059; 1, 1)，(0.029, 0.041, 0.053; 0.9, 0.9))	((0.002, 0.008, 0.015; 1, 1)，(0.005, 0.008, 0.012; 0.9, 0.9))	((0,0,0,0;1, 1)，(0,0,0,0; 0.9,0.9))	((0,0.003, 0.003,0.007;1, 1)，(0.003, 0.005; 0.9, 0.9))	((0,0,0.005, 0.005, 0.01; 1, 1)，(0.005, 0.007; 0.9, 0.9))	((0, 0.004, 0.004, 0.009; 1, 1)，(0.004, 0.007; 0.9, 0.9))
U_{10}	((0.012, 0.024, 0.036; 1, 1)，(0.017, 0.024, 0.032; 0.9, 0.9))	((0.010, 0.023, 0.037; 1, 1)，(0.008, 0.013, 0.020; 0.9, 0.9))	((0.004, 0.012, 0.023; 1, 1)，(0.008, 0.012, 0.018; 0.9, 0.9))	((0.031, 0.05, 0.05, 0.068;1, 1)，(0.05, 0.062; 0.9, 0.9))	((0.012, 0.023, 0.037; 1, 1)，(0.017, 0.023, 0.032; 0.9, 0.9))	((0.005, 0.013, 0.024; 1, 1)，(0.009, 0.013, 0.02; 0.9, 0.9))	((0.029, 0.053, 0.078; 1, 1)，(0.037, 0.053, 0.069; 0.9, 0.9))	((0.013, 0.026, 0.039; 1, 1)，(0.018, 0.026, 0.034; 0.9, 0.9))	((0.013, 0.027, 0.042; 1, 1)，(0.019, 0.027, 0.037; 0.9, 0.9))	((0,0,0,0;1, 1)，(0,0,0,0; 0.9,0.9))	((0.025, 0.04, 0.04, 0.056;1, 1)，(0.04, 0.051; 0.9, 0.9))	((0.1, 0.021, 0.021, 0.031;1, 1)，(0.021, 0.027; 0.9, 0.9))
U_{11}	((0,0.007, 0.007,0.014;1, 1)，(0.007, 0.01; 0.9, 0.9))	((0,0.008, 0.008,0.017;1, 1)，(0.008, 0.013; 0.9, 0.9))	((0,0.007, 0.007,0.014;1, 1)，(0.007, 0.011; 0.9, 0.9))	((0.016, 0.029, 0.044; 1, 1)，(0.021, 0.029, 0.039; 0.9, 0.9))	((0,0.008, 0.008,0.015;1, 1)，(0.008, 0.032; 0.9, 0.9))	((0.007, 0.016, 0.026; 1, 1)，(0.011, 0.016, 0.022; 0.9, 0.9))	((0.075, 0.101, 0.123; 1, 1)，(0.084, 0.101, 0.114; 0.9, 0.9))	((0.025, 0.038, 0.052; 1, 1)，(0.03, 0.038, 0.047; 0.9, 0.9))	((0.015, 0.028, 0.043; 1, 1)，(0.02, 0.028, 0.038; 0.9, 0.9))	((0.002, 0.006, 0.012; 1, 1)，(0.004, 0.006, 0.009; 0.9, 0.9))	((0,0,0,0;1, 1)，(0,0,0,0; 0.9,0.9))	((0, 0.006, 0.006, 0.011; 1, 1)，(0.006, 0.008; 0.9, 0.9))
U_{12}	((0.012, 0.022, 0.031; 1, 1)，(0.016, 0.022, 0.031; 0.9, 0.9))	((0.01, 0.022, 0.036;1, 1)，(0.022, 0.031; 0.9, 0.9))	((0.003, 0.011, 0.02;1, 1)，(0.007, 0.011, 0.016; 0.9, 0.9))	((0.022, 0.038, 0.055; 1, 1)，(0.027, 0.038, 0.049; 0.9, 0.9))	((0.023, 0.038, 0.052; 1, 1)，(0.028, 0.038, 0.047; 0.9, 0.9))	((0,0.008, 0.008,0.016;1, 1)，(0.008, 0.012; 0.9, 0.9))	((0.031, 0.055, 0.08; 1, 1)，(0.039, 0.055, 0.071; 0.9, 0.9))	((0.011, 0.022, 0.035; 1, 1)，(0.016, 0.022, 0.03; 0.9, 0.9))	((0.003, 0.013, 0.025; 1, 1)，(0.008, 0.013, 0.02; 0.9, 0.9))	((0.003, 0.009, 0.015; 1, 1)，(0.006, 0.009, 0.013; 0.9, 0.9))	((0.008, 0.018, 0.029; 1, 1)，(0.012, 0.018, 0.025; 0.9, 0.9))	((0,0,0,0;1, 1)，(0,0,0,0; 0.9,0.9))

表 4-9 影响因素的影响度、被影响度、中心度和原因度

影响因素	影响度 D	被影响度 R	中心度 $D+R$	原因度 $D-R$
U_1	0.151	0.183	0.333	−0.032
U_2	0.174	0.313	0.487	−0.139
U_3	0.126	0.203	0.329	−0.076
U_4	0.497	0.322	0.819	0.174
U_5	0.432	0.242	0.674	0.191
U_6	0.437	0.161	0.598	0.276
U_7	0.287	0.803	1.090	−0.517
U_8	0.125	0.240	0.365	−0.115
U_9	0.122	0.299	0.421	−0.177
U_{10}	0.303	0.059	0.362	0.245
U_{11}	0.248	0.185	0.433	0.063
U_{12}	0.252	0.144	0.396	0.108

在综合影响矩阵的基础上,利用 K-means 聚类算法确定 132 个(12 × 12-12)综合影响关系指标的阈值,从而可以区分出"有效"值和"无效"值。结果如图 4-2 所示,阈值为 0.02895,低于 0.02895 的 67 个综合影响关系指标被认为"无效",高于 0.02895 的 65 个综合影响关系指标被认为"有效"。

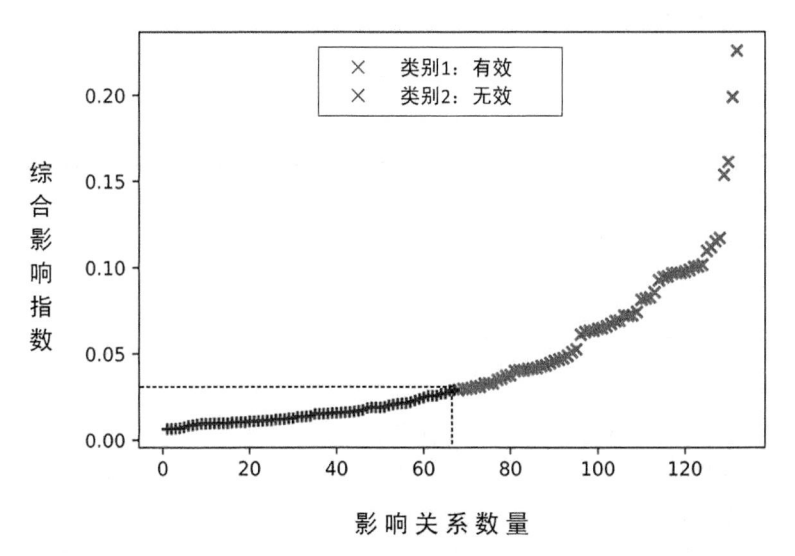

图 4-2 基于 K-means 聚类算法的综合影响指标分类

图 4-3 影响关系图

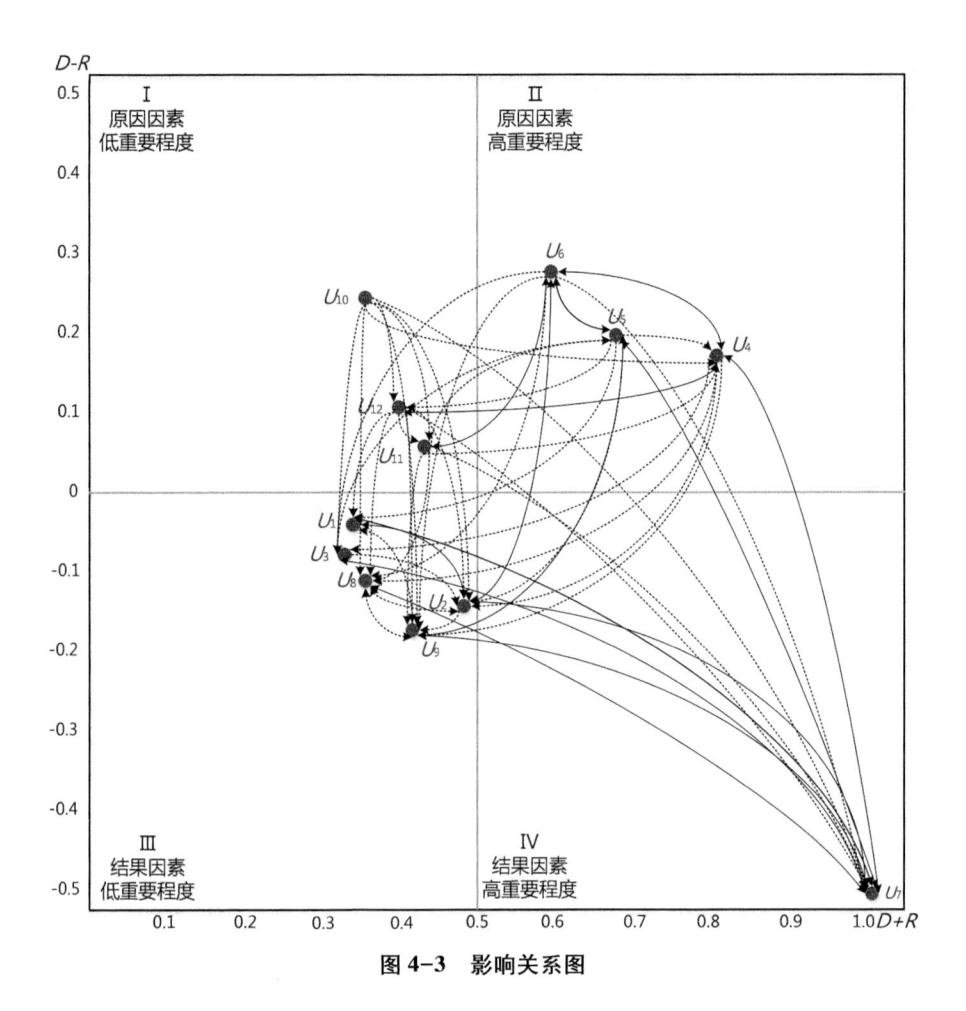

从图 4-3 可以看出,可再生能源配额比例(U_{10})、可再生能源补贴(U_{11})、电力需求增长率(U_{12})三个影响因素位于象限 I,表明它们是原因因素,但重要程度较低。其中,可再生能源配额比例(U_{10})的 $D-R$ 值在象限 I 中最高,其更多是对其他因素产生影响,而不是被其他因素影响。例如,它会影响全社会绿证供给量(U_2)、全社会绿证需求量(U_3)、绿证价格(U_7)等。可再生能源配额比例(U_{10})反映着火电企业承担可再生能源消纳责任权重目标的多少,可以被认为是影响发电企业市场行为的一个关键因素。此外,可再生能源补贴(U_{11})在象限 I 中具有最高的重要程度 $D+R$ 值。可再生能源补贴的高低,会影响绿电企业的经营决策,在出售绿电和出售绿证之间进行不同的选择。

有三个影响因素位于象限 II,分别是发电装机容量(U_4)、未完成配额目标支付的罚金(U_5)和政府监督力度(U_6),这三个因素均是重要的原因因素。发电装机容量(U_4)在所有因素中具有最高的$D-R$值;政府监督力度(U_6)在所有原因因素中具有最高的$D+R$值,并在所有影响因素中具有最高的中心度D值;未完成配额目标支付的罚金(U_5)也呈现较高的数值结果。发电装机容量(U_4)能够影响度电成本(U_9),也会给绿证供给量(U_2)、绿证需求量(U_3)等带来影响。政府监督力度(U_6)直接影响着未完成配额目标支付的罚金(U_5)数额,发电企业履行配额责任的完整度和合法合规性,影响着企业的生产经营各项活动、绿证的需求及供给量等。

象限Ⅲ中包含全社会用电量(U_1)、绿证供给量(U_2)、绿证需求量(U_3)、电价(U_8)和度电成本(U_9)五项因素,且均为原因因素,其重要性较低,被标识为非关键影响因素。但是,它们仍对发电企业市场行为决策有着重要的影响作用。

仅有绿证价格(U_7)一项位于象限Ⅳ,其在所有因素中的$D+R$值最高,受到所有其他因素的影响,是非常重要的结果因素。绿证价格影响着火电企业是否购买绿证,绿电企业是否出售绿证,以及与之相关的多种行为决策趋向,是RPS政策下影响发电企业市场行为决策的关键因素。

综上所述,基于RPS的发电企业市场行为决策关键影响因素包括:可再生能源配额比例、可再生能源补贴、发电装机容量、未完成配额目标支付的罚金、政府监督力度以及绿证价格。

为研究RPS视角下发电企业的市场行为,首先应分析RPS下影响发电企业市场行为的关键因素。本章以此为出发点,分别运用PESTELM分析模型和波特五力模型,从宏观、微观两个方面对发电市场行为的影响因素进行了分析,建立了RPS视角下发电企业市场行为影响因素集合。在此基础上,利用Fuzzy-DEMATEL模型提取得到关键影响因素,包括可再生能源配额比例、可再生能源补贴、发电装机容量、未完成配额目标支付的罚金、政府监督力度以及绿证价格,这些关键影响因素将为后续的发电企业市场行为研究提供参考。

第五章 配额制视角下发电企业参与绿证市场的策略选择研究

第一节 演化博弈理论介绍

一、演化博弈模型的基本内涵

博弈论也被称作对策论,主要研究决策主体如何基于所掌握的信息及知识,以自身利益最大化为目标,使相关参与方的策略组合能够实现彼此均衡。博弈论的基本要素组成分别是局中人、策略、收益、均衡。进行博弈分析需要有三个要素,即局中人、策略、收益。其中,局中人指的是和博弈问题有着利益相关性、会参与博弈的主体,可以是个人,也可以是群体。在博弈的过程中,局中人只有一个追求,即借助策略选择达到利益最大化。策略是在博弈过程中,局中人在特定时刻能采取的具体行为方式。根据所处环境,结合对对手的预期,局中人在行为方面的某个选择即为策略,不同局中人主体选择行为方式的有序集合叫作策略组合。收益是博弈终结后,局中人对应的得失情况。换言之,就是在特定行为方式的具体组合下,博弈终结时,作为主体的局中人实际所能得到的收益。对于局中人来讲,其收益一方面受自己具体的行为选择的影响,另一方面还受环境和其他局中人对应的行为选择的影响。博弈系统里,所有局中人在策略上的组合函数就是局中人收益,此函数也被称为支付函数。博弈系统里所有局中人在策略上的最优化组合就是均衡。纳什均衡是稳定化的结果,基于纳什均衡这一策略组合,不同局中人均能实现自我效益的最大化。如果其他局中人主体的决策不改变,任何单个局中人都无法通过改变自身的策略使自己获利更多。

演化博弈论还需要有两个基本假设,其一是信息不完全;其二是人是有限理性的。演化博弈论是借助对个体学习演化机制进行分析,探查宏观群体朝着均衡稳定这一策略方向所演化收敛的过程。它将理论分析与动态演化结合在一起,对动态化的均衡予以充分的强调。博弈在漫长的过程中、以动态形式不断演绎,不同博弈对应不同的策略收益。较高收益在不断地取代较低收益。伴随着博弈的调整改变,参与主体对应的策略收益会同时改变。在多次、反复博弈之后,群体相对达到了博弈的动态均衡。近年来,学者们越来越关注、演化博弈论,不但将其应用到理论问题研究中,同时将其应用到社会变革研究中,而且效果显著。一个博弈过程通常可以划分为四步,具体如下:

1. 随机组合。在博弈中有多个不同的博弈群体,不同群体间会在预先所规定的策略基础上予以博弈,一个博弈策略组合对应一个策略收益值。局中人一直都在进行不同的博弈策略组合,基于自身选择反复博弈。而不同的局中人对应的策略选择是随机组合的。

2. 有限理性。博弈环境不同、结构不同,其他主体在博弈策略上的选择不同,会导致主体在策略层面上有不同选择,也就是说,不同策略所对应的选择存在差异。

3. 复制动态。博弈本身是一个动态化的过程,对应的策略选择也在不断地调整变化。不同策略对应不同行为,对应演化过程也就呈现动态化。

4. 局部演化。按照比例分布所对应的复制动态微分方程,能够对演化的稳定性予以定量分析。经过多次和反复动态化的博弈之后,参与主体会对不同策略对应的效应予以比对,最终实现策略效应最佳,在此条件下的策略组合即达到了局部稳定。

二、演化博弈模型的分析意义

演化博弈论摒弃了完全理性的假设,从系统论出发,把群体行为的调整过程看作一个动态系统,在其中每个个体的行为及其与群体之间的关系得到了单独刻画,可以把从个人行为到群体行为的形成机制以及其中涉及的各种因素都纳入演化博弈模型中去,构成一个具有微观基础的宏观模型,因此能够更真实地反映行为主体的多样性和复杂性,并且可以为宏观调控群体行为提供理论依据。

为了研究 RPS 的实施将会对火电企业与绿电企业的行为决策产生何种影响,笔者引入了 RPS 视角下发电企业市场行为决策的演化博弈模型,其意义如下:在明确 RPS 对发电企业市场行为影响的基础上,通过 RPS 视角下的发电企业市场行为演化博弈模型,可知火电企业、绿电企业之间由于利益目标不同,存在利益博弈关系,双方会随着博弈次数和策略调整逐渐地靠近并稳定在某个均衡状态。此模型能够说明火电企业和绿电企业在不同策略选择情况下的局部演化稳定策略以及演化博弈的影响因素,揭示 RPS 视角下发电企业行为的演化路径和决策选择。

三、演化博弈模型的适用性

实现能源结构的低碳转型,意味着进一步降低火力发电在电力结构中的占比,大力开发和发展风能等可再生能源,提高能源的使用效率。对政府而言,在面对化石能源日益消耗、环境污染日益突出的社会问题时,有责任去承担起引导能源系统转型升级的职责:一方面,政府需要综合能源需求、行业发展等各方面因素,制定合理的配额指标;另一方面,政府需要落实各项激励政策的实施,对于完成配额要求的企业给予奖励,对于未完成配额要求的企业处以惩罚。对企业而言,完成地方政府提出的配额要求意味着前期需投入大量的技术成本,补贴的滞后性可能会使其短期利益蒙受巨大损失,因此既需要考虑自身的成本限制,又需要考虑未完成配额要求时所面临的政府惩罚。故而企业可以选择配合地方政府完成要求的遵守策略或者保持原有状态而不遵守策略。在政府和企业抉择的过程中引入演化博弈模型具有如下的适用性:

(一) 演化博弈模型适用于企业策略选择

经典博弈论所假定的是博弈主体是绝对理性的,但博弈主体之间存在着复杂的、彼此依存的关系。若仅仅基于完全理性做出对应的博弈分析,结果可能和实际之间出现较大偏差。演化博弈论将博弈主体假定为有限理性更符合实际,群体成员之间会反复展开博弈。本文引入演化博弈模型,在模型构建中假设 RPS 责任均由发电企业来承担,即火电企业若没能完成配额目标,将会承担相应的罚金;绿电企业未出售的绿电部分可以获得可再生能源补贴。借助演化博弈模型,发电企业更容易在发展过程中选择对自己更有利的策略。

(二) 演化博弈模型适用于动态均衡过程分析

经典博弈论以完全理性为假定条件,在此条件下全部的参与主体均能快速地针对信息的点滴变化做出最优反应,这样经济系统就时时刻刻处在均衡的状态。即便外界条件有所改变,系统也会马上从一种均衡状态转变为另外一种。而演化博弈论的基本假定为有限理性,对经济活动的动态化过程予以充分强调,相信在经济系统里,参与人难以快速地针对信息变化做出最优反应。系统均衡是暂时的或者说是不可能达成的,均衡点为多重的存在,非均衡为常态的现实存在。所以,演化博弈论以动态观对参与主体的经济行为进行研究,将主客观因素很好地结合在一起,与现实更为符合。把演化博弈模型应用于 RPS 的研究中能够使得火电企业与绿电企业在应对市场变化时,更好地根据实际情况做出调整,使得企业处于一个动态均衡的状态。

(三) 演化博弈模型的应用与现有经济环境相适应

在运营环境日渐复杂且动态调整的背景下,参与主体所处的外部条件呈现不断变化的状态。而经典博弈论以静态分析为基础,假定其他参与主体在策略上的选择是不变的,不同主体所做的策略选择都是为了让期望收益可以实现最大化,每一个参与主体的策略与均衡状态相偏离均会造成对应的损失。在 RPS 的研究中,演化博弈论是一个预测工具,其基本作用是演化稳定策略。当群体达到某一种能够消除任何微小变化的状态时,对于策略的选择,在属性上近似于动态系统的渐进稳定属性,能对局部动态属性予以对应的描述,所以演化博弈论可以对企业在当下经济环境下的具体行为做出更精准的预测。

第二节 配额制视角下发电企业绿证市场行为演化博弈模型构建

一、基本假设

为了构建火电企业和绿电企业的演化博弈模型,便于分析,本书作出如下假设:

(一) 博弈方行为策略及内容

博弈方为火电企业以及绿电企业。在绿证市场中,对于火电企业而言有"购买绿证"及"不购买绿证"两种策略,绿电企业有"销售绿证"以及"不销售绿证"两种策略。

(二) 非对称博弈

假设在火电企业以及绿电企业博弈初始状态,火电企业选择购买绿证的比例为 x,不购买绿证的比例为 $1-x$。绿电企业选择销售绿证的比例为 y,不销售绿证的比例为 $1-y$。其中 $0 \leqslant x \leqslant 1, 0 \leqslant y \leqslant 1$。

(三) 不完全信息动态博弈

假设博弈双方并不知晓彼此的生产函数与成本函数,进行不完全信息动态博弈。即博弈双方对对方的策略选择和支付函数并没有准确的认知,但后行者能够观察到先行者所选择的行动,再对自己的行动做出策略判断。

(四) 博弈双方未达成绿证交易的结果

为了简化分析 RPS 对发电企业市场行为决策的影响,假设 RPS 责任均由发电企业来承担,即火电企业若没能完成配额目标,将会承担相应的罚金;绿电企业未出售的绿证可以获得可再生能源补贴。

(五) 交易成本的分摊原则

若交易成功,交易双方都需要承担一定额度的交易成本;若交易失败,交易成本仅由想要购买或者想要出售的一方承担。

(六) 博弈双方都是有限理性的博弈主体

对于火电企业而言,其在绿证市场中可能会主动选择购买绿证,完成配额目标;也可能会选择不购买绿证,因没有完成配额目标而受到政府所实施的惩罚。尽管火电企业可能知晓绿证的价格以及惩罚的成本,但他们在一开始可能没有选择最优的策略。在一定时期内,通过观察自身与另一种策略的博弈方的得益的差异,逐渐发现哪一种策略对自己更加有利,从而保持或开始模仿另一种策略博弈方的行为。同样,对于绿电企业来说,在绿证市场中可能会选择销售绿色证书,从而获取除销售电力以外的收入;也可能选择不销售绿色证书,从而避免支付交易成本,并可获得政府的可再生能源补贴。

(七) 博弈双方在不同策略下的收益情况

1. 火电企业购买绿证

火电企业的支出包括发电成本、购买绿证的成本以及交易成本,收入主要为通过出售电力获取的收入。当绿电企业选择销售或不销售绿证时,火电企业具有不同的收益情况。收益情况 π_1 可以表示为发电收入 rev_{pth}、减去发电成本 ct_{pth} 及交易成本 ct_{tth},根据是否交易成功随机函数 $f(0,1)$ 分别取 1 或 0 表示是否需要支付购买绿证的支出 ex_{cer},并根据实际交易绿证的数量来支付未完成配额部分的罚金 fin_{th}(假设火电企业需要按照其发电量配额来购买绿证,购买数量不够完成配额目标则需缴纳罚金)。可由如下公式表达:

$$\pi_1 = rev_{pth} - ct_{pth} - ct_{tth} - ex_{cer} \times f(0,1) - fin_{th} \quad (5-1)$$

其中,$fin_{th} = (E_{n,i}\theta - \min(E_{n,i}\theta, E_{r,j}))b$,$E_{n,i}$、$E_{r,j}$ 分别表示第 i、第 j 个火电(绿电)企业的火力发电量(单位为千瓦时),θ 表示配额目标,即绿电量占火力发电量的比例,b 表示未完成配额目标的单位罚金(单位为元/千瓦时)。

2. 火电企业不购买绿证

火电企业的支出包括发电成本及未完成配额缴纳的罚金,收入主要为通过出售电力获取的收入。收益情况 π_2 可以表示为发电收入 rev_{pth} 减去发电成本 ct_{pth},并且缴纳未完成配额部分的罚金 fin_{th}。可由如下公式表达:

$$\pi_2 = rev_{pth} - ct_{pth} - fin_{th} \quad (5-2)$$

3. 绿电企业销售绿证

绿电企业的支出包括发电成本、销售绿证的成本以及交易成本，收入主要为通过出售电力以及销售绿证获取的收入。收益情况 π_3 可以表示为发电收入 rev_{pre} 减去发电成本 ct_{pre} 以及支付交易成本 ct_{tre}，根据是否交易成功随机函数 $f(0,1)$ 分别取 1 或 0 表示是否有销售绿证的收入 rev_{cer}，根据实际绿证交易情况获取可再生能源补贴 sub（假设绿电企业选择销售绿证时，其绿证销售量等于发电量，绿电企业未成功出售绿证的部分可获得可再生能源补贴）。可由如下公式表达：

$$\pi_3 = rev_{pre} - ct_{pre} - ct_{tre} + rev_{cer} \times f(0,1) + sub \qquad (5-3)$$

4. 绿电企业不销售绿证

当绿电企业选择不销售绿证时，绿电企业可以获取额外的补贴收益，此时其收入主要有出售电力的收入以及可再生能源补贴，支出主要是发电成本。因此，收益情况 π_4 可以表示为发电收入 rev_{pre} 加上可再生能源补贴 sub，减去发电成本 ct_{pre}。可由如下公式表达：

$$\pi_4 = rev_{pre} - ct_{pre} + sub \qquad (5-4)$$

二、问题描述

在本章中，将某一区域的所有的发电企业划分为两类，一类为火电企业，一类为 RPS 要求的配额目标下的绿电企业。根据上文 RPS 对发电企业的影响机理分析可知，博弈模型中的两个参与者是火电企业和绿电企业，二者分别通过是否购买、是否销售绿色证书展开博弈。

其中绿电企业利用可燃物以及光能、风能等可再生能源发电，并以上网电价出售。在博弈中，火电企业根据 RPS 规定，有两种策略可以选择，即在绿证市场上购买绿色证书，或者是选择不购买绿色证书。其中火电企业采取"购买绿证"策略是指火电企业通过选择支付购买绿证的成本，完成配额目标。火电企业采取"不购买绿证"策略是指火电企业无法完成配额任务，将接受政府的处罚。

绿电企业在博弈中也有两种策略，即在绿证市场上销售绿色证书，或者是选择不销售绿色证书。其中绿电企业采取"销售绿证"策略是指企业选择获取出售绿证的收入，增加企业利润。相反，绿电企业采取"不销售绿证"策略是指绿电企业为避免支付交易成本，选择不销售绿色证书。火电企业与绿电企业的博弈策略组合，如表 5-1 所示。

表 5-1 策略组合

		火电企业	
		购买绿证	不购买绿证
绿电企业	销售绿证	(销售绿证,购买绿证)	(销售绿证,不购买绿证)
	不销售绿证	(不销售绿证,购买绿证)	(不销售绿证,不购买绿证)

本书从火电企业和绿电发电企业仅具有有限理性的实际情况出发,运用演化博弈的方法研究博弈主体间的演化过程,分析演化博弈策略在各均衡点的稳定性。

三、支 付 函 数

根据以上假设以及火电企业与绿电企业双方策略的依存性,建立的不同策略组合下火电企业以及绿电企业的支付矩阵如表 5-2 所示。

表 5-2 支付矩阵

			火电企业	
			S1 购买绿证	S2 不购买绿证
			x	$1-x$
绿电企业	S3 销售绿证	y	(π_1^r, π_1^n)	(π_3^r, π_3^n)
	S4 不销售绿证	$1-y$	(π_2^r, π_2^n)	(π_4^r, π_4^n)

1. 在火电企业选择策略 1 以及非水可再生发电企业选择策略 3 时,即策略组合为(S3 销售绿证,S1 购买绿证)。此时火电企业及非水可再生发电企业形成了良性互动,火电企业可以获得采取购买策略的收益 π_1^n,绿电企业可获得销售策略的收益 π_1^r。假设火电企业和绿电企业发电的总成本与发电量为线性关系。此时,第 i 个火电企业购买绿证时的支付函数由式 (5-5) 表示:

$$\pi_1^n = E_{n,i} p_{n,i} - E_{n,i} AC_{n,i} - a - \min(E_{n,i}\theta, E_{r,j}) p_c - \\ (E_{n,i}\theta - \min(E_{n,i}\theta, E_{r,j})) b \quad (5-5)$$

第 j 个非水可再生发电企业销售绿证时的支付函数由式(5-6)表示:

$$\pi_1^r = E_{r,j} p_{r,j} - E_{r,j} AC_{r,j} - a + \min(E_{n,i}\theta, E_{r,j}) p_c + \\ (E_{r,j} - \min(E_{n,i}\theta, E_{r,j})) s \quad (5-6)$$

不同策略下火电企业与绿电企业的支付函数如式(5-1)到(5-8)所

示,涉及的相关变量及参数的符号及含义如表5-3所示。

表5-3 博弈模型主要变量及参数

符号	含义
p_c	绿证价格(元/千瓦时)
b	未完成配额目标的罚金(元/千瓦时)
θ	配额目标(绿电量占火力发电量的比例)
a	交易成本(元)
$E_{n,i}, E_{r,j}$	第$i(j)$个火电(绿电)企业的火力发电量(千瓦时)
$p_{n,i}, p_{r,j}$	第$i(j)$个火电(绿电)企业的上网电价(元/千瓦时)
$AC_{n,i}, AC_{r,j}$	第$i(j)$个火电(绿电)企业发电的单位平均成本(元/千瓦时)
s	可再生能源补贴(元/千瓦时)

2. 在火电企业选择策略 1 以及非水可再生发电企业选择策略 4 时,即策略组合为(S4 不销售绿证,S1 购买绿证)。火电企业可以获得采取购买策略的收益 π_2^n,绿电企业可获得销售策略的收益 π_2^r,此时绿证交易不成功。此时,第 i 个火电企业购买绿证时的支付函数由式(5-7)表示:

$$\pi_2^n = E_{n,i}p_{n,i} - E_{n,i}AC_{n,i} - a - b\theta E_{n,i} \tag{5-7}$$

第 j 个非水可再生发电企业不销售绿证时的支付函数由式(5-8)表示:

$$\pi_2^r = E_{r,j}p_{r,j} - E_{r,j}AC_{r,j} + sE_{r,j} \tag{5-8}$$

3. 在火电企业选择策略 2 以及非水可再生发电企业选择策略 3 时,即策略组合为(S3 销售绿证,S2 不购买绿证)。火电企业可以获得采取购买策略的收益 π_3^n,绿电企业可获得销售策略的收益 π_3^r,绿证交易不成功。此时,第 i 个火电企业购买绿证时的支付函数由式(5-9)表示:

$$\pi_3^n = E_{n,i}p_{n,i} - E_{n,i}AC_{n,i} - b\theta E_{n,i} \tag{5-9}$$

第 j 个非水可再生发电企业销售绿证时的支付函数由式(5-10)表示:

$$\pi_3^r = E_{r,j}p_{r,j} - E_{r,j}AC_{r,j} - a + E_{r,j}s \tag{5-10}$$

4. 在火电企业选择策略 2 以及非水可再生发电企业选择策略 4 时,即策略组合为(S4 不销售绿证,S2 不购买绿证)。火电企业可以获得采取购买策略的收益 π_4^n,绿电企业可获得销售策略的收益 π_4^r,绿证交易不成功。此时,第 i 个火电企业不购买绿证时的支付函数由式(5-11)表示:

$$\pi_4^n = E_{n,i}p_{n,i} - E_{n,i}AC_{n,i} - b\theta E_{n,i} \tag{5-11}$$

第 j 个非水可再生发电企业不销售绿证时的支付函数由式(5-12)

表示：

$$\pi_4^r = E_{r,j} p_{r,j} - E_{r,j} AC_{r,j} + sE_{r,j} \quad (5-12)$$

四、复制动态方程

在演化博弈的理论中，由于博弈方是有限理性的，博弈方策略的调整速度可以用复制动态方程公式表示。假定时间是连续的，并且博弈主体会倾向于学习和模仿相对有较高回报的博弈策略行为，在博弈中某种特定策略在某主体中被选择比例的变化速度一般可以由微分方程式(5-13)表示：

$$\frac{dx}{dt} = x(u_y - \bar{u}) \quad (5-13)$$

其中，x 为选择该策略在博弈方中的比例，u_y 为采用该策略的期望收益，$\bar{u}$ 为所有博弈方的平均策略收益，$\frac{dx}{dt}$ 为选择该策略的博弈方比例随时间的变化率。该动态微分方程的意义是，选择该策略的博弈方比例的变化率与该类型博弈方的概率成正比，与该类型博弈方的期望收益大于所有博弈方平均收益的幅度也成正比。

1. 在火电企业与绿电企业的博弈中，假设群体中使用某个策略的增长率等于该策略的相对适应度，只要采取这个策略的个体适应度比群体的平均适应度高，该策略就会发展。设火电企业与绿电企业的博弈模型中绿电企业选择"销售绿证"和"不销售绿证"策略的期望收益分别为 $U_{r,s3}$、$U_{r,s4}$，平均期望收益为 $\overline{U_r}$。

当绿电企业选择策略 3 时的期望收益函数由式(5-14)表示：

$$U_{r,s3} = x\pi_1^r + (1-x)\pi_3^r \quad (5-14)$$

当绿电企业选择策略 4 时的期望收益函数由式(5-15)表示：

$$U_{r,s4} = x\pi_2^r + (1-x)\pi_4^r \quad (5-15)$$

绿电企业的平均期望收益函数由式(5-16)表示：

$$\overline{U_r} = yU_{r,s3} + (1-y)U_{r,s4} \quad (5-16)$$

由此得到绿电企业的复制动态方程，由式(5-17)表示：

$$F(y) = \frac{dy}{dt} = y(U_{r,s3} - \overline{U_r})$$
$$= y(1-y)(x(\pi_1^r - \pi_2^r - \pi_3^r + \pi_4^r) + \pi_3^r - \pi_4^r) \quad (5-17)$$

2. 同理，火电企业选择"购买绿证"策略的期望收益为 $U_{n,s1}$，选择"不购买绿证"策略的期望收益为 $U_{n,s2}$，平均期望收益为 $\overline{U_n}$。

当火电企业选择策略1时的期望收益函数由式(5-18)表示：
$$U_{n,s1} = y\pi_1^n + (1-y)\pi_2^n \quad (5-18)$$
当火电企业选择策略2时的期望收益函数由式(5-19)表示：
$$U_{n,s2} = y\pi_3^n + (1-y)\pi_4^n \quad (5-19)$$
火电企业的平均期望收益函数由式(5-20)表示：
$$\overline{U_n} = xU_{n,s1} + (1-x)U_{n,s2} \quad (5-20)$$
因此可以用同样的方法得出火电企业的复制动态方程,由式(5-21)表示：
$$F(x) = \frac{dx}{dt} = x(U_{n,s1} - \overline{U_n}) \\ = x(1-x)(y(\pi_1^n - \pi_3^n - \pi_2^n + \pi_4^n) + \pi_2^n - \pi_4^n) \quad (5-21)$$

第三节 配额制视角下发电企业绿证市场行为均衡策略及敏感性分析

一、均衡策略分析

复制动态方程可以描述火电企业与绿电企业策略选择的变化速度与方向。当且仅当复制动态方程等于0即博弈双方的策略调整速度为0时,意味着博弈达到了一个相对稳定的状态。

因此,令 $Z = \begin{pmatrix} F(y) \\ F(x) \end{pmatrix} = f(Z) = 0$,得到均衡解 $Z_1(0,0)$, $Z_2(1,0)$, $Z_3(0,1)$, $Z_4(1,1)$。

当满足条件 $0 \leq \dfrac{\pi_3^r - \pi_4^r}{-\pi_1^r + \pi_2^r + \pi_3^r - \pi_4^r} \leq 1$ 且 $0 \leq \dfrac{\pi_2^n - \pi_4^n}{-\pi_1^n + \pi_2^n + \pi_3^n - \pi_4^n} \leq 1$ 时,存在第五个均衡点,由式(5-22)表示：

$$Z_5 = \left(\frac{\pi_3^r - \pi_4^r}{-\pi_1^r + \pi_2^r + \pi_3^r - \pi_4^r}, \frac{\pi_2^n - \pi_4^n}{-\pi_1^n + \pi_2^n + \pi_3^n - \pi_4^n} \right) \quad (5-22)$$

由支付函数(5-5)至(5-12)可知, $\pi_3^r < \pi_4^r$, $\pi_2^n < \pi_4^n$。由此可知, Z_5 存在的充分必要条件是 $\pi_1^r > \pi_2^r$ 且 $\pi_1^n > \pi_3^n$。

雅克比(Jaconbian)矩阵行列式演化稳定策略(ESS)要求一个稳定状态必须具有抗扰动性,有限理性的主体通过其既得利益不断调整策略以追求自身利益的改善,最终达到一种动态平衡,用数学表达式即为 $F(X^*) < 0$。

弗里德曼(Friedman)提出雅克比矩阵可以反映一个可微方程与给定点的最优线性逼近,通过分析系统的雅克比矩阵,可以判断系统稳定点是否为ESS。因此,为分析各均衡点的稳定性,首先分别将复制动态方程$F(y)$,$F(x)$对x、y求导,得到式(5-23)至式(5-26)。

$$\frac{\partial F(y)}{\partial y} = (\pi_4^r - \pi_3^r - (\pi_1^r - \pi_2^r - \pi_3^r + \pi_4^r)x)(-1 + 2y) \quad (5\text{-}23)$$

$$\frac{\partial F(y)}{\partial x} = (\pi_1^r - \pi_2^r - \pi_3^r + \pi_4^r)(1 - y)y \quad (5\text{-}24)$$

$$\frac{\partial F(x)}{\partial y} = (\pi_1^n - \pi_2^n - \pi_3^n + \pi_4^n)(1 - x)x \quad (5\text{-}25)$$

$$\frac{\partial F(x)}{\partial x} = (-1 + 2x)(\pi_4^n - \pi_2^n + (-\pi_1^n + \pi_2^n + \pi_3^n - \pi_4^n)y) \quad (5\text{-}26)$$

由此得到雅克比矩阵式(5-27):

$$J = \begin{pmatrix} (-1 + 2x)(\pi_4^n - \pi_2^n + (-\pi_1^n + \pi_2^n + \pi_3^n - \pi_4^n)y) \\ (\pi_1^n - \pi_2^n - \pi_3^n + \pi_4^n)(1 - x)x \\ (\pi_1^r - \pi_2^r - \pi_3^r + \pi_4^r)(1 - y)y \\ (\pi_4^r - \pi_3^r - (\pi_1^r - \pi_2^r - \pi_3^r + \pi_4^r)x)(-1 + 2y) \end{pmatrix} \quad (5\text{-}27)$$

接下来计算雅可比矩阵 J 的行列式 detJ 和矩阵的迹 trJ,根据雅可比矩阵的特性,如果均衡点的 detJ > 0 且 trJ < 0,那么在这个均衡点存在局部稳定性;如果均衡点的 detJ > 0 且 trJ > 0,那么在这个均衡点不稳定;如果均衡点的 detJ < 0 且 trJ = 0 或者不确定时,那么这个均衡点为鞍点。

通过计算得到不同均衡点时的雅克比矩阵行列式和迹,如表5-4所示。局部均衡点的类型将取决于:$\pi_1^r - \pi_2^r$,$\pi_1^n - \pi_3^n$ 的符号,按如下四个情景进行具体分析:

情景1:$\pi_1^r < \pi_2^r$,$\pi_1^n < \pi_3^n$ 时,系统不存在第五个均衡点。此时,Z_1为ESS点。分析每个均衡点的雅可比矩阵,结果如表5-5所示。

情景2:$\pi_1^r < \pi_2^r$,$\pi_1^n > \pi_3^n$ 时,系统不存在第五个均衡点。此时,Z_1为ESS点。分析每个均衡点的雅可比矩阵,结果如表5-6所示。

情景3:$\pi_1^r > \pi_2^r$,$\pi_1^n < \pi_3^n$ 时,系统不存在第五个均衡点。此时,Z_1为ESS点。分析每个均衡点的雅可比矩阵,结果如表5-7所示。

情景4:$\pi_1^r > \pi_2^r$,$\pi_1^n > \pi_3^n$ 时,系统存在第五个均衡点。此时,Z_1、Z_4为ESS点。分析每个均衡点的雅可比矩阵,结果如表5-8所示。

表 5-4 不同均衡点时的雅克比矩阵及行列式

均衡点	J 矩阵	J 矩阵的行列式	J 矩阵的迹
Z_1	$\begin{pmatrix} \pi_2^n - \pi_4^n & 0 \\ 0 & \pi_3^r - \pi_4^r \end{pmatrix}$	$(\pi_2^n - \pi_4^n)(\pi_3^r - \pi_4^r)$	$(\pi_2^n - \pi_4^n) + (\pi_3^r - \pi_4^r)$
Z_2	$\begin{pmatrix} \pi_4^n - \pi_2^n & 0 \\ 0 & \pi_1^r - \pi_2^r \end{pmatrix}$	$(\pi_4^n - \pi_2^n)(\pi_1^r - \pi_2^r)$	$(\pi_4^n - \pi_2^n) + (\pi_1^r - \pi_2^r)$
Z_3	$\begin{pmatrix} \pi_1^n - \pi_3^n & 0 \\ 0 & \pi_4^r - \pi_3^r \end{pmatrix}$	$(\pi_1^n - \pi_3^n)(\pi_4^r - \pi_3^r)$	$(\pi_1^n - \pi_3^n) + (\pi_4^r - \pi_3^r)$
Z_4	$\begin{pmatrix} \pi_3^n - \pi_1^n & 0 \\ 0 & \pi_2^r - \pi_1^r \end{pmatrix}$	$(\pi_3^n - \pi_1^n)(\pi_2^r - \pi_1^r)$	$(\pi_2^r - \pi_1^r) + (\pi_3^n - \pi_1^n) $
Z_5^*	$\begin{pmatrix} 0 & \dfrac{(\pi_1^n - \pi_2^n - \pi_3^n + \pi_4^n)(\pi_3^r - \pi_4^r)(\pi_2^r - \pi_1^r)}{(-\pi_1^r + \pi_2^r + \pi_3^r - \pi_4^r)^2} \\ \dfrac{(\pi_2^n - \pi_4^n)(\pi_3^r - \pi_1^r)(\pi_1^r - \pi_2^r - \pi_3^r + \pi_4^r)}{(-\pi_1^n + \pi_2^n + \pi_3^n - \pi_4^n)^2} & 0 \end{pmatrix}$	$-\dfrac{(\pi_2^r - \pi_1^r)(\pi_3^r - \pi_4^r)(\pi_2^n - \pi_4^n)(\pi_3^n - \pi_1^n)}{(\pi_1^r - \pi_2^r - \pi_3^r + \pi_4^r)(\pi_1^n - \pi_2^n - \pi_3^n + \pi_4^n)}$	0

表 5-5　情景 1 下不同均衡点的局部稳定性

均衡点	$\det J$	$\mathrm{tr}J$	稳定性
Z_1	+	−	ESS
Z_2	−	不确定	鞍点
Z_3	−	不确定	鞍点
Z_4	+	+	不稳定

表 5-6　情景 2 下不同均衡点的局部稳定性

均衡点	$\det J$	$\mathrm{tr}J$	稳定性
Z_1	+	−	ESS
Z_2	−	不确定	鞍点
Z_3	+	+	不稳定
Z_4	−	不确定	鞍点

表 5-7　情景 3 下不同均衡点的局部稳定性

均衡点	$\det J$	$\mathrm{tr}J$	稳定性
Z_1	+	−	ESS
Z_2	+	+	不稳定
Z_3	−	不确定	鞍点
Z_4	−	不确定	鞍点

表 5-8　情景 4 下不同均衡点的局部稳定性

均衡点	$\det J$	$\mathrm{tr}J$	稳定性
Z_1	+	−	ESS
Z_2	+	+	不稳定
Z_3	+	+	不稳定
Z_4	+	−	ESS
Z_5^*	−	0	中心点

通过对不同情景的均衡点稳定性分析,可知对火电企业与绿电企业演化博弈的(销售绿证,购买绿证)和(不销售绿证,不购买绿证)这两种策略,只有在情景 4 下为理想的稳定策略组合,此时有 5 个局部均衡点,其中 Z_2 和 Z_3 为不理想的稳定策略组合,Z_5 为中心点。在此情景下的动态演化过程如图 5-1 所示。由图可知,当博弈的初始状态落在区域 $Z_3Z_5Z_2Z_1$ 时,博弈的结果最终会收敛于 $(0,0)$,即(不销售绿证,不购买绿证),绿证交易失败;当博弈的初始状态落在区域 $Z_3Z_5Z_2Z_4$ 时,博弈的结果最终会收敛于 $(1,1)$,即(销售绿证,购买绿证),绿证交易成功。

由于演化博弈的初始策略组合随机分布在四边形 $Z_1Z_2Z_3Z_4$ 内部,要增加演化博弈收敛到 Z_4 策略组合(销售绿证,购买绿证)的概率,应使中心点 Z_5 越趋近均衡点 Z_1,此时 $Z_3Z_5Z_2Z_1$ 的面积就会越小,博弈初始策略组合向 $Z_1(0,0)$ 演化的概率就会越小。此时,初始策略组合向 $Z_4(1,1)$ 演化的概率将增加。所以,可通过分析 $Z_3Z_5Z_2Z_1$ 面积的影响因素,间接分析演化路径的影响因素。根据 Z_5 的坐标,设 $Z_3Z_5Z_2Z_1$ 的面积 S_1,$Z_3Z_5Z_2Z_4$ 的面积是 S_2。

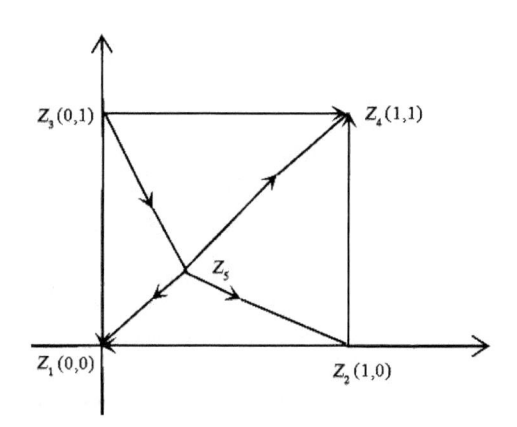

图 5-1　情景 4 下发电厂商行为选择策略的相位图

根据图 5-1,得到面积 S_1 的计算公式(5-28):

$$S_1 = \frac{1}{2}\left(\frac{\pi_3^r - \pi_4^r}{-\pi_1^r + \pi_2^r + \pi_3^r - \pi_4^r} + \frac{\pi_2^n - \pi_4^n}{-\pi_1^n + \pi_2^n + \pi_3^n - \pi_4^n}\right) \quad (5\text{-}28)$$

通过将 π_1^n、π_1^r、π_2^n、π_2^r、π_3^n、π_3^r、π_4^n、π_4^r 的支付函数代入上式,可知对演化路径的影响因素包括绿证价格、单位罚金参数、配额目标以及可再生能源补贴参数。

二、敏感性分析

系统的仿真就是对系统建立仿真模型,通过仿真实验对系统进行分析的方法。在前文演化博弈模型构建的基础上,利用 Python 软件对发电企业行为决策的动态演化过程进行仿真模拟,随着动态演化时间的变化,无论发电企业选择的初始状态是"销售绿证,购买绿证""销售绿证,不购买绿证"还是"不销售绿证,购买绿证""不销售绿证,不购买绿证",火电企业和绿电企业行为决策的最终选择都将趋于"购买绿证,销售绿证"这一稳定策略组合,表明在现有的 RPS 政策影响下,火电企业和绿电企业将会向着成功交易绿证这一共同信念而努力。

图 5-2 和图 5-3 分别为火电企业和绿电企业的不同初始策略随着演化时间的变化而波动的情况,动态演化过程表明不同的初始策略选择并不能妨碍发电企业最终选择绿证交易的共同信念。在双方都不愿意交易的初始情况下,迫于罚金的压力,火电企业由最初明显的不愿意交易趋势逐步转为选择购买绿证这一策略,而绿电企业在对比补贴与销售绿证的收入后,选择销售绿证的意愿也更加强烈。

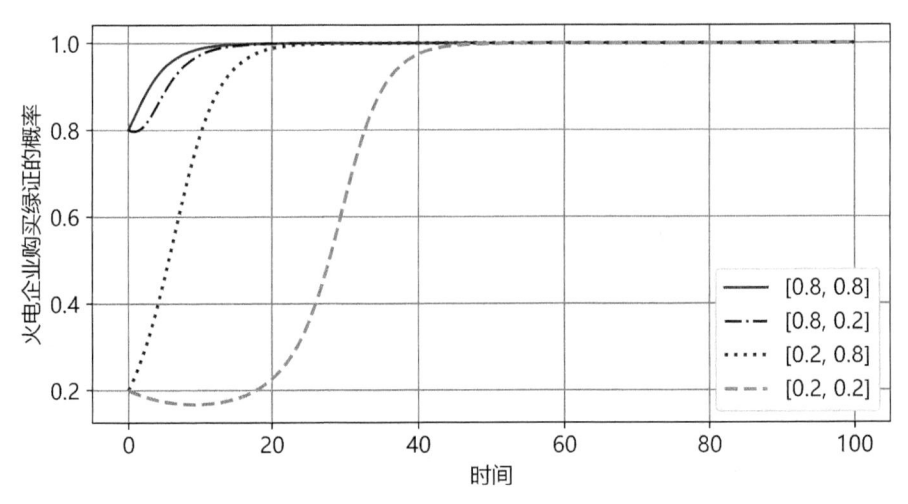

图 5-2　火电企业行为决策的动态演化过程

根据图 5-1 可知,当企业的最终选择落在 S_2 区域内时,即火电企业和绿电企业最终会将"交易绿证"作为共同目标而努力,因此研究演化路径的关键影响因素及其敏感性将会为 RPS 相关政策参数的设定提供科学支撑。由前文可知,影响演化路径的重要因素包括绿证价格 p_c、单位罚金参数 b、

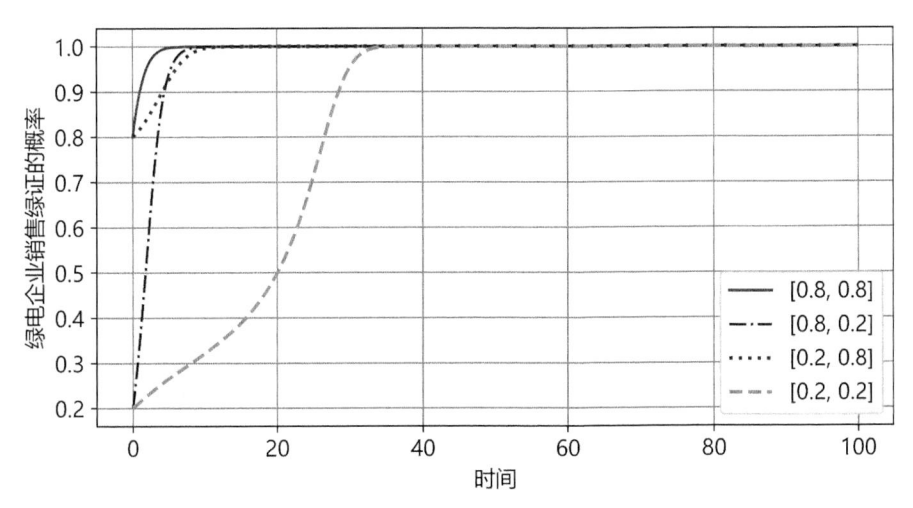

图 5-3　绿电企业行为决策的动态演化过程

配额目标 θ 以及可再生能源补贴参数 s。在给定的基准情景下,其他变量保持不变,通过改变其中一个变量,比较分析低情景、基准情景和高情景发电企业行为决策选择的区别与联系,具体结果如图 5-4 至图 5-11 所示。

（一）绿证价格

本文假设绿证价格的初始参数为 0.45 元/千瓦时,分别设置了 0.3 元/千瓦时和 0.6 元/千瓦时两种绿证价格,代表低情景和高情景模式,绿证价格提高会导致交易双方的最终策略选择朝着交易失败这个方向发展,而绿证价格降低只改变了策略选择的速率,并不会导致交易失败。

在低情景下,火电企业因为绿证价格降低会提高购买需求,选择购买绿证的策略速率提升,在图 5-4 中表现为对应曲线斜率高于基准情景;而绿电企业因绿证价格下降将会获得少于预期的绿证收入,销售绿证的意愿有所下降,选择销售绿证的策略速率也因此下降,对应曲线斜率较低于基准情景(图 5-5),但后期受到火电企业购买需求的影响,绿电企业会继续选择出售绿证,最终交易双方交易成功。

在高情景下,火电企业无法接受高额的绿证价格,其他参数不变时,火电企业选择不购买绿证将会承担最小的损失。如图 5-4 所示,火电企业在绿证价格达到 0.6 元/千瓦时时,购买意愿下降,最终选择不购买这一策略。较高的绿证价格使得绿电企业的初始销售意愿强烈,策略选择速度加快,但后期受到火电企业不愿购买绿证的影响,绿证交易无法成功进行,绿电企业不得不降低自身销售意愿,最终交易失败,在图 5-5 中表现为对应的曲线在开始时保持上升状态,斜率最大,转而开始下降,直至收敛于 0。

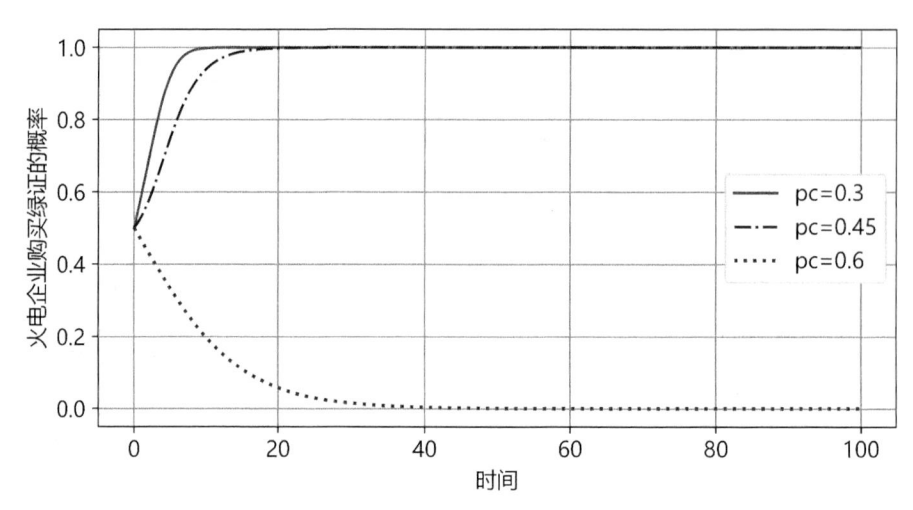

图 5-4　不同绿证价格情景下火电企业的决策演化过程

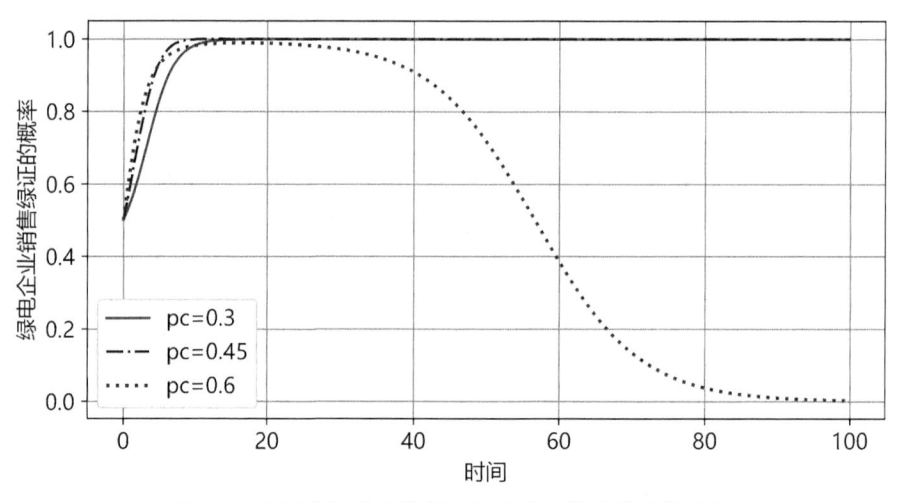

图 5-5　不同绿证价格情景下绿电企业的决策演化过程

(二) 配额目标

与基准情景(配额目标 0.0614,因假设 RPS 责任主体落实在发电企业,此基准配额目标以某年中国非水可再生能源发电占比为参考依据)对比,仿真模拟以 0.03 的低配额目标情景以及 0.09 的高配额目标情景下的发电厂商行为决策动态演化过程,与基准情景相比,配额目标降低将会导致发电厂商的策略选择有较大变化。

当配额目标降低至 0.03 时,火电企业不再需要承担大量的绿电压力,对绿色证书的初始需求下降,导致绿色证书的价格有所下降,火电企业购买绿色证书意愿将有所增强,火电企业选择购买绿证的概率变动速率增加,在图 5-6 中表现为低配额目标曲线先有稍微的下降趋势后保持上升状态;而配额目标的改变对绿电企业的行为决策影响不太明显,当降低配额目标时,绿电企业的绿证销售意愿会随着火电企业初始需求下降而有所减弱,交易策略调整的速度明显低于基准配额和高配额情景,在图 5-7 中表现为低配额目标曲线增长幅度明显缓于另外两条曲线。

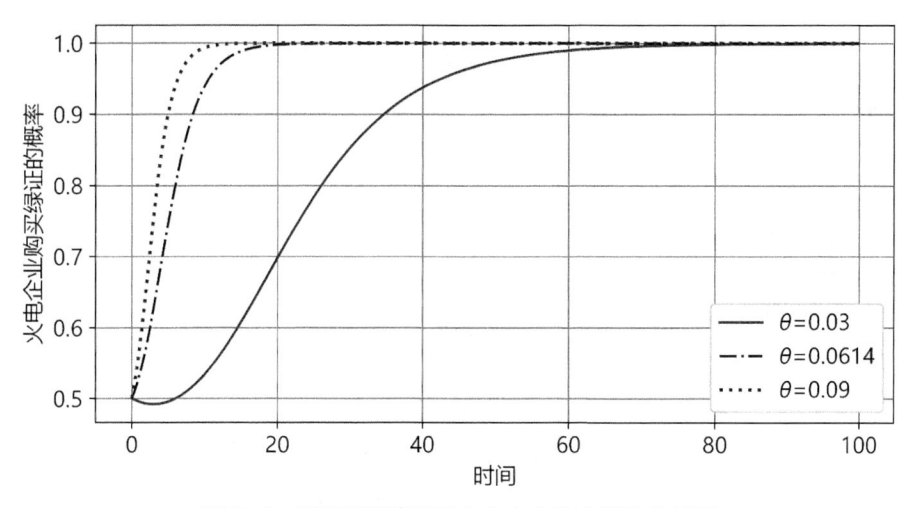

图 5-6　不同配额情景下火电企业的决策演化过程

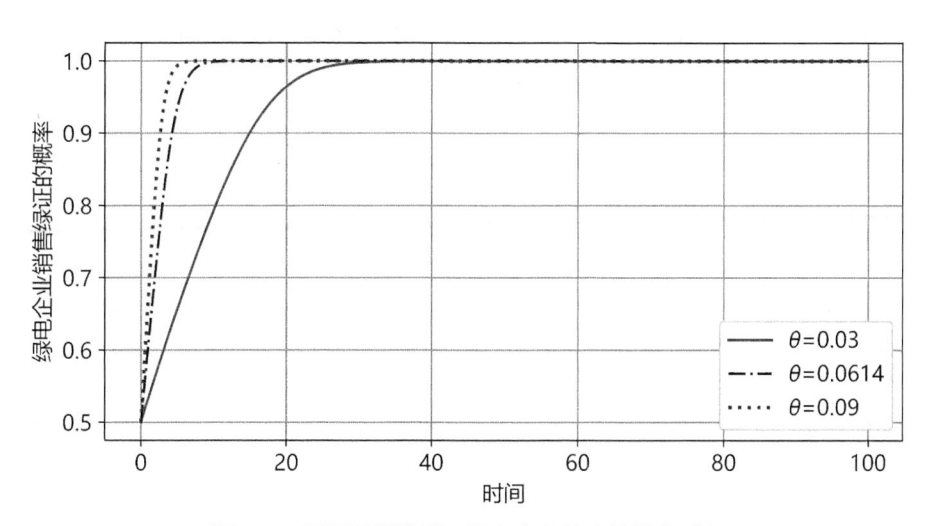

图 5-7　不同配额情景下绿电企业的决策演化过程

综合来看,发电企业受到低配额目标的影响,火电企业的初始购买需求不足,绿电企业的销售意愿随之减弱,导致成功交易绿证这一共同信念的实现相比其他两种情景有所延缓,在图中表现为该配额下对应的曲线总是晚于其他两种情景收敛于1即愿意销售绿证这一策略。而在配额目标提高至0.09的情景下,火电企业和绿电企业受到高配额目标的约束,选择交易绿证的信念会更加强烈,在图中可以看出此情景下的曲线要早于另外两种情景向1收敛。

(三) 可再生能源补贴参数

由于本书考虑了可再生能源补贴的因素,在对该参数进行敏感性分析的时候,选择的低情景为没有补贴即补贴参数为0这一情况,高情景时补贴为现有补贴参数的2倍。整体上看,补贴参数的改变对交易双方策略的选择影响并不大,发电厂商选择交易的共同信念没有变化,随着可再生能源补贴的增加,火电企业和绿电企业的策略选择速度有所减缓,均衡策略形成的时间略长于其他两种情景。

由于补贴参数的受惠方为绿电企业,在没有补贴的情景下,绿电企业更愿意选择销售绿证,以获得销售绿证的收入,此时绿电企业策略选择的速率加快,在图5-8中表现为无补贴时的曲线斜率稍大于另外两种情景;在高补贴情景下,绿电企业可能会比较绿证收益与补贴收益的差别,在本书设置的情景中,绿电企业的策略选择速率有明显的下降趋势,图中对应的曲线斜率最小,如果考虑更多的补贴参数,绿电企业最终可能会选择不销售绿证以获取全部可再生能源补贴。火电企业的策略选择受绿电企业销售意愿的影响也发生趋势一致的变化,但变化幅度较小,如图5-9所示。

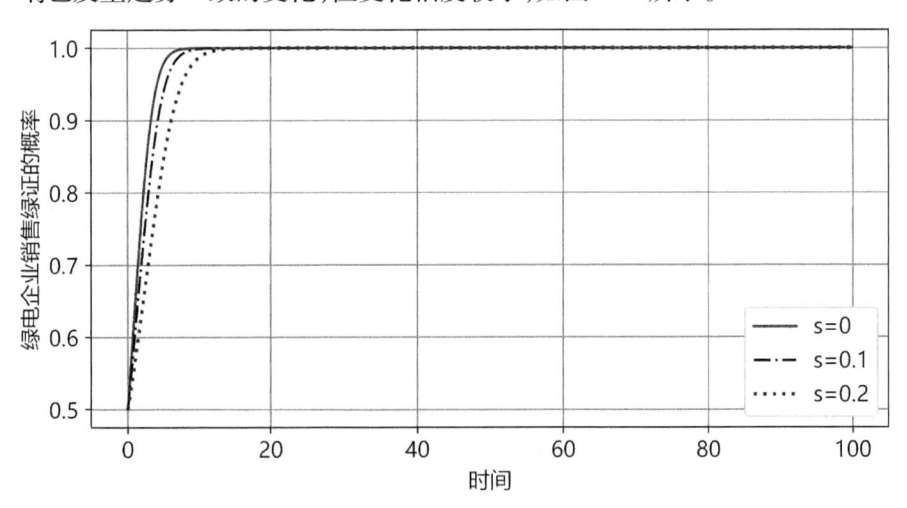

图5-8 不同补贴情景下绿电企业的决策演化过程

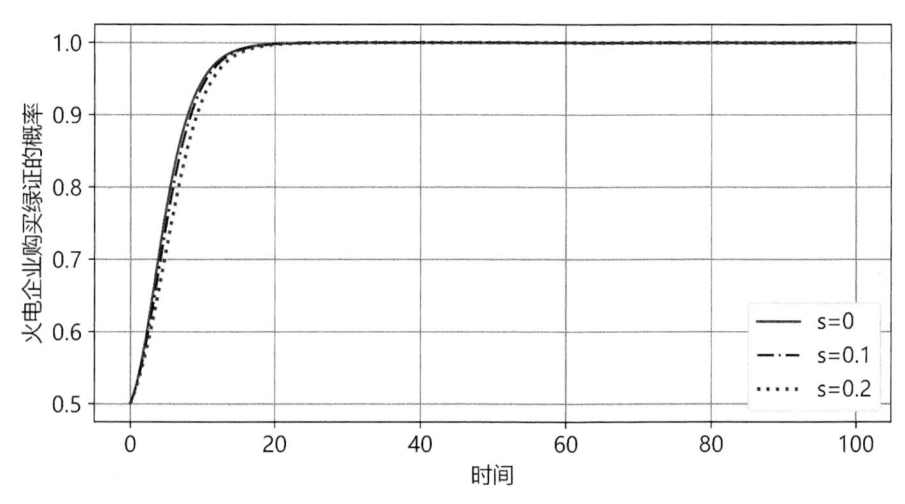

图 5-9 不同补贴情景下火电企业的决策演化过程

(四) 单位罚金参数

假设 0.6 元/千瓦时的单位罚金为基准情景,当降低单位罚金时,发电企业的策略组合发生明显变化,此情景下的交易双方最终策略组合为"不销售绿证,不购买绿证",而高情景与基准情景下的最终策略组合均为"销售绿证,购买绿证"这一理想组合选择。

当单位罚金降至 0.4 元/千瓦时时,火电企业不购买足够绿电也不会因此而承受巨额罚金,导致火电企业的购买意愿下降,直至购买意愿降低为 0,即不愿意购买绿证,如图 5-10 所示;对绿电企业而言,绿电企业初始的

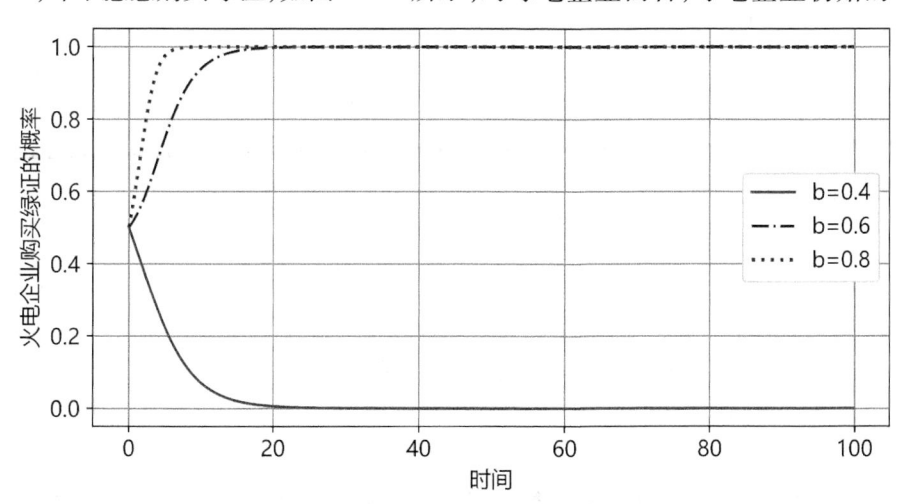

图 5-10 不同罚金情景下火电企业的决策演化过程

销售意愿随火电企业购买意愿的下降而下降,并因此导致交易失败,在图 5-11 中表现为低情景对应的曲线先上升后下降,最终收敛于 0。

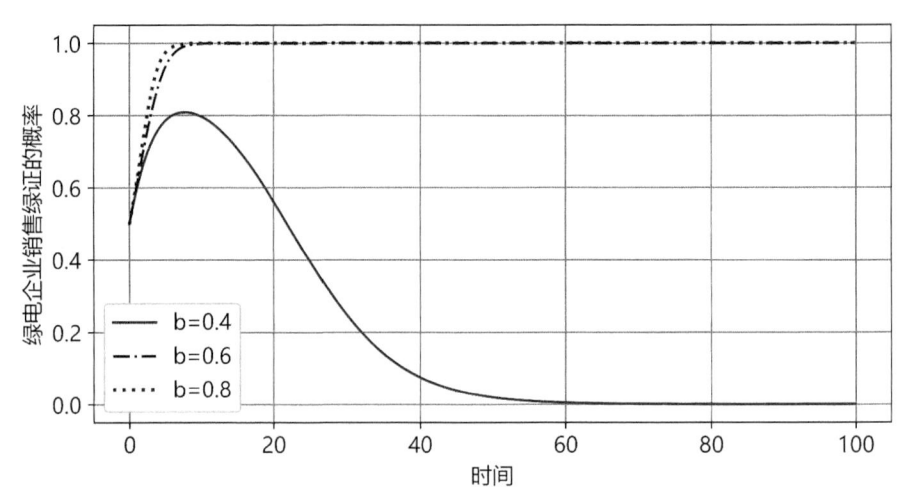

图 5-11　不同罚金情景下绿电企业的决策演化过程

与低单位罚金情景相比,收取 0.8 元/千瓦时的单位罚金将会促使成功交易这一共同信念加快实现。火电企业受到高罚金参数的影响,权衡之下会主动购买绿证,以尽量避免缴纳高额罚金,因此火电企业选择购买绿证的速率较基准情景有所提升。同样的,绿电企业也会因火电企业购买意愿增强而提升自身的销售意愿,因此,高单位罚金下火电企业和绿电企业都会更加积极地选择交易绿证,更快实现这一共同信念。

为了研究 RPS 的实施将会对火电企业与绿电企业的行为决策产生何种影响,本章构建了 RPS 视角下发电企业市场行为决策的演化博弈模型。通过分析演化博弈模型的雅克比矩阵,分析各均衡点的稳定性,判断稳定点是否为 ESS。对于火电企业来说,RPS 的实施意味着成本和风险的增加,并且火电市场份额面临巨大挑战,这都使得火电企业面临着较大的压力。而对于绿电企业,实施 RPS 将会带来诸多优势,如有力促进光伏、风电等可再生能源的发展;在面临补贴缺口的情况下,有效控制弃光弃风限电问题;通过市场化的手段及时予以光伏发电与风电企业经济补偿。通过 RPS 视角下的发电企业市场行为演化博弈模型,可知火电企业、绿电企业之间由于利益目标不同,存在利益博弈关系,双方会随着博弈次数和策略调整逐渐地靠近并稳定在某个均衡状态。模型得到了火电企业和绿电企业在不同策略收益条件下的局部演化稳定策略以及演化博弈的影响因素,揭示了发电企业行为的演化路径和决策选择。

研究结果表明:(1)发电厂商的行为决策在动态演化的过程中最终将会朝着交易成功这一共同信念而努力;(2)RPS政策优化的过程应优先考虑对发电厂商行为决策起到影响作用的参数设计,如绿证价格、配额目标、可再生能源补贴及单位罚金,不同程度调整参数,才能促使火电企业和绿电企业加快策略调整速度,实现理想的成功交易绿证目标;(3)在合理的范围内,适当提高配额目标和单位罚金,降低绿证价格,逐步退出可再生能源补贴,将会在一定程度上强化火电企业和绿电企业购买或销售绿证的意愿。

本书采用复制动态方程作为博弈演化机制,作为有限理性的个体,虽然很难在博弈一开始就完全了解自身和对手的收益函数、选择偏好、博弈基本类型等信息,但是博弈的个体往往不是简单地模仿对手的策略选择,而是会结合自身历史博弈经验来调整自身的策略选择。因此,考虑有限理性的演化博弈的策略选择机制不仅仅要考虑个体的相互学习,也要结合个体的自我学习,如何将个体的自我学习机制与复制动态方程有机结合,形成一种新的博弈演化机制,将是今后值得研究和关注的重要课题。

第六章 配额制视角下发电企业参与绿证市场的多情景仿真研究

第一节 系统动力学理论介绍

一、系统动力学的基本内涵

(一) 系统动力学介绍

系统动力学是一门分析和研究信息反馈、通过实际测得的信息寻求改进和提高整个系统的有效性的学科,同时也是一门综合自然科学和社会科学的横向交叉学科。麻省理工学院的福雷斯特(Jay W. Forrester)教授于1956年提出系统动力学的理论,其以系统论为基础,汲取控制论和信息论精华,有效联系了系统论、控制论与信息论这三者,为解决复杂系统中出现的多元信息要素和反馈关系问题提供了方法。1961年,福雷斯特的经典著作《工业动力学》问世,它综合运用控制、组织理论和计算机模拟仿真等方法,为企业结构改革和策略制定提供依据。该学科逐渐被广泛运用于社会、经济、企业管理等各个领域。系统动力学中有一个著名的内生观点,即系统的特性取决于系统内部的动态结构和反馈回路,并使得系统在内外动力和各个因素的共同作用下有规律地运动。系统动力学中对于结构的定义是前后多次行为决策共同构建的网络。系统动力学中会运用到定量分析和定性分析相结合的思想方法,通常情况下,先做定性分析以假设,再做定量分析以支撑,两者相互联系,呈前进的螺旋上升趋势,对问题进行由表及里的深化分析。此外,系统动力学还运用整体思考与分析、综合与推断的方法。

(二) 系统动力学的特点

将系统动力学的模拟仿真模式与其他学科方法模式作对比,系统动力学具有多变性、延迟性、复杂性和非线性等特点,主要表现为以下几点:

1. 系统都是高阶数、多回路、非线性的信息反馈系统。模型主要是通过仿真实验来进行分析计算,最终得出的计算结果都是未来一定时间内各种变量随时间而变化的曲线。

2. 系统具有"反直观性",也就是说系统的行为方式和仿真结果可能恰好与人们预期的结果背道而驰。

3. 系统内部各个反馈回路中都有主要回路,这些主要回路相互间作用大致决定了系统的动态行为表现。它有一套独特的解决复杂系统问题的工具和技巧,如双向因果环、反馈、流位和速率等,能容纳数千个变量,所以对于处理复杂的周期性问题比较擅长。

4. 在缺少模拟数据时,也可以对问题进行研究。系统动力学模型的基础是系统内部的各个反馈回路,由于系统的非线性特征,使得系统经过这些反馈回路多次更迭后,对外部扰动反映出迟钝的倾向,因此系统行为对于所设置的参数本身相对来说不太敏感。因此,相对于大多数模型仿真软件来说,系统动力学的处理方法对于数据缺失和难以量化这两个大问题是友好的。

5. 系统动力学模型具有预测的作用,而且还能够主动地去控制预测变量,进行人为干预预测。与其他模型方法不同的是,它更关注结果实现需要的假设条件和变量间的因果关系,这和计算机里的"IF...THEN...ELSE"语句类似。通俗来说,就是输入什么样的条件和假设就会得出什么样的结果。

(三) 系统动力学的建模方法

系统动力学的最大优点就是它可以解决很多繁杂的高阶、非线性且多反馈回路的系统问题。系统动力学模型通常包含许多个方程,这些方程都可以归为三类,分别是状态方程、速率方程和辅助方程。与这三类方程相对应的,系统动力学模型方程中的变量也分为三类,分别为状态变量、速率变量和辅助变量。并且随着研究的不断深入和科技的发展,现在我们可以借助于相应的操作软件平台(例如 Vensim)进行模型构建、模拟、仿真和计算,并进行对应的决策分析。利用系统动力学模型进行仿真是一种结构和功能的仿真,它对于研究复杂系统组成框架、功能和行为表现之间的动态变化关系有着巨大的优势。并且,系统动力学的研究对象主要是从该系统扩展到更大更复杂的大系统,如社会、生态、经济等,该模型的主要功能是提供政策学习和分析的工具。同时,该模型是一个结构依存型模型,其仿真结果的可靠程度更多取决于描述系统的真实程度。

二、系统动力学的分析意义

系统动力学用于研究各因素之间的因果关系,可以根据所要研究的对象,利用因果回路进行分析并绘制因果关系图、系统流图等,这些可以较为直观明了地展现出研究对象的内部结构关系,使我们对 RPS 下发电企业的市场发展和电源结构调整有更加系统、全面、清晰的认识。

建立系统动力学模型对本研究的意义主要有以下几点:首先,利用系统动力学的因果关系图对研究对象发展所能联系到的内外部因素之间的因果关系进行梳理。通过因果回路图对因果反馈关系的梳理,不仅可以直观地表现出变量和要素之间的关系,还能对研究对象未来的发展趋势有更加清晰的了解。其次,基于因果关系图,对各要素之间的相关关系进行分析,建立系统流图与变量之间的关系方程式。因果关系图只能展现系统内部各要素之间的因果反馈关系,不能反映物质链和信息链的差别,也不能反映物质的积累值和积累效应变化快慢的区别,而系统流图和方程式相结合能够更加准确反映物质的累积值和积累效应变化快慢的区别,更好地进行决策分析。最后,研究政策等因素对于研究对象未来发展的影响,通过对所建立的模型进行仿真运行,对不同变量进行设置,模拟出不同的政策环境,并对不同情境下的研究对象行为趋势进行分析。

三、系统动力学的适用性分析

由于 RPS 下市场形势错综复杂,多种因素相互交织、互相制约,以及不同发展时间段投资资金和技术的规模上表现出的显著差异,可以将市场的发展看作一个复杂的系统,系统内部各因素之间有一定的因果关系。系统动力学适用于解决此类问题,对复杂系统内部的因果关系进行梳理,并探究在某些变量变化的情况下,其余变量的变化情况。

RPS 的系统是一个具有多变性、非线性、多回路和动态性的复杂大系统。系统动力学符合 RPS 系统建模的要求,是研究信息和反馈机制的非线性复杂系统的有力工具。且配额制下绿色证书与电力市场运行中涉及的信息传递与数据反馈过程与系统动力学的特性高度吻合。本文采用系统动力学模型对 RPS 实施下绿色证书的引入对电力市场的影响过程进行模拟仿真,其适用性具体如下:

1. 系统动力学适用于研究长期性、规模较大、关系较复杂的系统或问题。系统动力学已经在经济、生态、社会等诸多领域得到了广泛的应用和发展,证明能够处理此类问题。RPS 的实施效果并不是立竿见影的,需要一个长期过程,发电企业出售绿色证书的策略很大程度上受绿色证书价格影响,而价格和其他因素的形成、传递和传导都有一定的时滞效应,因此需要从长时间维度对模型进行观测分析。因此,通过系统动力学能够分析 RPS 对于发电企业市场主体的行为决策的影响。

2. 系统动力学适用于研究各因素之间的因果关系。绿色证书以及电力市场的主体之间在制定策略过程中有着很强的因果关联,RPS 比例、绿色证书交易量、绿色证书价格等相关因素之间有着明显的因果关联,通过这些中间变量传递,形成多层反馈的因果链,构成系统动力学模型的反馈环路。

3. 系统动力学能够量化各变量和要素之间的延迟效应。以绿色证书价格的变动为例,发电企业购买或出售绿证的决策对绿色证书购买出售总量的影响可能会存在延迟效应,这时可以用数学公式和方程式来描述这一延迟效果。也就是说,在多层次反馈的因果回路中,某一因素的变化会经过一段时间的作用后才可能会对另一或多个因素产生影响。出现这种延迟效果的原因可能与参与空间上分散、信息传递时间延迟和决策制定上的延迟有关,而系统动力学可以有效处理延迟问题。

4. 系统动力学不仅具有数学模型、因果关系图、系统流图,还包含了一些设定的方程式,这些方程式通常根据政策和相关领域专家来确定,这样更加符合实际情况,使得模拟运行的结果更加真实可信。RPS 下市场主体影响因素之间的关系既可能是线性的,也可能是非线性的,而系统动力学模型的系统方程和表函数可以有效描述因素间复杂的影响关系。

5. 系统动力学可以从整体上把握系统的发展趋势。本章主要研究 RPS 实施背景下,发电企业在进行绿色证书和售电交易过程中相互之间产生的动态影响,充分考虑影响主体决策的诸多因素,构建发电企业的系统动力学动态传递模型,加以定量和定性相结合的描述,梳理出各个变量之间的因果关系,并通过反馈机制将这些因果关系联系起来,最终得出发电企业行为决策的整体发展动态趋势。

第二节 配额制视角下发电企业绿证市场行为系统动力学模型

一、问题描述与系统边界

(一) 问题描述

RPS 视角下发电企业市场行为决策系统具有高阶、非线性等复杂系统的特征。研究发电企业市场行为决策,除了涉及建模理论和技术,必须清楚市场行为主体的博弈关系。因此,本书拟建立的系统动力学模型是分析 RPS 在我国实施之后,其通过绿色证书交易市场对绿电企业和火电企业行为决策施加的影响,以及对整个市场电力价格、电源结构、技术水平等的影响。通过设置不同的政策情景,分析不同情景下发电企业各变量的状态,并对各政策情景下的博弈行为决策进行模拟仿真。

(二) 系统边界

系统动力学认为，系统的行为主要取决于它的内部要素，系统边界内部的要素被称为系统的内生变量，系统边界以外的要素被称为外生变量。系统动力学的研究主要是针对系统内部要素的，处于系统外部的要素只对其产生干扰而不能对系统的运行产生本质影响。因此，明确系统的边界对于 RPS 视角下市场主体博弈系统动力学模型的构建十分关键。本书研究的市场主体主要为火电企业和绿电企业，因此系统中主要包括火电企业子系统及绿电企业子系统，图 6-1 给出了系统结构图。每个部分的要素构成如下：

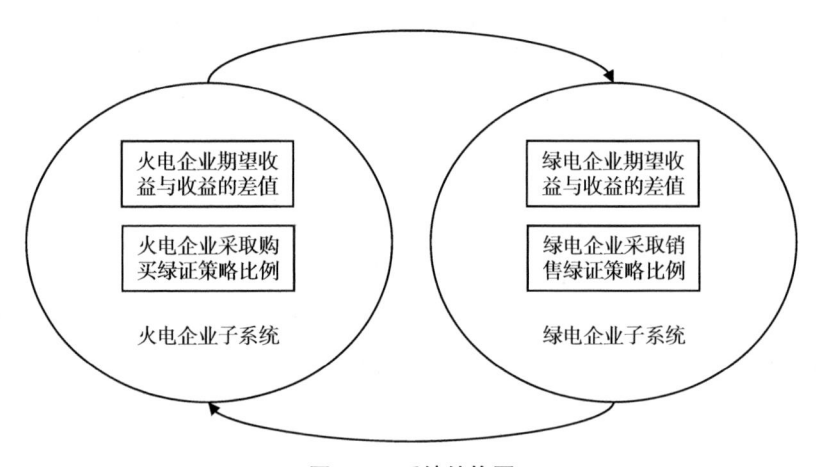

图 6-1　系统结构图

本书需要设计绿证市场下双方博弈的相关变量，其中内生因子包括：电力价格、火电企业发电量、绿电企业发电量、电力装机总量、绿电企业装机容量、火电企业装机容量、绿证供给量、绿证需求量、绿证交易量。外生因子包括：电力需求增长系数、电力需求、绿电装机占比、绿电年利用小时数、火电年利用小时数、政府监管力度、配额增长率和配额比例。绿色证书交易市场与电力市场的交互作用通过绿证价格与电力价格的关系进行传导，进而影响可再生能源电力的发电量和传统能源电力的发电量，从而达到调整电源结构的最终目标。

(三) 系统动力学分析步骤

图 6-2 是系统动力学分析问题方法与步骤图。系统动力学建模分析大致分为以下四个步骤：系统分析、结构分析、模型修正和政策建议。系统分析主要包括题目调研、问题描述和边界确定。题目调研是对所要研究的问题进行充分调研，掌握研究问题所必备的信息和资料；问题描述是分析系

统动力学中各行为主体的博弈关系,以便更好地作出决策;边界确定是要确定所要研究的问题在系统动力学模型中的范围。结构分析主要有反馈结构分析和变量定义两项内容,反馈结构和变量是构成系统动力学模型的基本要素。在以上两个基本内容完成之后,便是系统动力学方程建立、模型构建、模型仿真和模型评估,在对模型进行评估之后,结合实际,对与实际情况不符的模块进行模型修正,再重新进行仿真,得出结果。最后,根据模型仿真结果提出相应的政策建议。

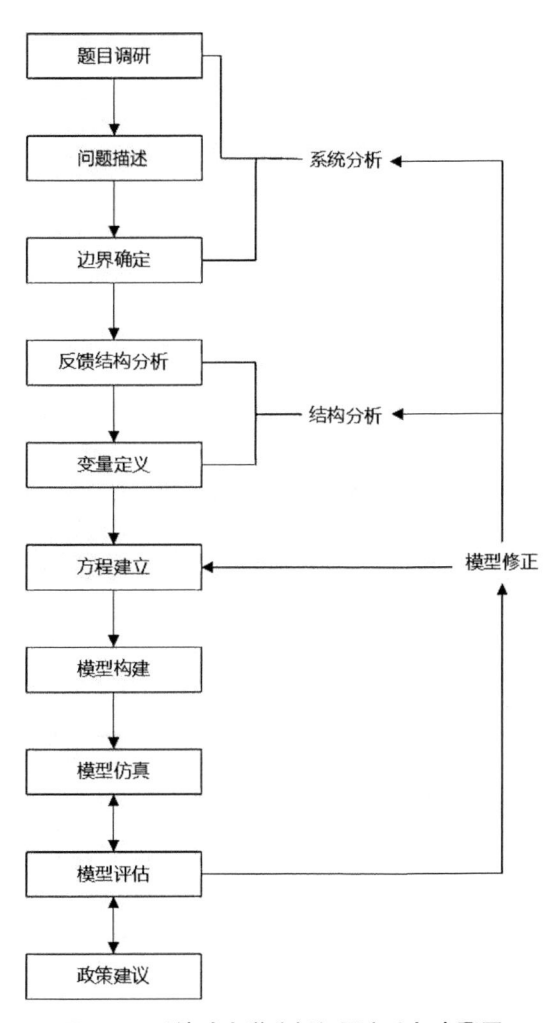

图 6-2 系统动力学分析问题方法与步骤图

二、基 本 假 设

理论模型的建立都是在一定假设基础之上的,根据上述系统目标,本书所研究的可再生能源 RPS 下市场主体博弈的系统动力学模型,是基于以下基本假设构建的:

1. 绿色证书的唯一供给者是绿电企业,火电企业是绿色证书的唯一需求者。本书假设 RPS 只针对发电企业,即火力发电企业的绿证购买量代表的发电量必须占自身发电量的一定比重,火力发电企业为绿证唯一的需求者,绿电企业之间不进行绿证的交易。

2. 为了将问题简化,假设火电企业与绿电企业均为采用单一能源进行发电的企业,即火电企业只生产火电,绿电企业只生产绿电。并且将火电企业或者绿电企业采用另外一种能源发电的部分看作一个单独的小型发电企业。

3. 绿电与火电的上网电价相同。此时对绿色电力正外部性的补偿主要通过绿色证书进行,没有与绿色证书捆绑的剩余部分绿色电力进行绿电补贴,因而绿电与火电的上网电价保持一致。

4. 火电企业与绿电企业不同策略下的收益函数的构成要素相同。假设火电企业中各企业除了选择策略的不同外,其他特征都是相同的,绿电企业也是如此。每一个发电企业的收益与支出都与电力生产、销售、绿证的交易有关。

5. 研究只考虑绿色证书交易现货市场,不考虑远期市场,绿色证书不可以存储。

6. 可再生能源厂商每生产一单位的绿色电力,可再生能源信息管理中心为其签发一单位绿色证书。

7. 电力市场和绿色证书交易市场都是完全竞争市场,即市场中的参与者都是理性经济人,绿色证书市场交易价格由供给和需求决定。

8. 若配额义务承担者无法完成配额义务,必须支付缺额罚金。绿色证书的价格受市场的供需影响,供需紧张的情况下可能会出现极端高价,如果绿色证书价格高于单位罚金,配额承担者会选择支付罚金。因此,通常设置绿色证书价格上限等于单位罚款金额。

9. 惩罚措施多种多样。惩罚形式包括削减传统能源项目建设规模、限制部分企业电力交易以及列入企业不良信用记录等。对拒不履行可再生能源电力配额义务的发电企业和公司,电力交易中心根据电力市场和相关政策制定部门有关规定对其参与电力交易行为进行限制,并将其一系列不合理行为列入不良信用记录,联合相关监管部门对其予以惩戒。国家能源主管部门派出监管机构对火电企业履行配额义务情况进行专项监管,对违反规定和拒不履行配额义务的依法处罚。单位罚金的价格将会高于绿色证书价格上限。

10. 考虑到可再生能源发电商的装机容量变化有时滞性,因此,绿色证书价格由其短期供求关系决定。

11. 研究范围选取我国京津冀地区的电力市场。

三、因 果 关 系

对于系统动力学中的主体行为模式而言,其核心影响因素是内部的动态结构以及相应的反馈体系。外部因素虽然也有一定影响,但系统行为主要是由系统内部结构所决定,当明确了系统的内部结构以及相应的变化趋势时,就可以预测未来系统行为。在系统动力学的运用环节,前提是准确分析系统结构,以及内部要素相关性。在这种情况下,产生了因果回路图,其核心作用在于准确描述因果关系以及反馈回路,适用范围一般限定在模型构建的初始阶段。只有明确因果关系,才能够搭建出系统动力学模型。因果关系的确立有利于边界的界定,明确研究的系统范围。

反馈是信息的传递与返回,其中包含了输入与输出的相关性。反馈环节和反馈作用就形成了反馈系统,系统会受到自身历史行为影响,系统内部要素会产生一定变化,从而影响系统未来的行为。

根据上文分析,发电企业主要是由火电企业子模块和绿电企业子模块两部分组成,两个群体通过绿证市场和电力市场相互联系、相互作用。本章根据系统要素之间的逻辑关系和系统结构,构建了火电企业子模块和绿电企业子模块的因果关系图。

(一) 火电企业子模块

火电企业是指利用可燃物在燃烧时产生的热能进行发电的企业,这里的可燃物主要指煤炭、天然气等。火力发电作为目前我国占比最大的发电方式,承担着为经济社会发展和生活提供大量电力的作用。该发电方式的技术条件已经较为成熟,然而其释放的大量温室气体也为环境带来了负外部性。在引入 RPS 后,火电企业面临着完成配额的压力,否则就要支付罚金。火电企业通过绿证市场与绿电企业相互作用,使得企业行为、利润、成本等均会发生改变,继而影响到火力发电企业的发电量、装机容量,最终对我国电源结构、发电成本等产生影响。

对于火电企业来说,一开始可能购买绿证,也可能不购买绿证,但总是会期望通过自身策略的选择获取更高的收益。通过对博弈过程中信息的不断获取,火电企业会根据不同购买比例策略收益的差值进行博弈策略选择行为的模仿,选择获取收益更高的策略。另一种策略在总体中所占的比例,以及某一种策略的收益与期望收益的差值均会影响火电企业改变策略的速度。火电企业子模块因果关系如图 6-3 所示。

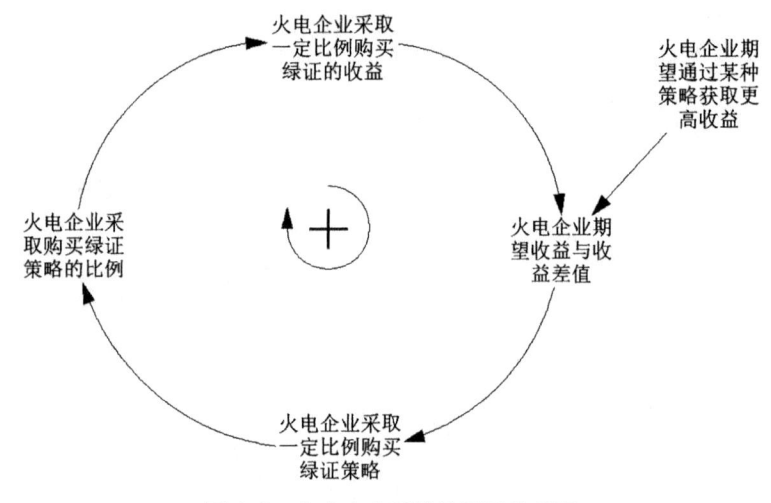

图 6-3　火电企业子模块因果关系图

（二）绿电企业子模块

绿电企业是指利用 RPS 所认定的某几种可再生能源进行发电的企业,如风力发电、光伏发电等。在可再生能源发电技术发展的初期,绿电企业往往面临更高的前期投资,以及更高的发电成本。在我国,由于绿电具有间歇性,接入电网会对整个电网的稳定性产生一定的影响,增加了电网提供辅助服务的成本,为了促进可再生能源发电技术和产业的发展,我国在前期通过行政补贴的手段予以扶持。而当 RPS 引入后,在绿证市场下,通过销售绿证对绿电企业进行补贴,补偿了绿电企业因为利用可再生能源发电为社会带来的正外部性。对于火电企业和绿电企业来说,假设社会需要的总电力是按一个稳定的速率增加,在一定时期内是相对稳定的,而绿电企业的发电量、新增装机容量将会对火电企业的发电量、新增装机容量产生正面或负面的影响,两者之间的利润也会相互作用相互影响,因此,绿电企业一方面可以通过电力市场获取收益,另一方面可以通过在绿证市场上销售绿证获取收益。

对于绿电企业来说,在一开始博弈的阶段可能采取销售策略也可能采取不销售策略,但总是会期望通过自身策略的选择获取更高的收益。通过在博弈过程中信息的不断获取,绿电企业会根据两种策略间收益的差值进行博弈策略选择行为的模仿,选择获取收益更高的策略。另一种策略在总体中所占的比例,以及某一种策略的收益与期望收益的差值均会影响绿电企业改变策略的速度。绿电企业子模块因果关系如图 6-4 所示。

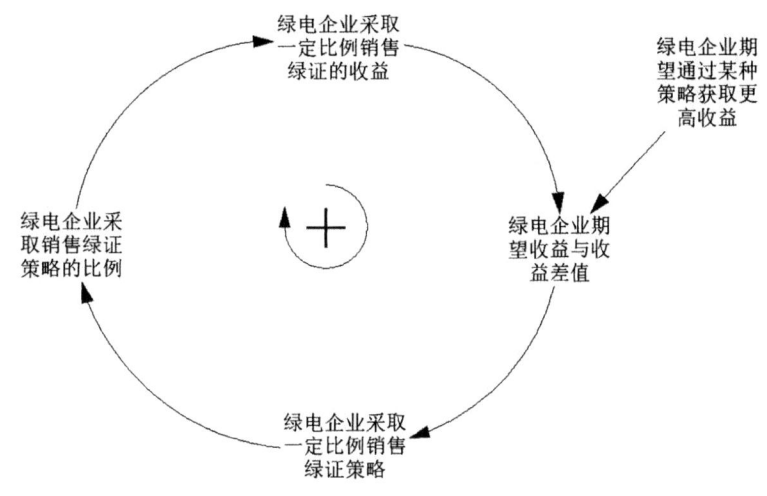

图 6-4　绿电企业子模块因果关系图

四、系统流图及方程式

(一) 系统流图

因果关系图在一定程度上能够准确揭示系统要素之间的反馈过程以及相关性,但局限性在于系统控制和管理无法得到反映。基于此,在因果关系图的基础上,充分结合流图的优势,构建模型来实现定量分析和系统仿真。而流图的主要原理则是基于因果关系,根据变量关系来分析系统中的反馈回路。其内部要素包括积累、流率等符号,它的优势主要体现于可更加直观显示因果关系以及各个模块之间的正确衔接结构,能够科学揭示要素间数量关系。从因果关系图到流图的过渡过程中,系统问题刻画上发生了比较明显的本质变化。在流图相关要素中,流位变量已经具备了定量分析的表达式,再通过建立流率变量和辅助变量的关系式,即可以实现定量分析。

本书根据对火电企业子模块和绿电企业子模块的分析,在火电企业子模块和绿电企业子模块因果关系图的基础上,通过系统流图将系统中各变量间的关系清楚地描述出来。利用 Vensim PLE 软件建立了火电及绿电企业在 RPS 视角下的行为决策系统动力学模型,为下一步的仿真分析奠定量化研究的基础,系统流图如图 6-5 所示。为了图形美观,将上网电价分为上网电价 1 与上网电价 2,但两者是相同的。

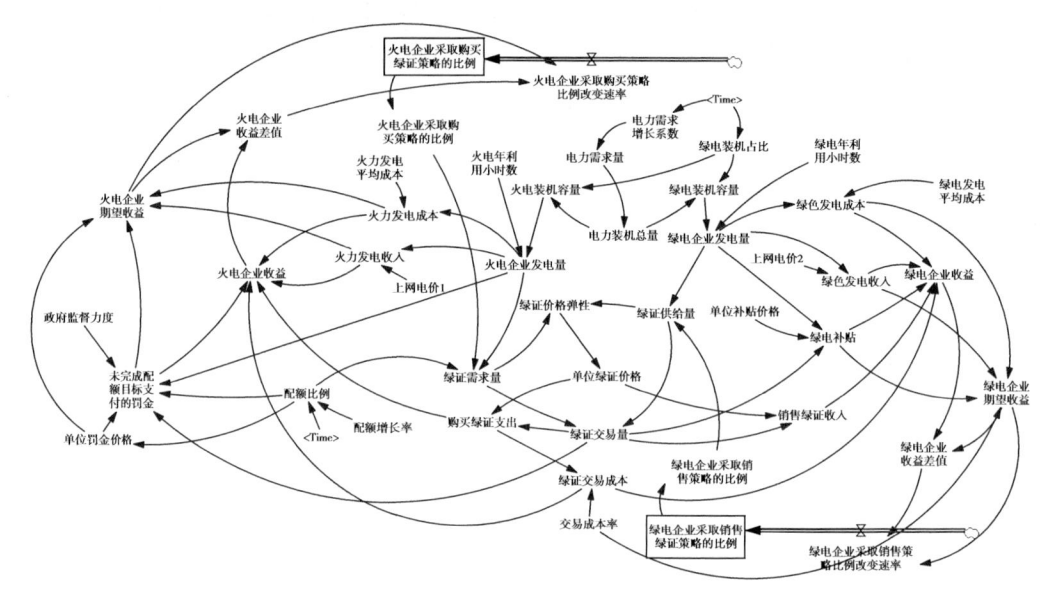

图 6-5 RPS 下火电企业与绿电企业演化博弈的 SD 模型

根据系统动力学模型可知,本书模型主要由 6 个水平变量、2 个速率变量、22 个辅助变量、5 个常数变量构成。6 个水平变量分别是火电企业采取购买绿证策略的比例、电力需求增长系数、绿电装机占比、电力需求量、单位补贴价格、配额比例。2 个速率变量为火电企业和绿电企业采取"购买绿证"策略的比例变化率和采取"销售绿证"策略的比例变化率;22 个辅助变量为火电企业收益差值、火电企业收益、绿电企业收益差值、绿电企业收益、绿色发电收入、火力发电收入、火电企业发电量、火力发电成本、购买绿证支出、绿证交易量、单位绿证价格、火电装机容量、绿电装机容量、未完成配额目标支付的罚金、火电年利用小时数、绿电年利用小时数、电力装机总量、绿电企业发电量、绿证价格弹性、绿证需求量、绿证供给量、绿电补贴;5 个常数变量是上网电价、政府监督力度、单位罚金价格、配额增长率、交易成本率。

(二) 方程式构建

系统动力学研究通过因果关系图、流图、流位与流率变量分析等方法,最终建立系统动力学仿真模型。系统动力学方程是对系统要素之间关系进行描述的一组数学关系式。构造各变量的方程式有其必要性,是定量分析与仿真的必要条件。根据 RPS 发展实际，参考上文所创建的系统流图，本书构建 RPS 下发电企业的系统动力学模型变量方程式。

1. 火电企业子模块中各变量的方程式可以表示为：

$$r_n = \pi_d^n \div (Un \times 2) \tag{6-1}$$

$$a_n = INTEG(IF\ THEN\ ELSE(a_n \leqslant 0.9,$$
$$IF\ THEN\ ELSE(Pc < p_p, r_n, -r_n), 0) + 0.15 \tag{6-2}$$

$$\pi_d^n = Un - \pi^n \tag{6-3}$$

$$Un = rev_{pth} - ct_{pth} - \min(Dgc \times Pc \times (1 + r_{tc} \times 0.5), Dgc \times f_{gs} \times P_p) \tag{6-4}$$

$$\pi_d^n = Un - \pi^n \tag{6-5}$$

$$EIn = EIT \times (1 - f_r) \tag{6-6}$$

$$En = EIn \times h_n \tag{6-7}$$

$$rev_{pth} = En \times P \tag{6-8}$$

$$ct_{pth} = En \times ACn \tag{6-9}$$

$$ex_{cer} = Tgc \times Pc \tag{6-10}$$

$$a = ex_{cer} \times r_{tc} \times 0.5 \tag{6-11}$$

$$b = (En \times \theta - Tgc) \times Pp \times f_{ps} \tag{6-12}$$

$$Tgc = \min(Sgc, Dgc \times a_n) \tag{6-13}$$

$$Dgc = En \times \theta \tag{6-14}$$

$$Sgc = Er \times a_r \tag{6-15}$$

2. 绿电企业子模块中各变量的方程式可以表示为：

$$r_r = \pi_d^n \div (Ur \times 10) \tag{6-16}$$

$$a_r = INTEG(IF\ THEN\ ELSE(a_r \leqslant 1,$$
$$IF\ THEN\ ELSE(Pc > s, r_r, -r_r), 0)) + 0.2 \tag{6-17}$$

$$r_r = Ur - \pi^r \tag{6-18}$$

$$Ur = rev_{pre} - ct_{pre} + \max((Dgc \times Pc \times (1 + r_{tc} \times 0.5) +$$
$$s \times (Er - Dgc)), s \times Er) \tag{6-19}$$

$$\pi^r = rev_{cer} + rev_{pre} + rev_{gs} - ct_{gre} - a \tag{6-20}$$

$$EIr = EIT \times f_r \tag{6-21}$$

$$Er = EIr \times h_r \tag{6-22}$$

$$rev_{pre} = Er \times P \tag{6-23}$$

$$rev_{cer} = Tgc \times Pc \tag{6-24}$$

$$rev_{gs} = s \times (Er - Tgc) \tag{6-25}$$

$$ct_{pre} = Er \times ACr \qquad (6-26)$$

表 6-1 模型主要变量及参数

符号	含义
r_g	火电企业采取购买策略比例改变速率
r_r	绿电企业采取销售策略比例改变速率
a_n	火电企业采取购买绿证策略的比例
a_r	绿电企业采取销售绿证策略的比例
P	上网电价
f_{gs}	政府监督力度
r_{tc}	交易成本率
Dgc	绿证需求量
Sgc	绿证供给量
Tgc	绿证交易量
ex_{cer}	购买绿证支出
rev_{cer}	销售绿证收入
EIT	电力装机总量
EIn	火电装机容量
EIr	绿电装机容量
h_n	火电年利用小时数
h_r	绿电年利用小时数
f_r	绿电装机占比
En	火电企业发电量
Er	绿电企业发电量
Rev_{pth}	火电发电收入
Rev_{pre}	绿电发电收入
ct_{pth}	火电发电成本
ct_{pre}	绿电发电成本
Rev_{gs}	绿电补贴
ACn	火电单位平均发电成本
ACr	绿电单位平均发电成本
π^n	火电企业收益
π^r	绿电企业收益
Un	火电企业期望收益

续表

符号	含义
U_r	绿电企业期望收益
π_d^n	火电企业收益差值
π_d^r	绿电企业收益差值
P_c	单位绿证价格(元/千瓦时)
P_p	单位罚金价格(元/千瓦时)
b	未完成配额目标的罚金
θ	配额比例
a	交易成本(元)
s	可再生能源补贴(元/千瓦时)

五、变量分析

在系统动力学研究中,水平变量(Level Variable,LV)和速率变量(Rate Variable,RV)是最基本的两种变量。同时,辅助变量(Auxiliary Variable,AV)和常数变量(Constant Variable,CV)也是模型的重要变量。据此,本书构建RPS下发电企业的系统动力学水平变量、速率变量、辅助变量和常数变量。

（一）水平变量

水平变量在系统动力学中又称状态变量和累积变量,指仿真系统中随时间递移发生累积或减少的变量,具体的取值范围是系统从初始时刻到特定时刻的物质流动或信息流动的结果,其中当前时刻变量值等于初始变量值与变动时刻的积累变量的和。根据对系统流图的分析可以得到水平变量设置表(表6-2)。

表6-2 系统动力学模型水平变量设置表

变量类型	变量名称
水平变量	火电企业采取"购买绿证"策略的比例
	电力需求增长系数
	绿电装机占比
	电力需求量
	单位补贴价格
	配额比例

(二) 速率变量

速率变量在系统动力学中用于体现系统中水平变量变化的强度,其存在瞬时性的特点,反映了单位时间内水平变量增加或减少的量。速率变量的表达形式包括流入速率和流出速率。速率变量反映系统积累效应的变化率,反映系统的状态在一定时间内的变化速度或决策幅度的大小。根据对系统流图的分析,可以得到速率变量设置表(表6-3)。

表6-3 系统动力学模型速率变量设置表

变量类型	变量名称
速率变量	火电企业采取"购买绿证"策略比例变化速率
	绿电企业采取"销售绿证"策略比例变化速率

(三) 辅助变量

辅助变量在系统动力学中是表达决策过程的中间变量,即从流位变量到流率变量之间的信息传递和转换过程。水平变量和速率变量进行信息传递与转换要通过辅助变量才能够完成。辅助变量反映累积,其随着相关变量的变化而发生瞬时变化。辅助变量是分析反馈结构的有效手段和系统模型化的重要内容。根据对系统流图的分析,可以得到辅助变量设置表(表6-4)。

表6-4 系统动力学模型辅助变量设置表

变量类型	变量名称
辅助变量	火电企业收益差值
	火电企业收益
	绿电企业收益差值
	绿电企业收益
	绿色发电收入
	火力发电收入
	火电企业发电量
	火力发电的成本
	购买绿证支出
	绿证交易量
	火电年利用小时数

续表

变量类型	变量名称
辅助变量	绿电年利用小时数
	电力装机总量
	绿电企业发电量
	绿证价格弹性
	绿证需求量
	绿证供给量
	绿电补贴
	单位绿证价格
	火电装机容量
	绿电装机容量
	未完成配额目标支付的罚金

（四）常数变量

常量是在系统研究和分析过程中，随时间变化而变化极小或相对不变的量，常量一般为系统中的局部目标或标准。根据对系统流图的分析，可以得到常数变量设置表（表6-5）。

表6-5 系统动力学模型常数变量设置表

变量类型	变量名称
常数变量	上网电价
	政府监督力度
	单位罚金价格
	配额增长率
	交易成本率

第三节 模 型 检 验

RPS视角下发电企业市场行为决策的系统动力学模型是对现实系统的抽象和简化。基于此，其和现实系统的匹配性，以及能否达到建模目的、系统可靠性,都是该模型所要面对的问题。要解决这些问题,就要对系统动力学模型进行完善的检验和测试。只有通过了检验,才可以将模型投入到实际的政策仿真环节以及情景分析中,进而提出相关的政策建议。

系统动力学模型检验应该包括两个方面:模型结构检验和模型行为检验。系统动力学最核心的观点之一就是系统的结构决定了系统的行为,若仅仅将模型产生的行为与所观测的真实系统行为相比较,进行模型行为检验而不进行模型结构检验,是不足以说明模型的有效性的。因而,两者对于系统动力学模型检验来说均至关重要。

一、直接结构检验

直接结构检验是通过直接与有关真实系统结构知识的比较检验模型结构的有效性,该检验不需要模拟计算,本质上属于定性的检验方法,主要有结构评估、参数评估、边界充分性评估、量纲一致性等。

(一) 结构评估

结构评估检验模型的结构与系统的相关描述要点是否一致,通常是检查因果关系图、存量流量图,并直接检查根据模型构造的数学表达式。以RPS下火电企业与绿电企业演化博弈的SD模型为例,进行结构评估。具体案例背景和建模介绍在本章第一节和本节中。

对于公式:火电企业收益=火力发电收入-火力发电成本-购买绿证支出-未完成配额目标支付的罚金-绿证交易成本,在假设火电企业承担配额任务的情况下,火电企业的收益等于火电企业的总收入与总成本之差,火电企业的总收入来自火电企业销售火电所得的收入,即火力发电收入;根据实际情况和查阅文献发现,火电企业的总成本大体包括以下几部分:火电企业发电成本、购买绿证支出、未完成配额目标支付的罚金、绿证交易成本。该公式对于火电企业的总收入和总成本没有遗漏,皆包括在内。由此可见,此公式是正确且合理的。

由公式"绿电企业收益=销售绿证收入+绿色发电收入+绿电补贴-绿色发电成本-绿证交易成本"可见,绿电企业的收益等于绿电企业的总收入与总成本之差。在该模型边界内,绿电企业的总收入主要包括绿电企业销售绿色电力的收入、RPS下绿电企业销售绿色证书的收入以及国家对于绿电企业的补贴收入。绿电企业的总成本主要包括绿电企业发电成本和绿证交易成本。该公式对于绿电企业的总收入和总成本没有遗漏,均包括在内。由此可见,此公式是正确且合理的。

按照上述方法,可对模型中的公式一一检验,可以验证模型的结构是正确且合理的,并且模型中的因果关系是成立的。

在系统动力学模型中,也有对于模型的检验,若显示"Model is OK",则表明模型结构没有问题,图 6-6 即为模型检验图。

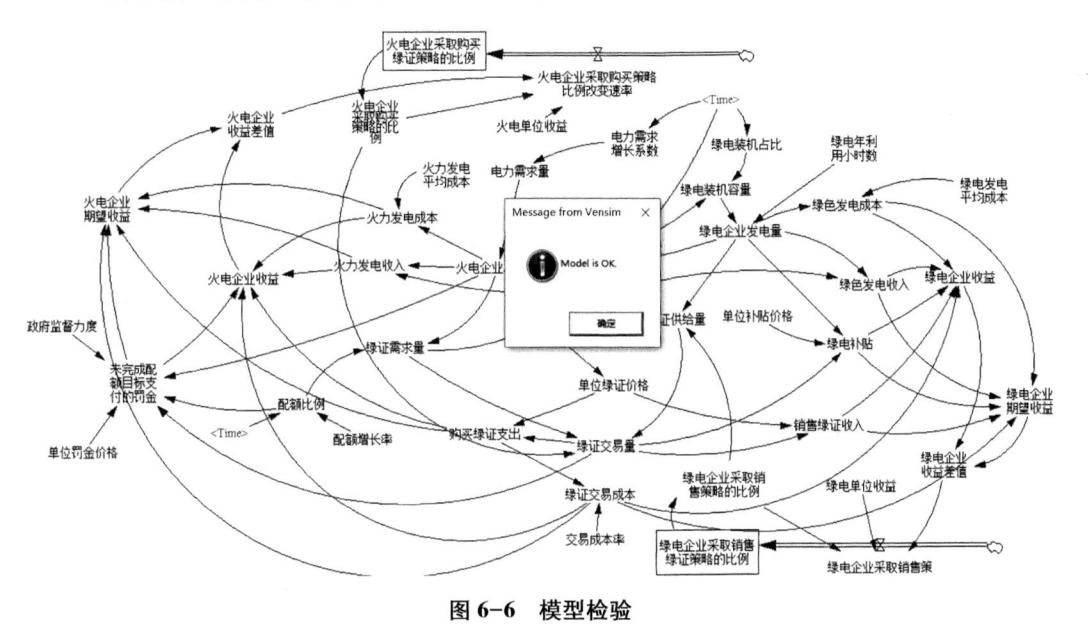

图 6-6 模型检验

(二)参数评估

参数评估检验参数的值与实际系统定性关系是否一致,而且是否在合理的定量范围内,通常是用统计的方法来估计参数。参数评估表如表 6-6 所示。

表 6-6 参数评估表

变量名称	数量	数据来源
京津冀电力需求量增速初始值	5%	电力统计年鉴
绿电单位补贴价格	0.05 元/千瓦时	政府网站
单位罚金价格	0.1 元/千瓦时	政府网站
政府监管力度	0.5	配额制相关文献
绿电企业年利用小时数	1247.1 小时	电力统计年鉴
火电企业年利用小时数	4300 小时	电力统计年鉴

(三)边界充分性评估

边界充分性评估通常是用模型边界图、变量列表或因果回路图来明确表示观察所得的内生变量和外生变量。表 6-7 显示了模型中的主要外生变量和内生变量。

表 6-7 模型中的外生变量和内生变量

外生变量	内生变量
绿电企业年利用小时数	火电企业发电量
火电企业年利用小时数	绿电企业发电量
绿电发电平均成本	电力装机总量
火电发电平均成本	RPS 配额比例
交易成本率	单位绿证价格
单位罚金价格	绿证供给量
配额增长率	绿证需求量
绿电单位补贴价格	绿电企业装机容量
政府监管力度	火电企业装机容量

（四）量纲一致性

量纲一致性主要是使用软件中的量纲分析工具，对于模型的量纲进行检验，对于不确定意义的参数检查模型等式等。用该模型中的一个公式来举例检验量纲的一致性：

火电企业发电量＝火电装机容量×火电年利用小时数

公式左边：火电企业发电量的量纲是（万千瓦时）；公式右边：火电装机容量的量纲是（万千瓦），火电年利用小时数的量纲是（小时）所以，可以看到公式左边和公式右边的单位最后都是（万千瓦时），所以这个公式通过了量纲的一致性检验。在 Vensim 软件中，当模型建好后，可以通过检查量纲按钮，对量纲进行简单的检查，如图 6-7 所示。

图 6-7 量纲检验

二、针对结构的行为检验

经过了上述直接结构检验,一定程度上保证了模型的有效性,但为使模型的有效性更高,还需要检查在各种情况下模型的逻辑关系是否能正确反映真实的情况。由此,就需要通过针对结构的行为检验来进行。与直接结构检验不同,针对结构的行为检验需要运行模型,所用的是定量检测的方法,结合了结构检验和定量检验的优势,因而成为模型验证的重要组成部分。针对结构的行为检验主要包括极限情况测试和积分错误检验。

(一) 极限情况测试

极限情况检验是将参数值设置为极值时,检查模型行为与真实情况在极端条件下的行为是否相同。对于每个输入极值,检验模型的结果是否符合真实情况;在需要时,应将模型的多个极值结合起来检验。通常极限情况测试的步骤如下:①先把模型的某个变量参数设置为极端的情况;②根据实际情况判断,在极端情况下系统将产生什么样的行为;③运行模型,得到仿真结果;④将仿真结果与②中得到的行为结果作比较,判断结果是否一致。如果一致,则模型通过了这个极值检验,反之,模型可能有些问题,需要修改。接下来,对本书中的模型进行极值检验。

极值检验1:绿电企业采取销售策略的比例为1。预期:当绿电销售绿证比例为1时,初期由于政府监管力度为0.5、配额增长率为1%,尽管绿电企业采取全部销售绿色证书的政策,但实际上也并没有全部销售出去,因而,初期绿电企业收益与原来基本相同。到了后期,由于政府取消绿电补贴,而此时绿电企业选择全部销售绿色证书,则会使得绿电企业的收益明显高于原来的模型;把模型中绿电企业采取销售策略的比例设为1,并设置基准情景下销售绿证比例为0.3,运行模拟后的结果见图6-8。从图6-8中可以明显看到初期两种情况下绿电企业收益基本相同,后期采取销售策略比例为1的绿电企业收益明显比原模型中的要多。模型的模拟结果与预期相符,所以模型通过了极值检验。

极值检验2:绿电企业采取销售策略的比例为0。预期:当绿电销售绿证比例为0,即绿电企业不销售绿证时,绿电企业的收入来源为原来的销售绿电收入、绿电补贴收入之和。因而在仿真的近四十年间,采取销售策略比例为0的绿电企业收益总是低于原模型的绿电企业收益;把模型中的绿电企业采取销售策略的比例设为0,并设置基准情景下销售绿证比例为0.3,运行模拟后的结果见图6-9。从图6-9中可以明显看到销售比例为0的绿电企业收益总是比基准情景下的低。模型的模拟结果与预期相符,所以模型通过了极值检验。

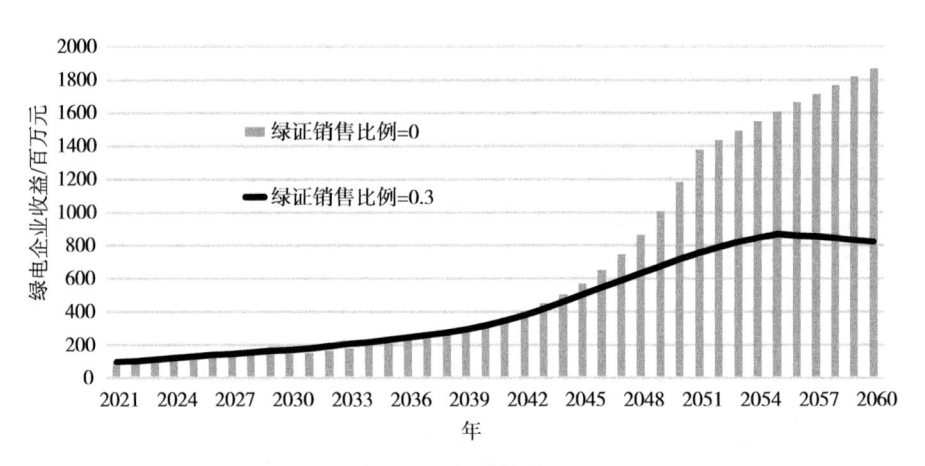

图 6-8 极值检验 1

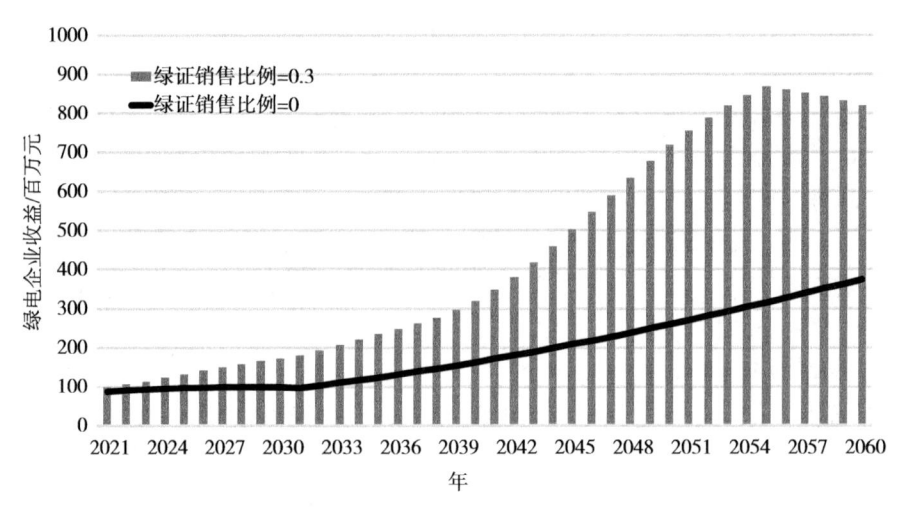

图 6-9 极值检验 2

（二）积分错误检验

积分错误检验用来评估模型的表现结果对于不同时间步长选择是否敏感。系统动力学模型一般是描述连续性的系统,而模型本身是间断的,一步一步运行的,只是当步长足够小的时候,近似为连续。在此模型中,我们假设仿真步长为 1 年。那么在模型建好之后,就要确定这个步长是不是足够小,通常是将步长降低一半或四分之三,即步长为 1/2 年或 1/4 年,再次运行模型,比较运行结果是否有所不同。如果没有不同,那么模型就通过了积分误差检验;如果有不同,说明模型应该换成较小的步长,并进一步降低步长,进行积分误差检验,直到结果不再发生变化,并取相对应的步长作为模型的步长。图 6-10 是将步长设为 0.5 年时火电企业收益前后对比图,图 6-11 是将步长设为 0.5 年时绿电企业收益前后对比图。可以看到,当降低时间步长时,模型的模拟结果发生了很小的变化,这对模型结果的影响可以忽略不计,表明此模型可以采用 1 年为时间步长,模型通过了积分误差检验。

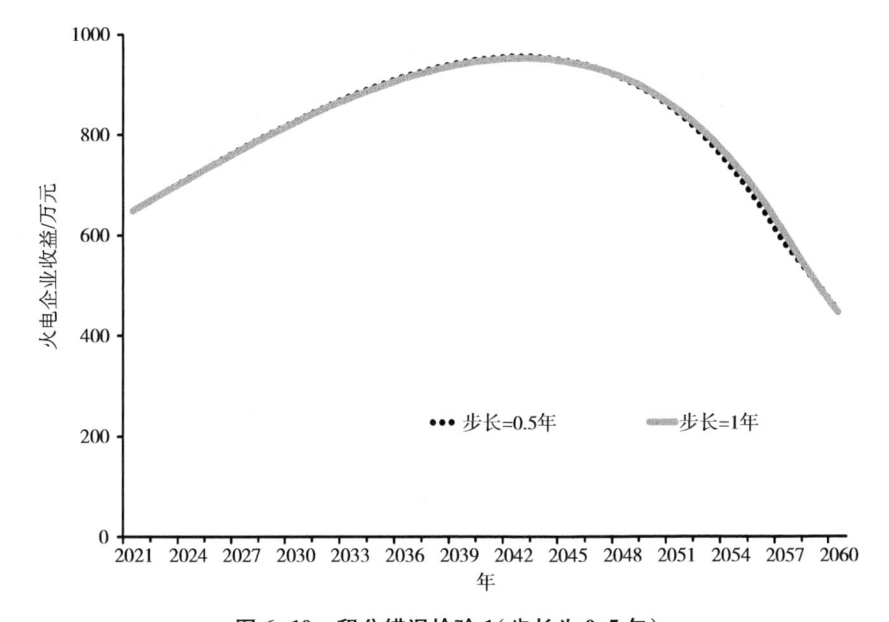

图 6-10　积分错误检验 1(步长为 0.5 年)

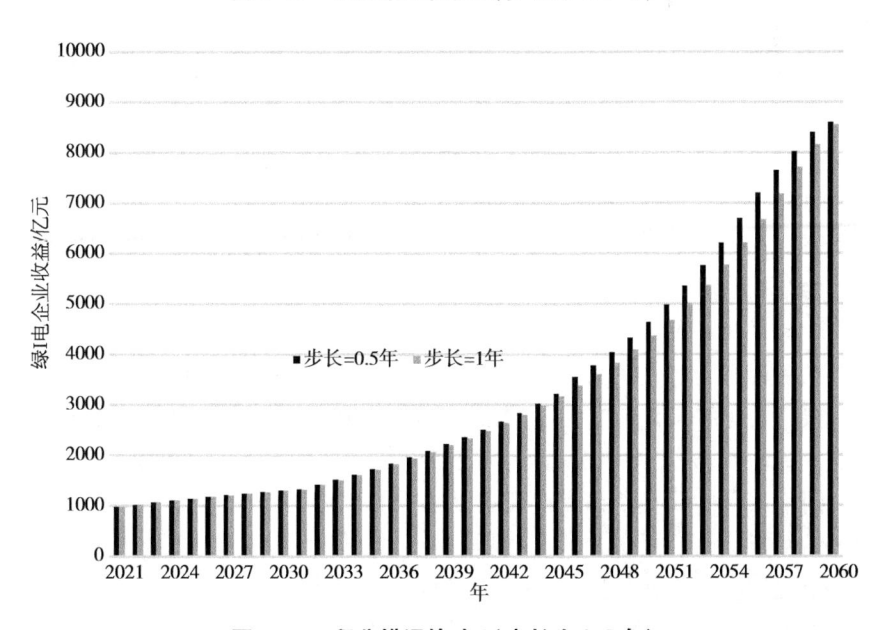

图 6-11　积分错误检验 2(步长为 0.5 年)

第四节　配额制视角下发电企业绿证市场行为多情景仿真

一、情景设定

在进行系统仿真前,首先要通过分析历史数据,确定系统的初始参数。本书主要收集近期关于绿证市场和其他关于电力市场的数据,基于这些数据,采用算术平均法和回归系数法确定模型的初始参数。本书将仿真时间设置为40年,即开始时间为2021年,结束时间为2060年,仿真步长为1年。为进行仿真分析,本章对以下变量作出相关的设定:

1. 研究时段

2019年5月,国家发改委、国家能源局发布《关于建立健全可再生能源电力消纳保障机制的通知》,对电力消费设定可再生能源电力消纳责任权重,并按省级行政区域确定消纳责任权重。初步预测,到2060年,我国新能源发电装机占比将超过70%。本书将仿真分析的时间起点选为实行绿证自愿认购后的2021年1月。

选取京津冀地区为研究对象,以期更好地研究RPS对发电企业市场行为的长期动态影响。2021年1月28日,国家能源局发布《京津冀绿色电力市场化交易规则》,根据此规则,交易价格不低于标杆上网电价的市场交易电量部分,全面保障可再生能源企业。以1年为步长,40年为研究时段。

2. 采取购买及销售策略的初始概率

在初始阶段,由于正式实行可再生能源电力消纳保障机制已经有一年多的时间,积累了较多的数据和经验,刚开始大部分火电企业和绿电企业持观望态度,对于进行绿证交易大多较为保守,因此假设火电企业购买绿证的概率为0.15,绿电企业销售绿证的概率为0.2。

3. 绿证交易价格及单位罚金初始值

在进行系统仿真前,首先要通过分析获取各外部变量和参数的初始数据。根据中国绿证认购平台中可获取的数据和相关政策,罚金价格不得低于单位绿证价格,否则火电企业将选择支付罚金而不是进行绿证交易。因此不同情景下的罚金价格始终不得低于绿证价格。

4. 配额比例初始值及增长比例

根据2021年我国电力消费和电源发展数据以及统计年鉴可知,京津冀地区火电、风电、太阳能发电量分别为3454亿千瓦时、384亿千瓦时以及

236亿千瓦时。从全国范围整体数据来看，非水可再生能源占火力发电量总数的17.95%。在本章中，根据已经出台的我国RPS正式开始实施的具体考核办法，并按照发电企业的实际情况，选取16.5%作为配额比例的初始值。根据预计要达到的目标，选取2060年要达到绿电发电量占火电发电量70%的目标。根据不同的具体考核力度和最终确定的目标值，每年的配额比例增长速率应设定不同数值。

5. 电力需求量增速

2020年我国京津冀地区全社会用电量5949亿千瓦时，2010—2020年全社会用电量增速变动如图6-12所示。如用全社会用电量增速代表京津冀地区全社会用电量增速，可以从图6-12中清晰地看出，电力需求量增速呈现下降的趋势。假设京津冀地区的电力需求量增速初始值为5%，当电力需求增长系数不大于2%时，电力需求量增速保持平稳匀速，否则电力需求量增速按每年-0.8%的速度变化。按照这个增速变化，京津冀地区到2025年电力需求总量大概为6409亿千瓦时，到2060年电力需求总量约为9317亿千瓦时。

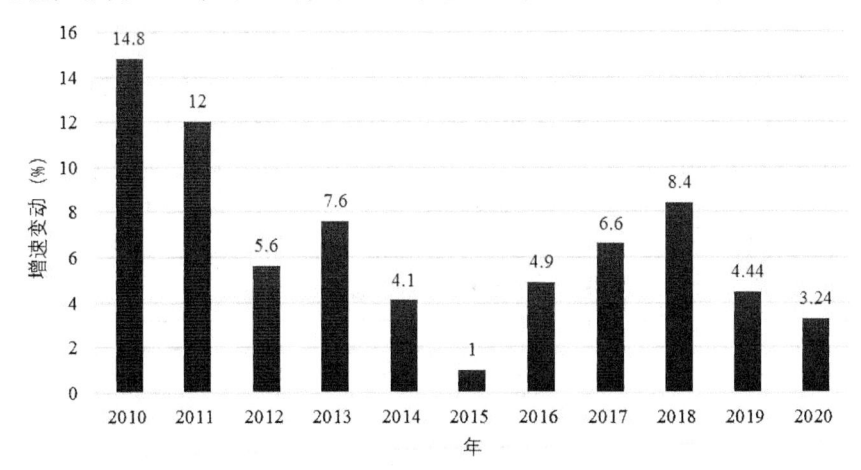

图6-12　2010—2020年我国全社会用电量增速变动

我们设定研究对象为火电企业和绿色发电企业，运用vensim软件进行算例分析。本节将对一些重要变量的算例分析结果进行梳理和分析。本书设定三种情景来研究RPS视角下的发电企业市场行为决策，这三种情景分别是缓慢发展情景、平缓发展情景和快速发展情景。其中，缓慢发展情景表明大部分发电企业处于观望阶段，发电成本具有优势的绿电企业选择生产绿电并申请绿证。此阶段配额比例增长速率低、单位罚金价格较低、政府监管力度低且绿电单位补贴价格较高，尚处于目标引导的自愿交易阶段，绿证交易并没有在发电企业间被广泛接受，是绿证交易量较低的阶段。在平缓发展情景下火力发电和绿电的发电成本差逐渐减小,京津冀地区出台了明确的考核制度,增加绿色证书的强制交易,此时配额比例增加速度提高,每个时间点的配额比例较缓慢发展阶段高,单位罚金价格较高,大部分火电企业开始选择进行绿证交易而不是缴纳罚金。随着绿证交易量提高,绿电单位补贴价格下降,在快速发展情景,配额比例增加速度较高,且罚金价格较高,因此选择购买绿证的火电企业显著增加。绿证需求量的增加使得绿证价格提高,将有更多的绿电企业生产更多的绿电申请绿证并进行销售,此时,RPS制度已经较为成熟,因此绿电单位补贴价格显著下降,基本上没有绿电补贴。

设定缓慢发展情景、平缓发展情景和快速发展情景下的配额增长率分别为0.8%、1%、2%。

由于单位罚金价格不得低于绿证交易的价格,因此将三种情景下的罚金价格分别设定为0.2元/千瓦时、0.3元/千瓦时、1元/千瓦时。绿电单位补贴价格分别设定为0.1元/千瓦时、0.05元/千瓦时、0.001元/千瓦时。同时设置三种情景下的绿电发电平均成本以及火力发电平均成本分别为0.3元/千瓦时、0.2元/千瓦时。表6-8是不同情景设定下主要参数数值表。其中,配额增长率根据国家能源局历年发布的《各省(自治区、直辖市)非水电可再生能源电力消纳责任权重》可得,单位罚金价格在0到1之间[①],绿电和火电的发电平均成本参考文献[②]可得,单位绿证的交易价格由中国绿色电力证书交易平台相关数据可得。

表6-8 不同情景设定下主要参数数值表

	参数或变量名称	数值
缓慢发展情景	配额增长率	0.008
	单位罚金价格	0.1元/千瓦时
	政府监管力度	0.2
	绿电发电平均成本	0.34元/千瓦时
	火力发电平均成本	0.3元/千瓦时
	单位绿证交易价格	0.1元/千瓦时

[①] 徐丹、汪建平:《配额制视角下发电企业数据资产决策的演化博弈研究》,《情报科学》2023年第8期。

[②] 赵淑媛、袁鑫、刘骏等:《"双碳"背景下CCUS应用对火电机组经济性的影响分析》,《能源科技》2022年第5期。王嘉阳、周保荣、吴伟杰等:《西部集中式与东部分布式光伏平准化度电成本研究》,《南方电网技术》2020年第9期。

续表

	参数或变量名称	数值
平缓发展情景	配额增长率	0.01
	单位罚金价格	0.3元/千瓦时
	政府监管力度	0.7
	绿电发电平均成本	0.3元/千瓦时
	火力发电平均成本	0.2元/千瓦时
	单位绿证交易价格	0.12元/千瓦时
快速发展情景	配额增长率	0.02
	单位罚金价格	1元/千瓦时
	政府监管力度	0.9
	绿电发电平均成本	0.3元/千瓦时
	火力发电平均成本	0.2元/千瓦时
	单位绿证交易价格	0.15元/千瓦时

二、情 景 分 析

情景分析可以分为两部分，一部分是火电企业的情景分析，另一部分是绿电企业的情景分析。图6-13至图6-21所示，是不同情景对火电企业市场行为的影响。

（一）不同情景对火电企业市场行为的影响

1. 配额增长率（a）对火电企业市场行为的影响

在火电企业承担配额的前提假设下，配额增长率影响配额比例，从而对火电企业未完成配额目标支付的罚金及收益产生影响，进而影响火电企业采取购买绿证策略的比例。

（1）火电企业采取购买策略比例

从图6-13不同配额增长率下火电企业采取购买绿证策略比例仿真图可以看出，在前二十年间，快速发展情景下火电企业采取购买绿证策略比例上升速度最快，在三种情景下比例是最高的，缓慢发展情景下火电企业采取购买绿证策略比例上升速度最慢，到2045年前后差距达到最大，最后二十年比例均在上升，但上升较慢，此时绿证交易已经成熟，三种情景下比例基本保持一致。这说明随着国家加大对RPS的支持，即配额增长率越快，未完成配额任务的罚金价格就越高，此时火电企业更倾向于采取购买绿证的策略。

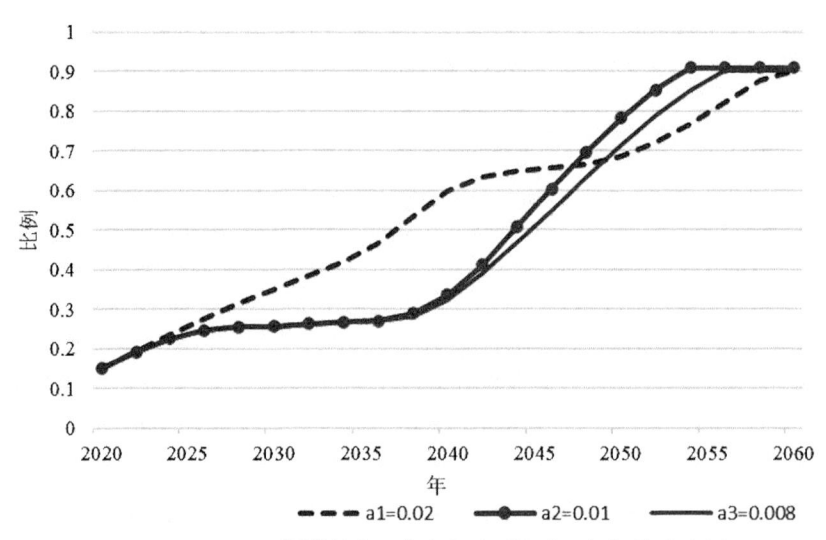

图 6-13　不同配额增长率下火电企业采取购买绿证策略比例

(2) 火电企业未完成配额目标支付的罚金

图 6-14 是不同配额增长率下未完成配额目标支付的罚金。可以看出，三种情景下未完成配额目标支付的罚金都是先上升后下降的趋势，刚开始支付的罚金上升是因为绿电企业生产绿色电力的成本较高，绿色证书价格较贵，所以企业选择支付罚金导致罚金上升，后期罚金下降是因为绿电企业进行技术改进，生产的绿色电力价格较为低廉，相较于单位罚金价格来说

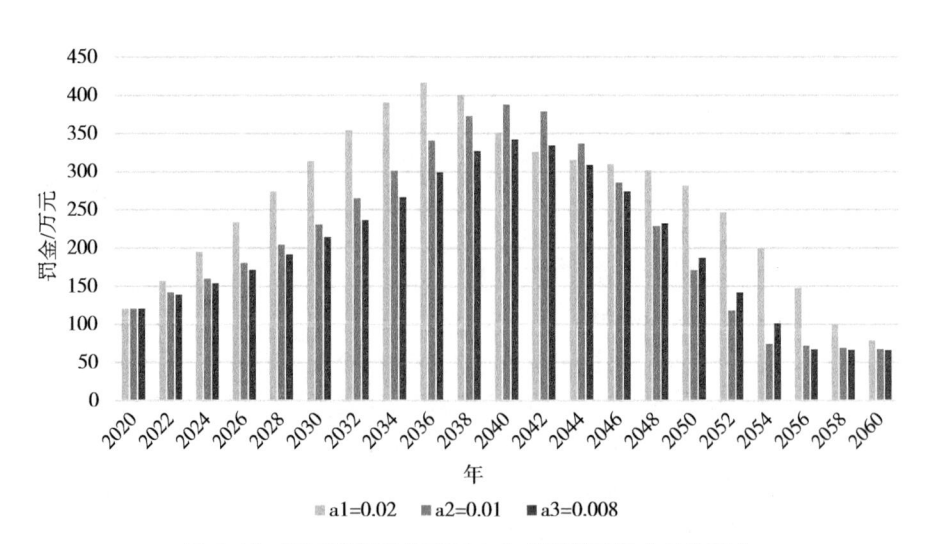

图 6-14　不同配额增长率下未完成配额目标支付的罚金

较为便宜,所以火电企业采取购买绿证策略而不是缴纳罚金,为完成配额目标支付的罚金就降低了。此外,配额增长率变化越快,且显著增大时,支付的罚金越多。从图6-13可以看出,当配额增长率为0.02时,在2030年前后,火电企业采取购买绿证策略的比例不到50%,因而火电企业不能完成预定的配额指标,只能缴纳高额的罚金,从图6-14也可以看到,这一情景下支付的罚金是最高的,达到350多万元。

(3)火电企业收益

图6-15是不同配额增长率下火电企业收益。可以看出,三种情景下火电企业收益均呈现下降的态势,这与国家大力发展可再生能源、火电企业的低碳转型有着密不可分的联系。在缓慢发展情景下,配额增长率最缓慢,火电企业需要完成的配额指标最少,进而支出最少,因此火电企业收益最高。从图6-14中也可以看出,无论在何种配额增长率下,2030—2040年,火电企业所支付的罚金是最多的,对应到图6-15中就是,2030—2040年火电企业的收益持续降低,其中一个重要的原因可能来自成本中的罚金显著提升。而在配额增长率为0.02与0.008时,火电企业收益最大相差近400万元,可见配额增长率对火电企业收益的影响较大。

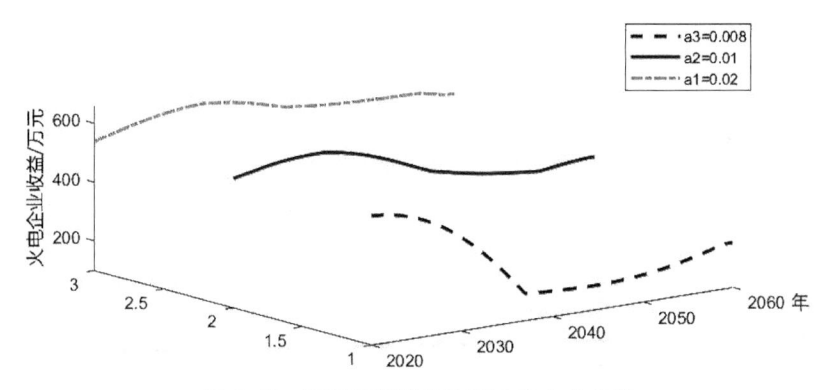

图6-15 不同配额增长率下火电企业收益

综合图6-13、图6-14和图6-15可以得出,配额增长率不是越大越好。在三幅图中,配额增长率为0.02时,相较于其他两种情景,火电企业采取购买绿证策略的比例最大,但从长期来看,其未完成配额目标支付的罚金基本上是最多的,且火电企业收益始终是最少的。因此,政府及主管部门应根据国家各个区域风电、光伏实际发展情况以及地区、资源禀赋合理设置配额增长率。

2. 单位罚金价格(b)对火电企业市场行为的影响

(1) 火电企业采取购买策略比例

图 6-16 是不同单位罚金价格下火电企业采取购买策略比例。从中可以看出,单位罚金价格变化对于火电企业采取购买策略的比例影响较大。在缓慢发展情景下,单位罚金价格很低,火电企业会存在投机行为,在不考虑企业形象和名誉的前提下,单位罚金价格过低,使火电企业认为交纳罚金比购买绿证更加划算,因此火电企业选择购买绿色证书的速率较低。而在平缓发展情景和快速发展情景中,单位罚金价格比绿证价格高,火电企业会优先选择购买绿证而非支付罚金。在快速发展情景中,火电企业会更快速地选择采取购买绿证的策略。

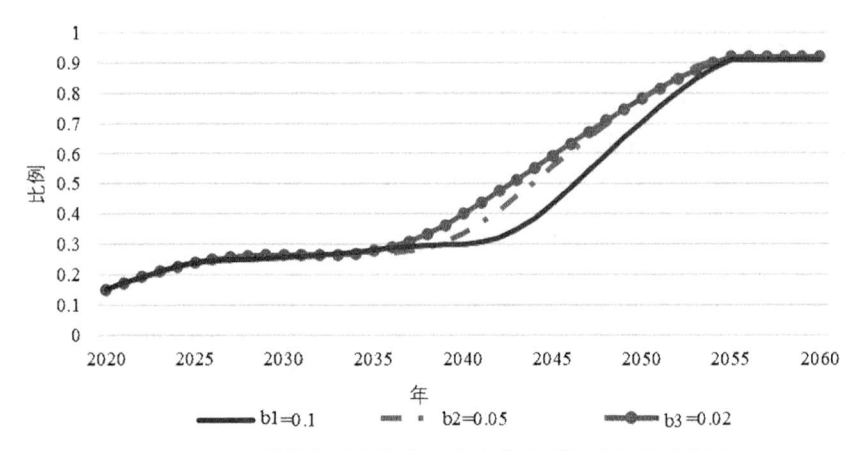

图 6-16 不同单位罚金价格下火电企业采取购买策略比例

(2) 火电企业未完成配额目标支付的罚金

图 6-17 是不同单位罚金价格下未完成配额目标支付的罚金。从图中可以看出,在快速发展情景下,单位罚金价格最高,且 RPS 和绿证市场制度与规则并不完善,所以刚开始支付的罚金最多,大概在 400 万元,比其他两种情景多缴纳了近 300 万元罚金。随着 RPS 制度的有效实施、绿证交易市场的逐渐成熟,火电企业更倾向于选择购买绿证来完成配额,所以支付的罚金就会逐渐降低。并且单位罚金价格越高,火电企业为了生存和收益最大化会越早地选择购买绿色证书。

(3) 火电企业收益

图 6-18 是不同单位罚金价格下火电企业收益情况。从图中可以明显看到,随着单位罚金价格的提高,火电企业收益降低。当单位罚金价格较高时,如图中虚线所示,火电企业收益虽然整体最低,但呈现先升高后降低的

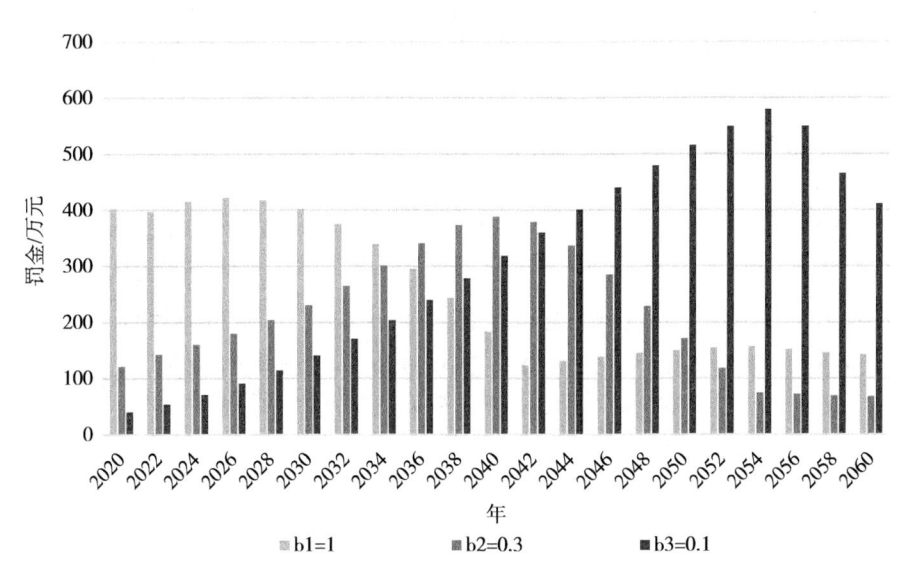

图 6-17 不同单位罚金价格下未完成配额目标支付的罚金

趋势,因为前期单位罚金价格过高可能会导致火电企业购买绿色证书而不是交罚金。而到后期由于市场中供需关系以及没有绿电补贴可能导致单位绿证价格出现上涨情况,所以后期火电企业收益降低。从图中还可以看到,到后期,单位罚金价格在 0.3 元时,火电企业收益反而最多。所以,单位罚金价格是一个非常重要的参数,火电企业收益的多少与单位罚金价格的高低密切相关。

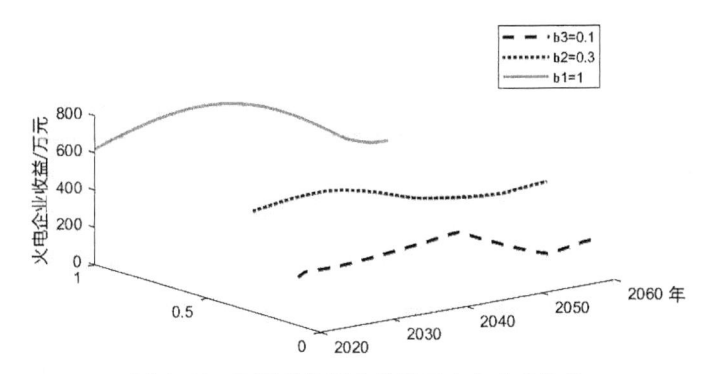

图 6-18 不同单位罚金价格下火电企业收益

综上,要结合单位绿证价格合理设置单位罚金的价格,应比单位绿证价格高一些,但不能太高。否则,既损害了火电企业的利益,也不利于绿证市场的健全发展。当单位罚金过高时,火电企业会采取购买绿证的策略,而当单位罚金过低、火电企业未完成配额所缴纳的罚金比购买绿证的支出小时,火电企业为了利益宁愿支付罚金,这样就与政府制定 RPS 的初衷相违背,也不利于绿证市场的发展与扩大。

3. 政府监管力度(c)对火电企业市场行为的影响

(1)火电企业采取购买策略的比例

图 6-19 是不同政府监管力度下火电企业采取购买策略比例。从图中可以看出,在前十年,随着政府监管力度的加大,火电企业采取购买策略的比例上升得更快。当政府监管力度越大时,火电企业采取购买绿证策略的比例越大;当政府监管力度越小时,火电企业采取购买绿证策略的比例越小。政府监管力度的程度极大影响购买策略的改变速度,但随着一系列政策的落实和人民思想意识的提高,最终火电企业都会采取购买绿证的策略。

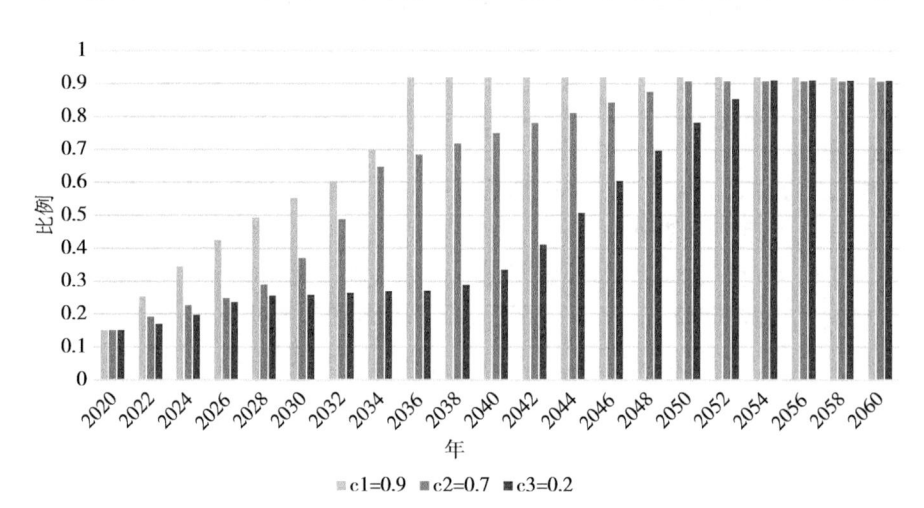

图 6-19 不同政府监管力度下火电企业采取购买策略比例

(2)火电企业未完成配额目标支付的罚金

图 6-20 是不同政府监管力度下未完成配额目标支付的罚金。如图所示,缓慢发展情景下支付的罚金最少,平缓发展情景次之,快速发展情景下支付的罚金最多。

(3)火电企业收益

图 6-21 是不同政府监管力度下火电企业收益。从图中可以看出,快速发展情景下,政府监督力度最大,火电企业收益最低;平缓发展情景时,火电企业收益次之;缓慢发展情景时,政府监督力度最低,火电企业收益最高。总体来看,三种情景下都有先上升后下降又缓慢上升的趋势。原因是在政府监管初期,相应的惩罚措施没有明确落实,部分火电企业可能存在投机心

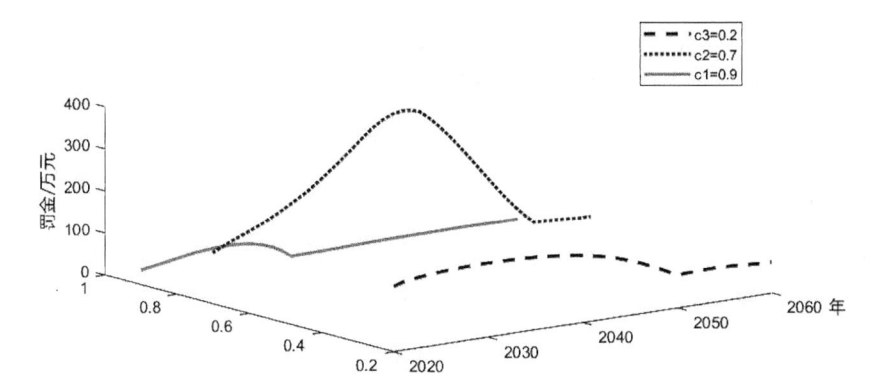

图 6-20　不同政府监管力度下未完成配额目标支付的罚金

理,即既不购买绿证,也不缴纳罚金,所以会出现短期内收益上升的情况。而随着市场制度的规范化,火电企业的收益开始下降,从图中实线可以看出,到 2030 年前后出现一个较为明显的拐点,可能是没有绿电补贴而导致绿证价格出现短暂性上升引起的。到后期火电企业收益出现小幅度上升,这可能也跟国家近年来提出的"双碳"战略目标有关,到 2060 年实现碳中和,火电企业进行低碳转型,配额数量减少,火电企业收益会小幅度上升。

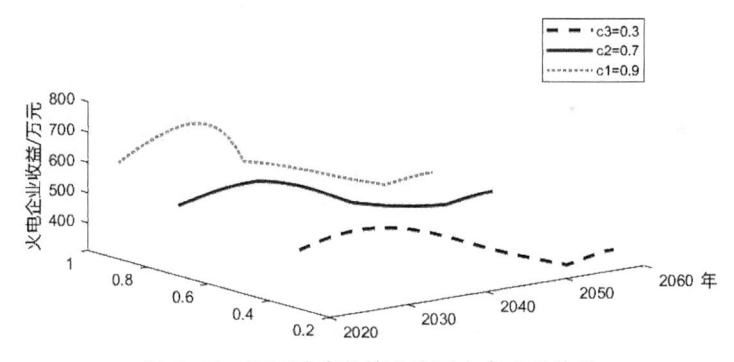

图 6-21　不同政府监管力度下火电企业收益

综上可得,政府监管力度对火电企业行为决策的影响较大,因而政府要提高监管效能,建立一套职责明确、依法履职、智能高效的政府监管体系,把更多行政资源从事前审批转到事中事后监管上来,解决放权之后的监管问题,保障绿证市场高质量发展。

（二）不同情景对绿电企业市场行为的影响

绿电企业的行为策略和配额增长率、绿电单位补贴价格、单位罚金价格、政府监管力度等都有关系。为了分析不同情景下京津冀地区 RPS 下绿电企业行为决策的变化,模型将其中的一些参数进行改变,模拟出未来可能会出现的情景。图 6-22 至图 6-33 所示是对绿电企业的情景分析。

1. 配额增长率(a)对绿电企业市场行为的影响

(1)配额增长率(a)影响绿电企业采取销售策略比例

图 6-22 是不同配额增长率下绿电企业采取销售策略比例。如图所示,配额增长率的变化,对于绿电企业采取销售绿证的策略几乎没有影响。随着政策的引导和市场的规范化提高,绿电企业采取销售绿证的策略逐年升高,到 2030 年左右,绿电补贴取消,绿电企业将全部采取销售绿证。

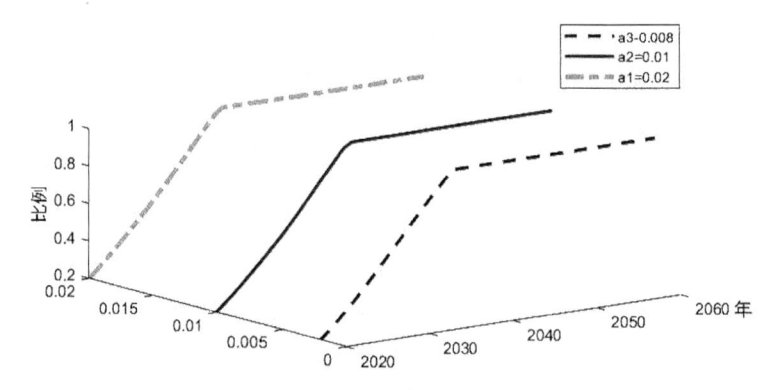

图 6-22 不同配额增长率下绿电企业采取销售策略比例

(2)配额增长率(a)影响单位绿证价格

图 6-23 是不同配额增长率下单位绿证价格。从图中可以看出,配额增长率越大,单位绿证价格越高。快速发展情景下,单位绿证价格最高;平缓发展情景下次之;缓慢发展情景下,单位绿证价格最低。并且三种情景下,单位绿证价格都是先升高后下降。

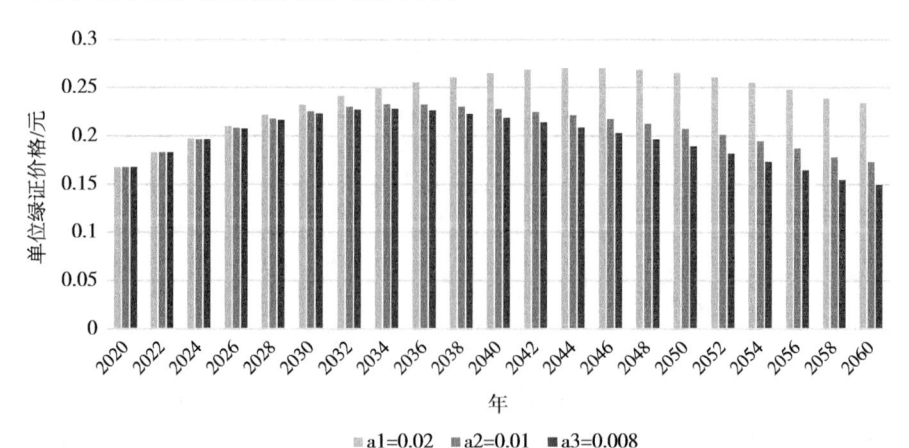

图 6-23 不同配额增长率下单位绿证价格

(3) 配额增长率(a)影响绿证交易量

图 6-24 是不同配额增长率变化下绿证交易量。如图所示，配额增长率变化对绿证交易量的影响较大。在快速发展情景下，配额增长率最大，配额比例最大，进而绿证交易量最多；平缓发展情景下次之；缓慢发展情景下最少。总体来说，三种情景下，绿证交易量都在快速增多。因此，加大配额增长率有利于可再生能源的大力发展，符合"双碳"目标。

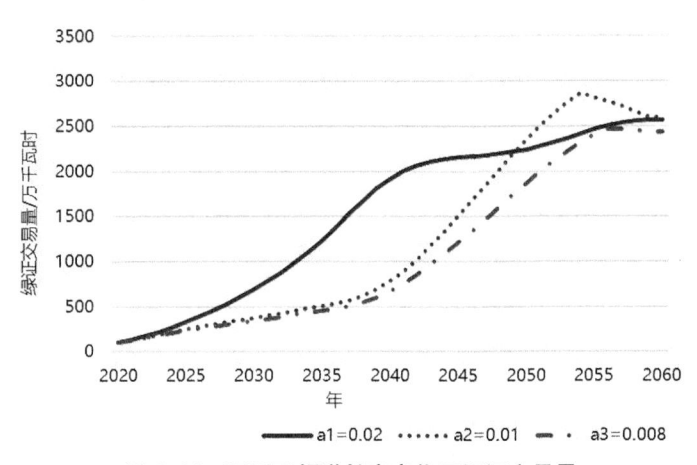

图 6-24 不同配额增长率变化下绿证交易量

(4) 配额增长率(a)影响绿电企业收益

图 6-25 是不同配额增长率下绿电企业收益。从图中可以看出，配额增长率的提高能促进绿电企业收益的显著提高。在快速发展情景下，配额增长率变化最大，绿电企业收益也最高。由此可知，配额增长率是 RPS 中非常重要的参数。政府和相关能源部门在制定政策和配额比例时，要慎重

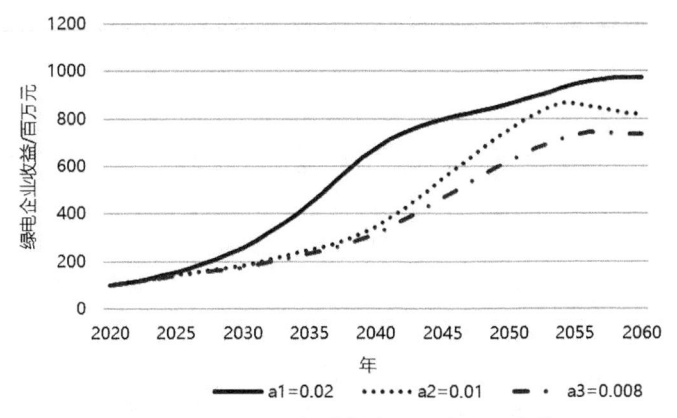

图 6-25 不同配额增长率下绿电企业收益

选择和考虑配额增长率确定的方法。

2. 单位罚金价格（b）对绿电企业市场行为的影响

（1）单位罚金价格（b）影响绿电企业采取销售策略比例

图 6-26 是不同单位罚金价格下绿电企业采取销售策略比例。如图所示，快速发展情景下，单位罚金价格最高，火电企业更倾向于选择购买绿证，从而绿证交易量增多，因此绿电企业采取销售绿证的比例上升，最终趋于1。

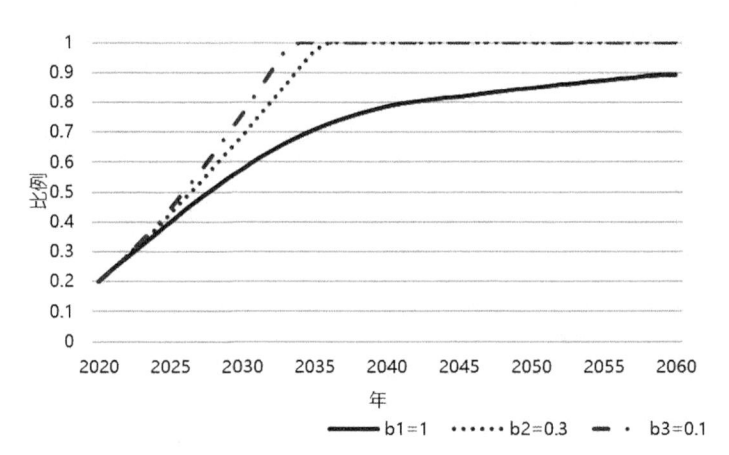

图 6-26　不同单位罚金价格下绿电企业采取购销售策略比例

（2）单位罚金价格（b）影响单位绿证价格

图 6-27 是不同单位罚金价格下单位绿证价格。单位罚金价格越高，火电企业则更多选择购买绿色证书而不是缴纳罚金，进而绿色证书的需求

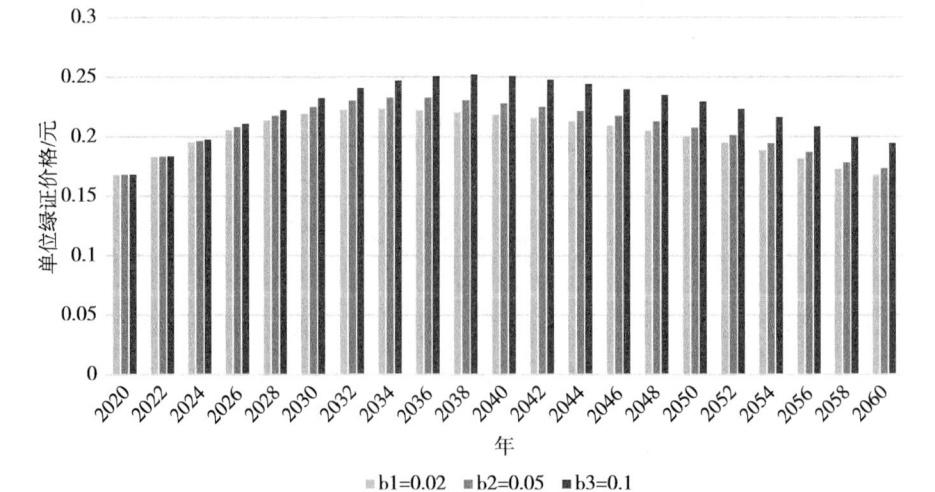

图 6-27　不同单位罚金价格下单位绿证价格

量上升,单位绿证价格随着需求弹性上升。而当单位绿色证书价格上升后,绿证交易量增多,绿证需求弹性下降,单位绿色证书价格又随着供需关系而缓慢下降,是一种动态关系。从图6-27中也可以看出,单位绿证价格呈现出先上升后下降的趋势。

(3)单位罚金价格(b)影响绿证交易量

图6-28是不同单位罚金价格下绿证交易量。从图中可以看出,快速发展情景下,单位罚金价格最高,火电企业基于成本收益、企业良好形象考虑,选择购买绿色证书,因此,绿证交易量显著上升。而在缓慢发展情景下,由于单位罚金价格较低,部分火电企业可能会出于生存和利益等的考量,选择缴纳罚金,进而选择购买较少部分的绿色证书,因此,绿证交易量不高且是缓慢上升的。这种情景下,是不利于进行低碳转型、发展可再生能源的。这给国家能源部门和政府提供了思路,在"双碳"背景下,为促使火电等传统能源企业进行低碳转型,可以适当提高单位罚金价格。

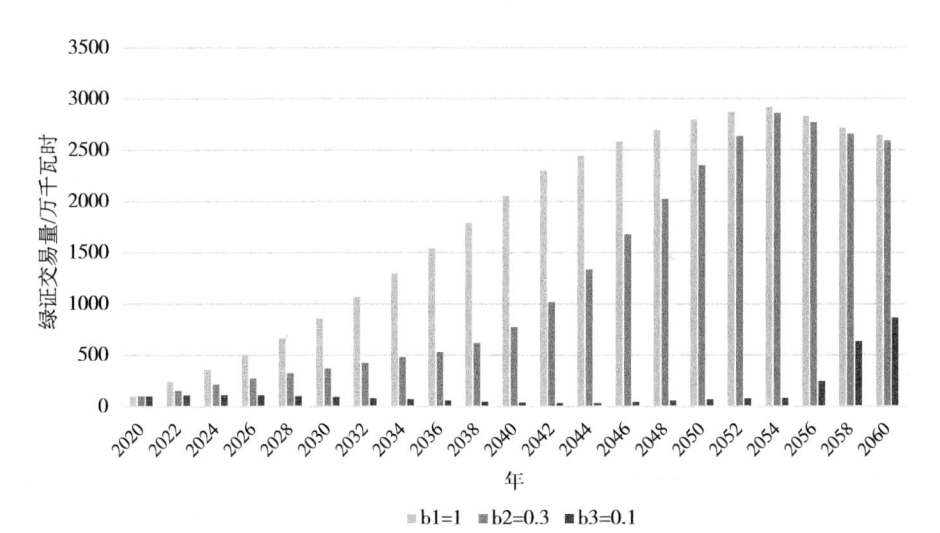

图6-28 不同单位罚金价格下绿证交易量

(4)单位罚金价格(b)影响绿电企业收益

图6-29是不同单位罚金价格下绿电企业收益。单位罚金越高,火电企业选择购买绿证策略的比例就越高,进而绿色证书交易量逐渐增多,因此绿电企业销售绿证收入越高,绿电企业的收益就越多。从图6-29中也可以看到绿电企业收益逐年上升的趋势。且单位罚金增加越多,绿电企业收益增加也越多。在快速发展情景下,单位罚金价格最高,绿电企业收益也最高。

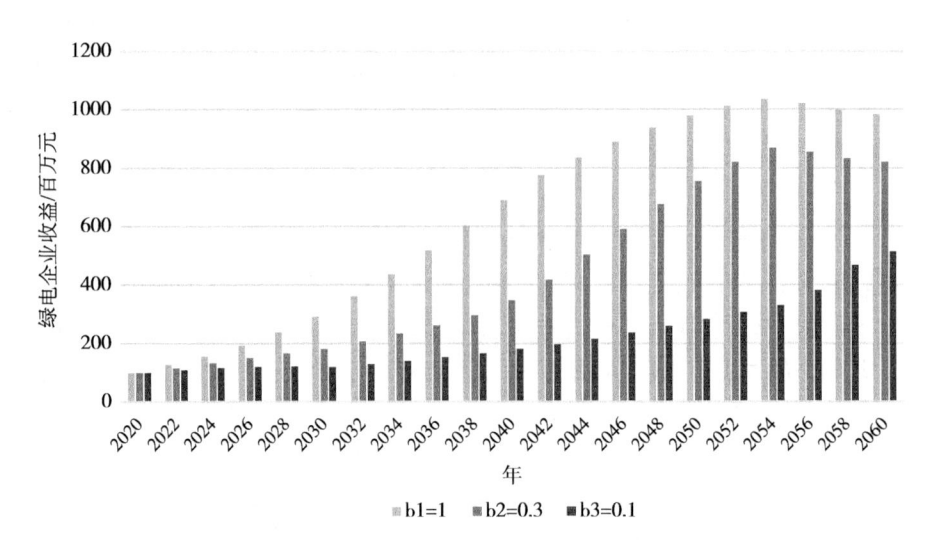

图 6-29　不同单位罚金价格下绿电企业收益

3. 政府监管力度(c)对绿电企业市场行为的影响

(1) 政府监管力度(c)影响绿电企业采取销售策略比例

图 6-30 是不同政府监管力度下绿电企业采取购买策略比例。随着政府监管力度的提高，火电企业采取购买绿证比例上升，绿电企业采取销售绿证策略的比例进而上升。

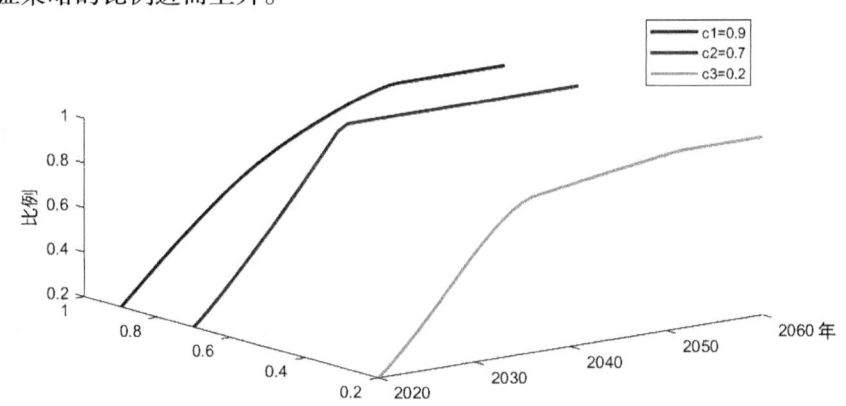

图 6-30　不同政府监管力度下绿电企业采取销售策略比例

(2) 政府监管力度(c)影响单位绿证价格

图 6-31 是不同政府监管力度下单位绿证价格。如图所示，随着政府监督力度的加大，单位绿证价格也逐渐升高。在快速发展情景下，单位绿证价格最高；缓慢发展情景下，单位绿证价格最低；平缓发展情景下，单位绿证

价格在这两种情景之间。但实际最影响单位绿证价格的因素,是绿色证书的需求量和供给量,即绿色证书的需求弹性,因此,在这几种情景下,单位绿证价格均呈现出先上升后下降的趋势。

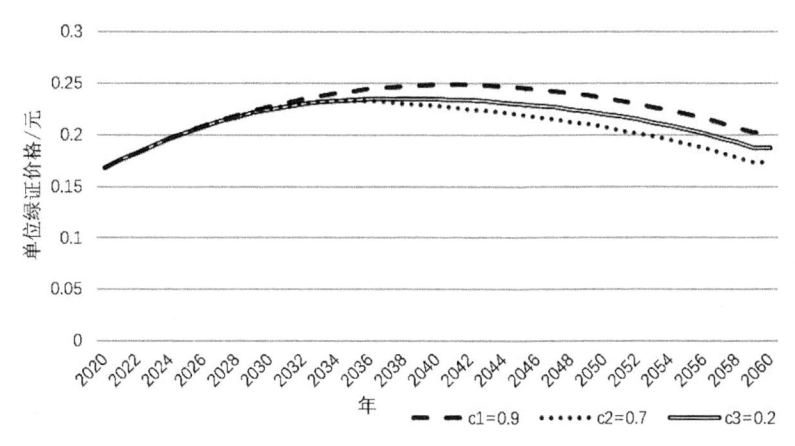

图 6-31 不同政府监管力度下单位绿证价格

(3)政府监管力度(c)影响绿证交易量

图 6-32 是不同政府监管力度下绿证交易量。可以看出,随着政府监管力度的提高,绿证交易量也显著提高。绿证交易量在 2060 年左右出现小幅度下降可能与 2060 年实现碳中和有关,此时可再生能源的消纳量维持在较高水平,绿色证书的作用相对弱化,绿证交易量下降。

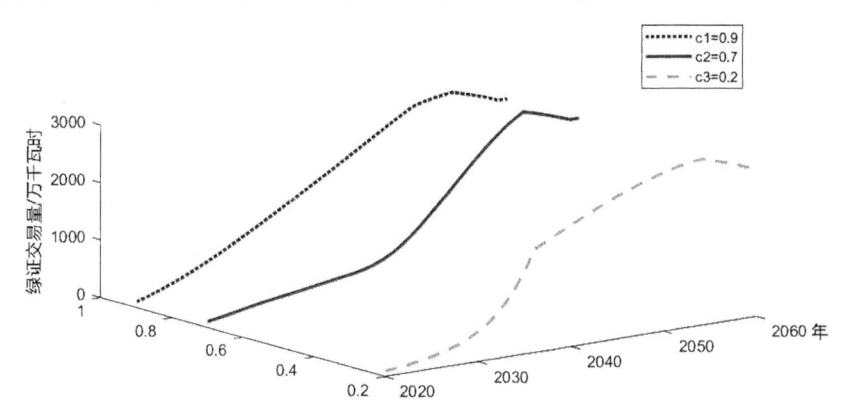

图 6-32 不同政府监管力度下绿证交易量

(4)政府监管力度(c)影响绿电企业收益

图 6-33 是不同政府监管力度下绿电企业收益。如图所示,三种情景下,随着政府监管力度的提高,绿电企业收益也随之升高,但在 2050 年左

右,又出现了缓慢下降的趋势。在前20年,快速发展情景下,政府监管力度加大,绿电企业收益最高。平缓发展情景下,绿电企业收益次之。而到2050年左右,我国基本实现碳中和的目标,此时火电企业发电量低,导致需要完成配额目标的发电量非常少,绿电企业的收益大部分来自销售绿色电力,因此,绿电企业收益开始出现小幅度的降低。

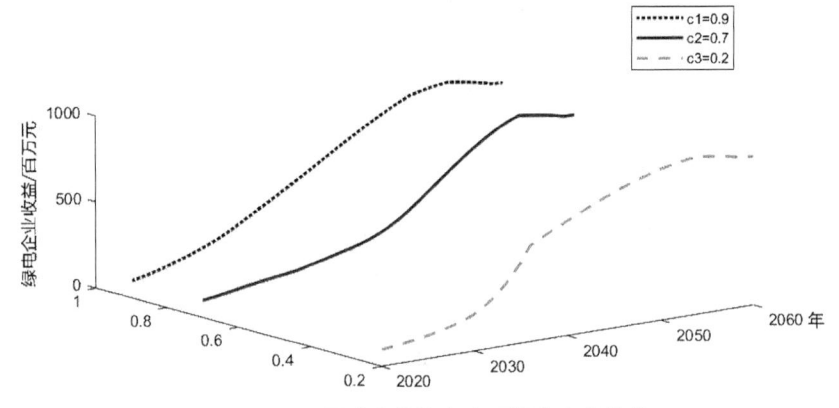

图 6-33　不同政府监管力度下绿电企业收益

综上可以发现,在政府监管力度较小情景中,火电企业和绿电企业选择不进行绿证交易时可获得最大收益;在政府监管力度较大情景中,火电企业和绿电企业选择进行绿证交易时均可获得最大收益。这说明对于火电企业来说,在政策实施初期,由于力度较小,罚金较低,火电企业往往选择观望,而不进入绿证市场。但当政策收紧,配额目标增加、罚金加大,此时火电企业应当选择购买绿证,从而增加企业收益。对于绿电企业,随着政策力度加大,交易成本也在逐渐增加,往往只有部分在技术上具有优势的企业进行绿电的生产和销售。当政策继续收紧,达到一定程度时,绿电企业选择销售绿证能够获得更多收益。

三、基于仿真结果的讨论

我国可再生能源的发展体现出较强的政策依赖性,可再生能源消纳保障机制下的电力消纳责任权重考核在绿证自愿认购基础上的强制交易政策,是值得期待的一项绿证交易的破局措施。根据《关于建立健全可再生能源电力消纳保障机制的通知》和《可再生能源电力消纳责任权重确定和消纳量核算方法(试行)》的要求,对未按期完成整改的市场主体予以处罚,并将其列入不良信用记录,予以联合惩戒。对于完成配额超过激励性指标的省级行政区域,超出部分的可再生能源消纳量不纳入该地区能耗"双控"

考核。因此,本节主要分析不同监管力度和不同单位罚金价格对绿电企业与火电企业收益情况的影响。

(一) 不同政府监管力度下绿电企业与火电企业收益情况

为了更清晰地展示不同政府监管力度下绿电企业与火电企业收益情况,将图6-33和图6-21进一步整合得到图6-34,图中,折线代表不同政府监管力度下绿电企业收益情况,簇状柱代表不同政府监管力度下火电企业收益情况。当政府监管力度由0.2加大到0.9时,绿电企业的年利润一直上升,相比之下,火电企业的年利润则逐年递减,从图中可以看到,每年同比降低200万元。

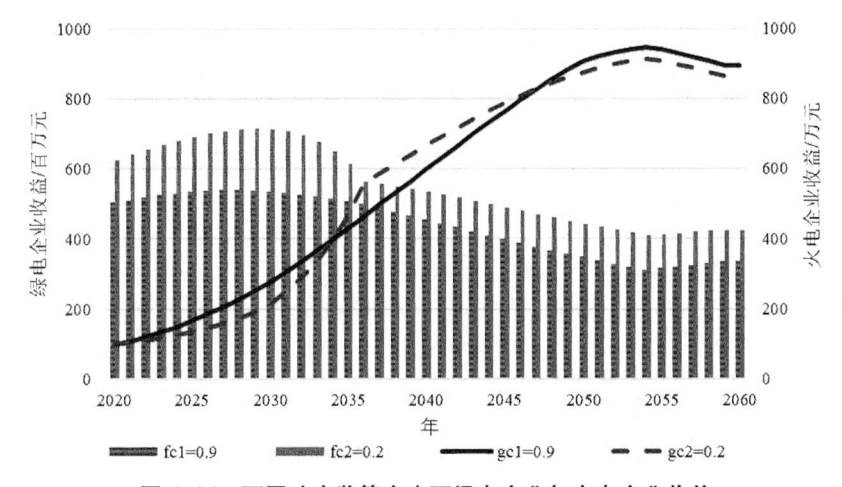

图6-34 不同政府监管力度下绿电企业与火电企业收益

(二) 不同单位罚金价格下绿电企业与火电企业收益情况

为了更清晰地展示不同单位罚金价格下绿电企业与火电企业收益情况,将图6-18和图6-29进一步整合得到图6-35,其中,簇状柱代表不同单位罚金价格下绿电企业的收益情况。带标记的折线代表不同单位罚金价格下火电企业的收益情况。当单位罚金价格从0.1元/千瓦时增加到1元/千瓦时,绿电企业的年收益迅速攀升,到2030年前后同比上升了66.7%,到2060年前后,同比上升了75%。而火电企业的年收益则迅速下降,且其需要付出的成本大约提高了400万元。可以预计,当单位罚金价格继续提高时,火电企业的年利润可能为零甚至会出现亏损的情况。单位罚金价格持续提高到一定水平时,火电企业将会出现多年持续亏损的情形,此时火电企业会面临停产的风险。

因此,国家对火电企业未完成指标所制定的惩罚政策,是直接遏制非清洁能源发电的重要手段。同时,为了保证火电企业的基本生存能力,单位罚金价格不宜超过 1 元/千瓦时,以保证火电企业有利润进行生产经营活动,提高设施与材料的清洁化率,更好发挥维护电力系统稳定和保供的作用。

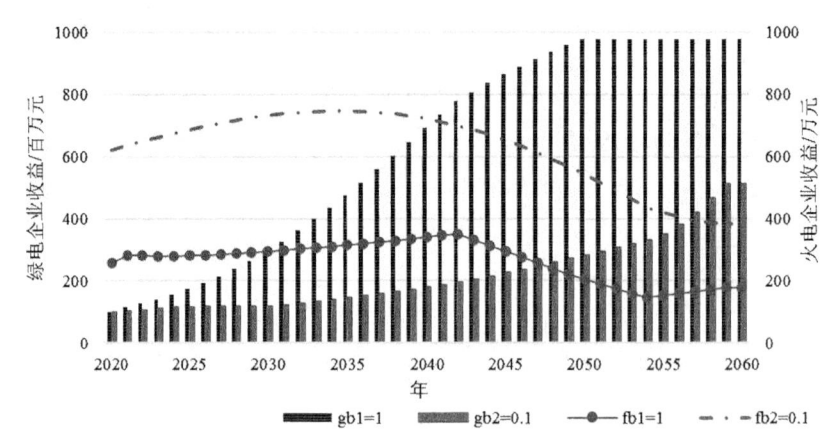

图 6-35　不同单位罚金价格下绿电企业与火电企业收益

对比图 6-34 和图 6-35 可以得出,单位罚金价格对企业收益的影响比政府监管力度对企业收益的影响大,并且二者配套使用所达到的预期政策效果更好。因此,相关部门应合理设置政府监管力度,对比不同监管力度下相关监管部门所需花费的各项成本以及火电企业的收益变化,设置相对合理并较优的政府监管力度。同时,尽可能花费较低的人力、物力来提高政府监管力度。

在"双碳"目标和可再生能源消纳保障机制实施的背景下,可再生能源的发展面临复杂的政策环境,亟须合理的体系设计促进其市场化消纳和健康发展。当前,国家为促进可再生能源的消纳水平,在出台一系列优惠政策的同时,也出台了相应的强制措施和惩罚机制。本章基于系统动力学模型,对 RPS 视角下的发电企业市场行为决策系统进行了情景分析。依据政府监管力度、配额增长率和单位罚金价格这三个主要因素变化,设定了三种情景,来分析未来 RPS 对发电企业市场行为决策的影响,这三种情景分别是缓慢发展情景、平缓发展情景和快速发展情景。基于这三种情景,对火电企业采取购买绿证策略比例、火电企业收益、未完成配额目标支付的罚金、单位绿证价格、绿证交易量、绿电企业收益、绿电采取销售策略比例这七种因素作敏感性分析。

在对主要因素的情景参数进行设定的基础上,分析了 2021 年到 2060

年的40年里RPS视角下的中国发电企业市场行为决策选择。通过对火电企业及绿电企业相关变量结果进行分析,研究在不同情境下发电企业市场行为的最优策略,最后得出以下几点结论:

1. 所构建的火电企业和绿电企业发电经济平衡模型合理有效,既很好地反映单位罚金价格对火电企业的影响,又系统地反映了火电企业收入与成本之间的确切关系,对于火电企业和绿电企业主导的发电项目具有重要的参考价值。根据上文情景分析结果还可得出RPS罚金设定的不同影响着火电企业和绿电企业博弈行为的结论。我国确定惩罚机制时可以参考国外的做法,比如美国的RPS采用几倍于履行成本的罚款。一般来说,对电网、发电企业的经济惩罚只基于未完成量设定,数量上以预期履行成本的2倍至5倍为宜。此外,对于没有完成消纳的企业,还可以将其纳入不良信用记录。有惩罚就应有奖赏,对于完成消纳甚至超额消纳的企业,可向相关单位领取超额消纳的凭据,对应的超额消纳量换算成绿色证书量,允许在一定时间内进行出售或抵消。连续几年超额消纳的企业,纳入信用良好企业,并安排其优先进行电力交易。

2. 政府应合理设置可再生能源的配额指标,促进绿色电力的消纳。虽然可再生能源的装机容量逐年上升,但上网的绿色电量并不高。这种可再生能源的限电问题反映了我国现行电力规划、运行和体制机制模式越来越不适应其发展,以及体制机制方面的深层次矛盾。因而有必要建立和完善可再生能源规划和运行监管制度。在对可再生能源进行规划时,科学确定可再生能源发展配额的目标水平尤为重要。情景分析结果显示,配额比例设定不同,对发电企业和绿证企业是否参与绿证交易有着显著影响。因此需要借助立法明确可再生能源的配额指标,通过自上而下的手段提升可再生能源消费总量水平。

3. 政府监管力度对于可再生能源发电量以及绿色证书的交易量有着很大的影响。要想让RPS机制的作用得到真正发挥,科学的奖惩考核机制是重要保证。对于可再生能源消纳量,可以思考将其设为各地的政绩考核指标以及节能减排指标,也将其完成情况纳为电力企业的业绩指标。能源局可为各地制定年度配额指标,于第二年年初公示上一年配额指标的达成情况。各地对可再生能源的消纳量予以核算的时候,可按照当年全国平均供电煤耗水平进行一次能源核算,等量从当地能源消费总量控制额度中扣除,在单位GDP能耗考核中也合理反映地方利用可再生能源对节能的贡献。

第七章 考虑"双碳"目标的发电企业多市场组合参与策略研究

第一节 "双碳"目标对RPS及发电企业市场行为的影响分析

"双碳"目标是党中央按照《巴黎协定》，经过深思熟虑作出的重大战略部署，也是应对气候变化的庄严承诺。碳达峰是指在某一个时点，二氧化碳的排放不再增长，达到峰值，之后逐步回落。碳达峰是二氧化碳排放量由增转降的历史拐点，标志着碳排放与经济发展实现脱钩，达峰目标包括达峰年份和峰值。碳中和是指企业、团体或个人测算在一定时间内，直接或间接产生的温室气体排放总量，通过植树造林、节能减排等形式，抵消自身产生的二氧化碳排放，实现二氧化碳的"零排放"。简单地说，也就是让二氧化碳排放量"收支相抵"。实现碳达峰、碳中和，需要对现行社会经济体系进行一场广泛而深刻的系统性变革，发电企业市场也不例外。电力行业是实现碳中和、碳达峰目标的关键行业，在"双碳"目标下电力市场建设也呈现出新的特点和新的变化，对各发电主体行为决策也会产生新的影响。

一、"双碳"目标对RPS的影响分析

（一）"双碳"目标对RPS配额指标的影响分析

"双碳"目标统筹考虑了各地区可再生能源资源、电力消费和年度建设计划的制定、全国重大可再生能源基地建设情况、跨省跨区输电通道容量和电力供需情况等因素，通过这些因素，可按年度滚动制定出各区域分年度的全社会用电量中可再生能源电力消费总量和非水可再生能源电力消费量的最低比重指标，从而影响配额指标的设定。2018年11月，国家能源局在《可再生能源电力配额及考核办法（第三次征求意见稿）》中对各省设定了不同的约束性和激励性配额指标。我国的RPS责任主体是售电企业，由于目前售电市场尚未完全放开，电网企业在售电市场中所占份额较大，因而RPS的责任主体为电网企业，"双碳"目标下配额指标对电网企业的影响较大。合理的RPS指标设置需要统筹考虑各地区经济发展水平、资源充裕

性、输电能力、电力消费、新技术发展需求等因素,而这些都与"双碳"目标的实现程度紧密联系。

(二)"双碳"目标对 RPS 可再生能源种类核算的影响分析

随着"双碳"目标的推进,可再生能源占比逐渐升高,可再生能源种类也逐渐丰富,因而不仅有更多比例的可再生能源参与 RPS,还有丰富的可再生能源种类参与到 RPS 核算中。截至 2022 年底,我国纳入 RPS 核算范围的可再生能源主要包含水电、风电、光伏、光热、海洋能发电、地热发电、生物质和垃圾发电。随着"双碳"目标的实现,可能会加入新的可再生能源种类。

(三)"双碳"目标对 RPS 配套机制的影响分析

"双碳"目标促进可再生能源的快速发展,但同时也给电力系统消纳带来了难题,RPS 可有效解决这一问题,因此亟须大力发展 RPS,同时也需考虑相应的配套政策以适应其发展。因此,"双碳"目标一定程度上促进了 RPS 配套机制的大力建设,同时也推动了 RPS 的健全发展。中国为了缓解推行 RPS 配套机制的阻力,主要通过将未按期完成的市场主体纳入失信惩戒体系来实施惩罚。中国自 2017 年 7 月在全国范围内试行了 REC 自愿认购制度,开启了光伏与风电的 REC 自愿认购,但 REC 售出情况不太理想,显然以绿证自愿认购制度解决补贴缺口收效甚微,需要有明确的奖惩机制。"双碳"目标影响下,中国现有的 RPS 政策奖惩分明。在奖励方面,其对各省分别设置了最低和激励性消纳责任权重,其中激励性消纳责任权重比最低消纳责任权重高出 10%(例如:2020 年北京、上海和宁夏的最低消纳责任权重分别为 15%、3%、20%,而 3 个地区的激励性消纳责任权重分别为 16.5%、3.3%、22%);还规定对超额完成消纳责任权重(超过激励性消纳责任权重)的省级行政区域予以奖励,超过部分的电力消费量不计入该地区能源消费总量的控制限额。在惩罚方面,政策规定未完成最低消纳责任权重或在年中进度明显落后的省市,将暂停或减少其新增石化发电项目的开展。同时,捆绑式 REC 记录了可再生能源电力从生产到消纳的全部信息,可精确衡量低碳减排,促进"双碳"目标的实现。

二、"双碳"目标对火电企业市场行为决策的影响分析

(一)"双碳"目标对火电企业电力市场行为决策的影响分析

根据国家统计局发布的 2021 年年度数据,全国火力发电量为 5.8 万亿千瓦时,占总发电量的 71.13%,这样的火电能源供给比例显然难以实现"双碳"目标,火电企业需要降低发电占比,转向调峰调频等辅助服务,更多

起到电力保供的压舱石作用。随着新能源发电的渗透率不断提高,市场对火电的需求量逐渐降低,火电企业将逐渐丧失竞争空间,通常选择降低火电发电量的策略。

(二)"双碳"目标对火电企业绿证市场行为决策的影响分析

在可再生能源电力消纳责任权重的约束下,火电企业需要通过购买绿色证书完成可再生能源电力消纳责任权重目标,其绿证交易量不会超过配额目标。火电企业的绿证购买量与火电企业的上网电量、配额比例、单位罚金价格有关。随着火电发电量的逐渐降低,火电企业上网电量也相应降低,火电配额的差额量降低,导致火电企业的配额履约压力降低,因而火电企业绿证交易量降低。根据国家发改委、国家能源局发布的《关于建立健全可再生能源电力消纳保障机制的通知》,配额比例是由政府相关部门制定的,且呈现出逐年递增的规律,配额比例与火电企业绿证交易量呈正相关,因而能提高火电企业绿证交易量。罚金是政府对火电企业未完成规定配额比例消纳的惩罚。显然,当单位罚金价格较低时,火电企业可能更倾向于不完成配额指标,绿证市场相对就比较低迷;当单位罚金价格较高时,火电企业更倾向于购买绿色证书,绿证市场相对就活跃许多。

(三)"双碳"目标对火电企业碳市场行为决策的影响分析

《"十四五"现代能源体系规划》中提出火电机组"三改联动",即降碳改造、灵活性改造、供热改造,要求节能改造规模不低于3.5亿千瓦,新增煤电机组全部按照超低排放标准建设、煤耗标准达到国际先进水平。2021年全国单位火电发电量二氧化碳排放较2015年下降了22克/千瓦时。煤电耗能方面,发改委提出要在超超临界机组的基础上控制到270克标煤每千瓦时,2022年,我国最低煤电耗能已超预期,每度电煤耗253克。未来煤电的能源利用效率将不断提升,碳排放因子也将逐年下降,成为"双碳"转型目标下的关键支撑。

倒逼火电企业实施技改,甚至淘汰落后产能、进行结构调整来降低碳排放是碳市场的初衷之一。在碳市场中,碳价是火电企业行为决策的重要影响因素,碳价直接跟火电企业的利润挂钩,碳价上涨促进更多的火电机组进行低碳改造,从而有效地降低火电企业碳排放。从中长期看,试图单纯通过提高火电能效来减排的技术进步,极可能跟不上碳约束和环境约束双重刺激下的火电成本剧增。因此,火电企业既会选择增加研发投入,也会在碳价与政府监管之间博弈,选择合适的碳排放权交易量进行碳交易。

三、"双碳"目标对绿电企业市场行为决策的影响分析

(一)"双碳"目标对绿电企业电力市场行为决策的影响分析

根据国家统计局发布的 2023 年年度数据,全国可再生能源发电量在 3.198 万亿千瓦时,占全部发电量的 30.3%。因此,绿电企业要加快对化石能源的能源替代,优化能源结构。基于长期考虑,当前绿电企业建设规模不能满足将来的市场需求,绿电企业还存在广阔的发展前景和空间。

可再生能源与传统能源相比,在环境效益以及能源储量等方面优势很大,虽然目前存在发电成本偏高的问题,但随着技术和经济的发展,绿电发电成本降低,绿电企业的市场竞争力显著提高,从而使得绿电企业更多选择增加绿电装机容量和提高发电量的策略。

(二)"双碳"目标对绿电企业绿证市场行为决策的影响分析

为鼓励绿电企业发展,国家发展改革委、国家能源局发布的《关于积极推进风电、光伏发电无补贴平价上网有关工作的通知》(发改能源〔2019〕19号)中明确提出,风电、光伏发电平价上网项目和低价上网项目,可按国家可再生能源绿色电力证书管理机制和政策获得可交易的绿证。2021 年 2 月,国务院发布《关于加快建立健全绿色低碳循环发展经济体系的指导意见》(国发〔2021〕4 号),提出"推广绿色电力证书交易,引领全社会提升绿色电力消费",进一步明确了绿色电力证书对今后绿色低碳循环发展经济体系建设的重要作用。2021 年 5 月 25 日,正式启动平价项目绿证核发工作。"双碳"大背景下,得益于可再生能源发电的环境效益,绿电企业发电量及绿证数量上升,又由于 RPS 政策的激励作用,绿证市场对绿证的需求量上升,使绿电企业绿证的交易量也逐渐增多。

(三)"双碳"目标对绿电企业碳市场行为决策的影响分析

2021 年全国碳市场正式开启,光伏和风电等减排项目可以将其剩余的二氧化碳减排量在全国碳市场出售,获取经济收益。碳市场逐步引入抵消机制后,允许控排企业使用 CCER 完成履约,通过创造并扩大减排量市场,"几乎净零排放"的可再生能源企业逐渐成重要的发电主体,并逐步参与碳市场进行碳排放权交易。相关数据显示,截至 2022 年底,全国的 CCER 累计签发量为 4.5 亿吨,可满足各试点碳市场抵消要求的 CCER 仅约 3200 万吨,而各试点地区的年度碳排放配额量远超该数值。按照目前各地 CCER 交易标准计算,风电、光伏项目可通过交易 CCER 带来每度电 1.3—7.4 分钱的收益,这促使绿电企业进行更多的碳交易。此外,碳价也会影响到绿电企业在碳市场中的行为决策。据《2020 年中国碳价调查》预测,到 2030 年,

中国的平均碳价将从 2020 年的人民币 49 元/吨二氧化碳当量上升到 93 元/吨二氧化碳当量,到本世纪中叶将超过 167 元/吨二氧化碳当量。可见碳价存在较大的上涨空间,这对绿电企业扩大碳市场交易规模、提高碳交易量有促进作用。

第二节 "双碳"目标下发电企业多市场组合参与决策模型构建

一、目标函数

发电企业的整体利润表现为收益与成本的差值,其市场行为决策就是为了在市场交易的过程中实现自身利益的最大化。为了研究"双碳"目标下发电厂商的市场行为决策,本章将根据发电厂商在电力市场、绿证市场、碳市场三个交易市场的交易情况,并结合可再生能源电力消纳责任权重和碳配额,构建发电企业行为决策的目标函数。

$$\max \Pi = B_1 + B_2 + B_3 - C \tag{7-1}$$

其中,B_1 表示发电厂商在电力市场的收益,B_2 为发电厂商在绿证市场的收益,B_3 为发电厂商在碳市场的收益,若 C 为正数,表示发电企业因超出可再生能源电力消纳责任权重或碳配额时应支付的惩罚成本,C 为负数,表示发电企业配额内未卖出部分的补贴。

1. 电力市场

在电力市场中,发电企业通过出售自身发电量以获取收益,但发电过程中会产生发电成本。因此电力市场中发电企业的收益函数可以表示为:

$$B_1 = \sum_{t=1}^{T} \sum_{i=1}^{n} q_{i,t}(p_{e,t} - c_{e,t}) \tag{7-2}$$

其中,$i = 1,2,\ldots,n$,T 表示时段数,$q_{i,t}$ 表示时段 t 内发电企业的发电量,$p_{e,t}$ 表示发电企业在时段 t 的上网电价,$c_{e,t}$ 表示时段 t 的发电成本。

2. 绿证市场

在绿证市场中,发电企业通过交易绿证产生绿证收益。若交易量为正,表示发电企业在绿证市场上卖出绿证;相反的,若交易量为负值,表示发电企业买入绿证。具体的收益函数可以表示为:

$$B_2 = \sum_{t=1}^{T} \sum_{i=1}^{n} q_{i,t}^{g} p_{g,t} \tag{7-3}$$

其中,$q_{i,t}^{g}$ 表示时段 t 内发电企业的绿证交易量,$p_{g,t}$ 表示时段 t 内的绿证交易价格。

3. 碳市场

在碳市场中，发电企业通过碳交易产生收益。若碳交易量为正值，表示发电企业卖出碳配额；若碳交易量为负值，表示发电企业在碳市场买入碳配额。碳市场下发电企业的收益函数可以表示为：

$$B_3 = \sum_{t=1}^{T}\sum_{i=1}^{n} c_{i,t}^{tr} p_{c,t} \tag{7-4}$$

其中，$c_{i,t}^{tr}$ 表示时段 t 内发电企业的碳交易量，$p_{c,t}$ 表示时段 t 内的交易碳价。

4. 惩罚成本或额外补贴

因发电企业受到碳配额和可再生能源电力消纳责任权重的约束，如果超出配额指标或配额仍有盈余，则需要承担对应的惩罚成本即罚金，或者获取相应的补贴。用函数形式可以表示为：

$$C = q_m b_g + q_l b_c \tag{7-5}$$

其中，q_m 表示发电企业未满足可再生能源电力消纳责任权重或盈余的部分，q_l 表示发电企业未满足碳配额或盈余的部分，b_g 表示发电企业不满足可再生能源电力消纳责任权重部分的单位罚金或盈余部分的单位补贴，b_c 表示发电企业不满足碳配额部分的单位罚金或盈余部分的单位补贴。

当决策主体为火电企业时，C 主要表现为超出配额部分需要接受的惩罚，其函数形式可以表示为：

$$C = (Q_1 s_g - \sum_{t=1}^{T}\sum_{i=1}^{n} q_{i,t}^{gt}) b_g^1 + (Q_1 c_t(1-h_c) - \sum_{t=1}^{T}\sum_{i=1}^{n} c_{i,t}^{trt}) b_c^1 \tag{7-6}$$

其中 Q_1 表示火电企业总的发电量，s_g 表示火电企业的可再生能源电力消纳责任权重，h_c 表示火电企业的碳配额系数（本书中用火电企业发电量的百分比表示），c_t 表示火电企业的碳排放系数，$q_{i,t}^{gt}$ 表示火电企业的绿证交易量，$c_{i,t}^{trt}$ 表示火电企业的碳交易量，b_g^1 表示火电企业超出可再生能源电力消纳责任权重部分的单位罚金，b_c^1 表示火电企业超出碳配额部分的单位罚金。

当决策主体为绿电企业时，C 主要表现为配额盈余时未卖出部分的补贴，其函数形式可以表示为：

$$C = (Q_2 - \sum_{t=1}^{T}\sum_{i=1}^{n} q_{i,t}^{gg}) b_g^2 + (Q_2 s - \sum_{t=1}^{T}\sum_{i=1}^{n} c_{i,t}^{trg}) b_c^2 \tag{7-7}$$

其中 Q_2 表示绿电企业总的发电量，s 表示绿电企业的 CCER 认领可抵扣比例，$q_{i,t}^{gg}$ 表示绿电企业的绿证交易量，$c_{i,t}^{trg}$ 表示绿电企业的碳交易量，b_g^2

表示绿电企业未卖出的绿证单位补贴金额，b_c^2 表示绿电企业 CCER 认领可抵扣部分未卖出部分的单位补贴金额。

二、约束条件

1. 电量平衡约束

为保障电力市场的供需平衡，发电厂商的总体发电量等于系统用电需求 $Q_{n,t}$：

$$Q_{n,t} = \sum_{t=1}^{T} \sum_{i=1}^{n} q_{i,t} \qquad (7-8)$$

2. 发电量约束

$$Q_{n,t}^{\min} \leqslant q_{i,t} \leqslant Q_{n,t}^{\max} \qquad (7-9)$$

其中，$Q_{n,t}^{\min}$、$Q_{n,t}^{\max}$ 为 t 时段发电企业的最小、最大发电量。

3. 绿证交易量约束

在可再生能源电力消纳责任权重的约束下，火电企业需要通过购买绿证完成可再生能源电力消纳责任权重目标，其绿证交易量不会超过配额目标，可以表示为：

$$\sum_{t=1}^{T} \sum_{i=1}^{n} q_{i,t}^{gt} \leqslant s_g Q_1 \qquad (7-10)$$

对于绿电企业而言，其绿证交易量受到其发电量的约束，即：

$$\sum_{t=1}^{T} \sum_{i=1}^{n} q_{i,t}^{gg} \leqslant Q_2 \qquad (7-11)$$

4. 碳交易量约束

在碳配额的约束下，火电企业碳交易量约束为：

$$\sum_{t=1}^{T} \sum_{i=1}^{n} c_{i,t}^{trt} \leqslant (1 - h_c) c_t Q_1 \qquad (7-12)$$

类似的，绿电企业碳交易量约束为：

$$\sum_{t=1}^{T} \sum_{i=1}^{n} c_{i,t}^{trg} \leqslant s Q_2 \qquad (7-13)$$

5. 碳排放量约束

在"双碳"目标的约束下，发电厂商作为减排的重要对象，在保证自身收益的前提下，需要尽量减少由于发电产生的碳排放量，可以表示为：

$$C_{t,t}^{\min} \leqslant c_t q_{i,t} < C_{t,t}^{\max} \qquad (7-14)$$

其中，$C_{t,t}^{\min}$ 表示 t 时段发电企业的最低碳排放量，$C_{t,t}^{\max}$ 表示 t 时段发电企业的最高碳排放量。

第三节 "双碳"目标下发电企业多市场
组合参与策略仿真

为了验证发电企业市场行为决策模型的可行性,本章借助 Python 编译软件,运用 Gurobi 进行模型求解。围绕 RPS 下两个关键指标:可再生能源电力消纳责任权重和碳配额系数,开展敏感性分析,进而阐释重要变量对发电企业市场行为决策的影响。

一、火电企业的行为决策模型仿真分析

(一) 参数的选取及基准值设置

在本书的算例中,火电企业的参数基准值参考某火电企业 2021 年的发电量数据设定,如表 7-1 所示。该企业全年发电量为 603334 万千瓦时,对该企业一年内的市场行为进行仿真分析,得到该企业一年内不同月份下的绿证交易量和碳交易量情况,如图 7-1 所示。在基准情景下,该火电企业的全年绿证交易量为 87538.5 个,全年碳交易量为 71988.5 吨,绿证交易量一年的最大差值为 5410.9 个,碳交易量一年的最大差值为 4028.1 吨。根据发电企业的收益函数,在 RPS 和碳排放配额制下,由于火电企业需要购买绿证及碳排放权,在这两个市场将产生额外成本。

表 7-1 火电企业的基本参数及基准值设定

参数	b_g^1	b_c^1	s_g	h_c	c_t
参数含义	超出可再生能源电力消纳责任权重部分的单位罚金(元/千瓦时)	超出碳配额部分单位罚金(元/吨)	可再生能源电力消纳责任权重	碳配额系数	碳排放系数(吨/千瓦时)
基准值设置	0.35	0.3	0.2	0.7	0.75

此外,因火电企业超出配额部分需要承担较高罚金,为了减少这部分支出,在未完成配额指标的情况下,火电企业会尽可能多地通过购买绿证及碳排放权实现配额达标。基准情景下,火电企业的整体收益为 4.37 亿元。绿证市场中,火电企业的可再生能源电力消纳责任权重初始值为 0.2,此时,火电企业需要完成的绿证交易量为 120666.8 个,仍有 40% 的配额没有完

成，需要以 0.35 元/千瓦时缴纳罚金。在碳市场中，火电企业的碳配额系数初始值为 0.7，此时，火电企业的碳配额量为 316750 吨，剩余的 135750.2 吨需要通过购买碳排放额度或者缴纳罚金进行处理，已经完成的碳交易量仅占配额的 53%，超出的 47% 部分需要按照每吨 0.3 元缴纳罚金。

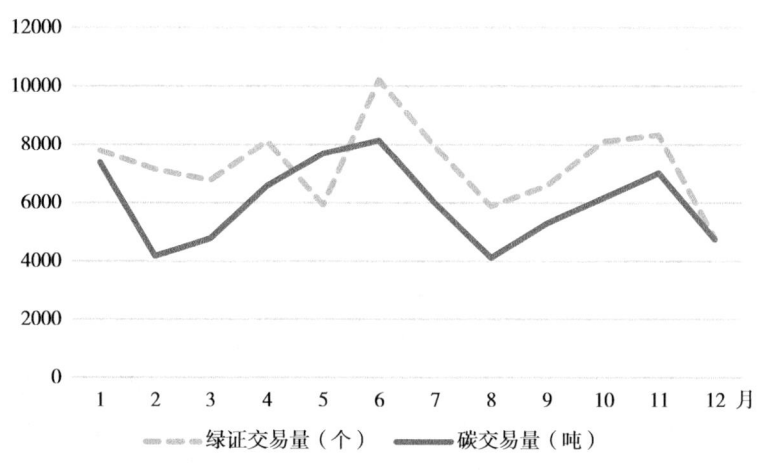

图 7-1 一年内不同时段的火电企业绿证交易量和碳交易量

（二）可再生能源电力消纳责任权重对火电企业绿证交易量的影响

由图 7-2 可见，可再生能源电力消纳责任权重与火电企业的绿证交易量呈正相关关系，随着可再生能源电力消纳责任权重系数的不断提升，火电

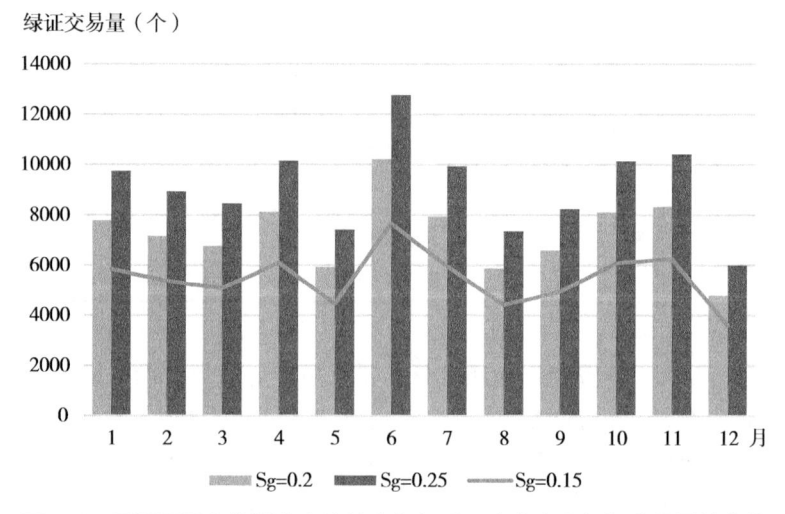

图 7-2 不同可再生能源电力消纳责任权重下火电企业绿证交易量的变化

企业的绿证交易量也明显随之提升。当可再生能源电力消纳责任权重从 0.15 提高至 0.25 时，全年绿证交易量由 65653.9 个升至 109423.2 个，增长幅度高达 66.7%。通过火电企业的行为决策模型可知，火电企业的收益主要取决于其在电力市场的成交电量，在成交电量不变的情况下，其收益水平将随着配额比例的提高而逐步降低。仿真结果显示，当可再生能源电力消纳责任权重由 0.15 提高至 0.25 时，火电企业的目标函数最优解即整体收益将由 5.22 亿元降低为 3.45 亿元。

在绿证市场中，火电企业需通过购买绿证以完成配额目标，配额比例的提高意味着火电企业需要支付更多的购买成本。当可再生能源电力消纳责任权重为 0.15 时，火电企业需要完成的绿证交易额度为 90500.1 个，但仿真结果表明，此时火电企业的绿证交易量仅占配额的 72.5%，剩余部分需要以每千瓦时 0.35 元支付罚金。当提高可再生能源电力消纳责任权重至 0.25 时，火电企业的配额完成情况仍为 72.5%，火电企业需要对剩余 27.5% 的部分支付罚金。火电企业若想减少这部分罚金，就需要提高企业的减排潜力，加快技术研发，由此可知，RPS 对火电企业的发展产生有效激励，对"双碳"目标的实现起到推动作用。

（三）碳配额对火电企业碳交易量的影响

图 7-3 为碳配额系数对火电企业碳交易量的影响。可以看出，基准情景下，碳配额系数为 0.7，此时全年碳交易量为 71988.5 吨。当提高碳配额

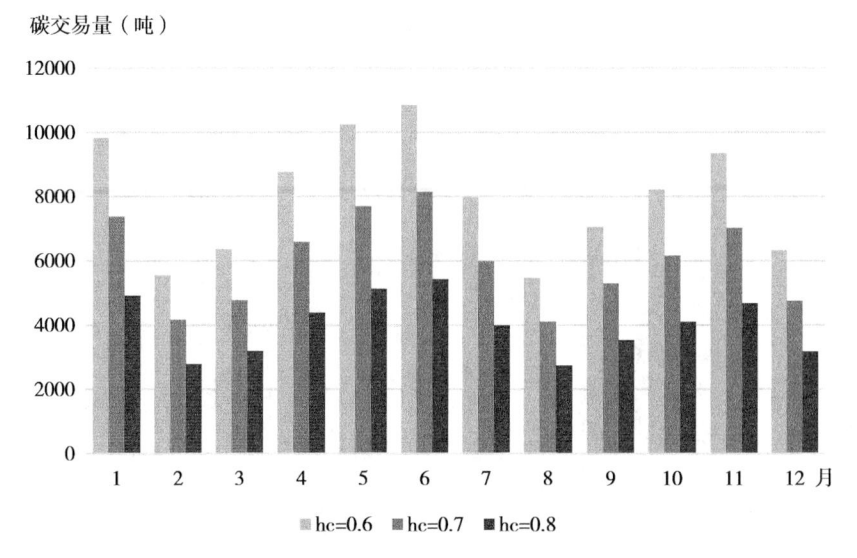

图 7-3 不同碳配额系数下火电企业碳交易量的变化

时,火电企业的碳交易量呈下降趋势,全年碳交易量降为47992.3吨;而当碳配额系数为0.6时,火电企业的碳交易量转而会提升,变为95984.6吨。出现这种情况的原因可能是,在"双碳"目标的约束下,当碳排放政策收紧时,火电企业由于碳排放因子居高不下,将会产生较多的二氧化碳排放,此时火电企业在碳市场中选择购买碳排放权的支出将会高于其超出配额部分的罚金,因此火电企业的碳交易量将会明显下降。若降低碳配额,火电企业只要稍微提高碳交易量就可以避免惩罚。

仿真结果显示,提高碳配额系数,火电企业的目标函数的最优解将会显著提升,当碳配额系数为0.6时,最优解为3.16亿元,当碳配额系数为0.8时,最优解升至5.51亿元,增长幅度高达74.4%。在碳市场中,当碳配额系数为0.6时,火电企业在碳配额约束下,需要处理的碳排放量为181000.2吨,此时碳交易量占处理量的比例为53%,仍有47%的部分需要缴纳罚金;当碳配额系数为0.8时,火电企业的碳配额完成情况为60%,意味着适当提高碳配额,能够推动火电企业更好地完成碳配额目标,使火电企业的整体收益得到提升。

(四)超出可再生能源电力消纳责任权重部分的单位罚金对绿证交易量的影响

由图7-4可以看出,随着此部分单位罚金的提高,火电企业的绿证交易量也会随之提高。当单位罚金低至0.25元/千瓦时时,火电企业由于能够承受超出可再生能源消纳责任权重部分带来的罚金,而选择不购买绿证,

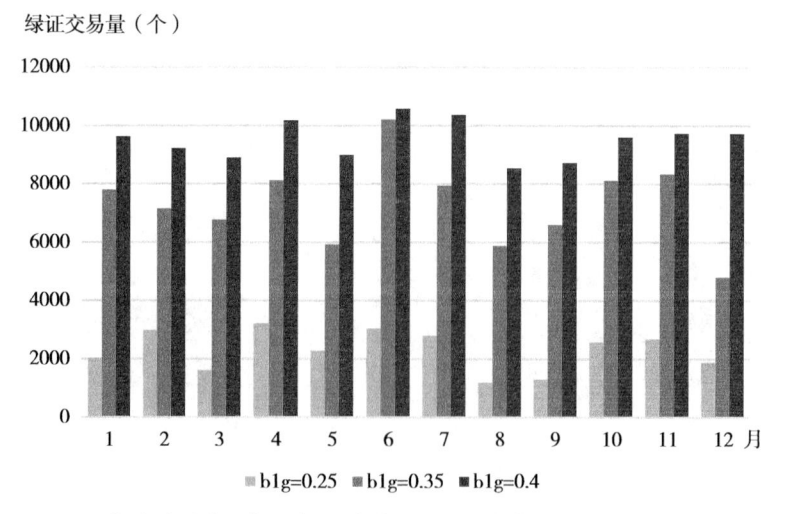

图7-4 超出消纳责任权重部分的单位罚金对火电企业绿证交易量的影响

此时全年的绿证交易量仅为 27587.2 个,火电企业的目标函数最优解为 4.94 亿元。当单位罚金进一步提升,达到 0.4 元/千瓦时时,火电企业不愿意再承担过高的罚金,转而会选择购买大量的绿证以满足可再生能源消纳责任权重的要求,这种情景下,火电企业的全年绿证交易量达到 114113.7 个,与单位罚金 0.25 元/千瓦时相比增长幅度高达 313.6%,但此时火电企业的整体收益降为 4.25 亿元,降幅为 13.8%。

在绿证市场中,火电企业通过购买绿证以完成可再生能源消纳责任权重,但是未完成的部分需要按照比例支付罚金。低罚金水平下,火电企业购买的绿证不足以完成配额目标,仅完成消纳责任的 22.9%,超过 77% 的配额部分需要缴纳罚金,提高罚金时,火电企业的配额完成情况可达 94.6%。仿真结果表明,罚金的提高,一定程度上会促使火电企业购买绿证,推动火电企业完成配额目标,但整体上对火电企业的利益有反向作用。适当降低罚金,可以使火电企业获取更大收益。

(五) 超出碳配额部分的单位罚金对火电企业碳交易量的影响

根据图 7-5 的仿真结果可以看出,超出碳配额部分的单位罚金与火电企业碳交易量呈正相关关系。高罚金情景下,火电企业的碳交易总量达到 110610.5 吨;低罚金情景下,火电企业的碳交易总量降至 18078.4 吨。在碳配额的约束下,火电企业至少需要进行 135750.2 吨的碳交易才能避免罚金,当对此部分收取较低的单位罚金 0.2 元/吨时,火电企业的碳交易量占配额的比重为 13.3%,对于超出的碳排放量均需缴纳罚金。当提高单位罚金时,火电企业的碳配额完成情况为 81.5%,需要缴纳的罚金明显减少。

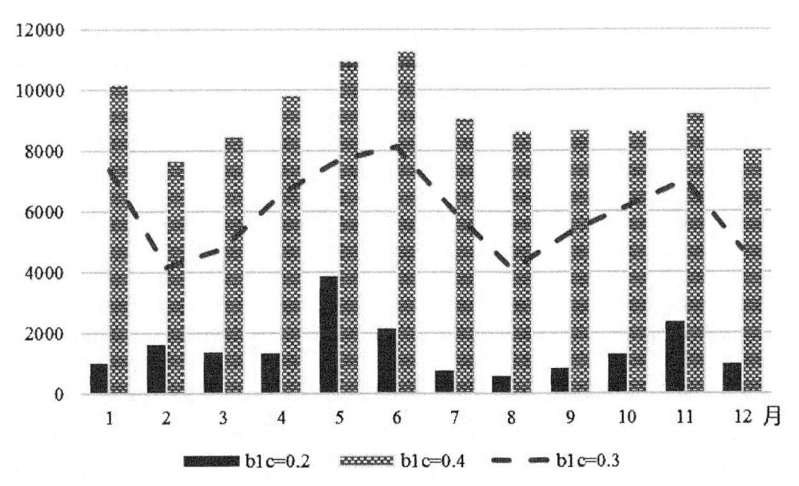

图 7-5 超出碳配额部分的单位罚金对火电企业碳交易量的影响

当对火电企业超出碳配额部分征收较高的罚金时,火电企业为了自身利益最大化,会选择提高碳交易量,以避免此部分高额的罚金。同样的,降低罚金也会使得火电企业选择缴纳可以接受的低罚金,在这种情况下,缴纳罚金相较于碳交易来说,是成本更小的最优选择。从火电企业的收益情况来看,与超出可再生能源电力消纳责任权重部分的罚金一致,只有适当降低罚金,火电企业才会获得较为满意的收益,当超出碳配额部分的单位罚金为0.2元/吨时,此时的收益函数最优解为5.21亿元,但当罚金提升至0.4元/吨时,最大收益将降为3.92亿元,可见,对火电企业征收太高的罚金并不利于企业的正向发展。

二、绿电企业的行为决策模型仿真分析

(一) 参数的选取及基准值设置

在本书的算例中,绿电企业的参数基准值参考某绿电企业2021年的发电量数据设定,如表7-2所示。该企业全年发电量为421831.77万千瓦时,对该绿电企业的市场行为决策模型进行仿真分析,得到在基本参数设定下绿电企业一年内的绿证交易量和碳交易量,如图7-6所示。绿电企业一年内的绿证交易量保持在较高的水平,全年的绿证交易量为305237.2个,而一年内的碳交易量为208437.2吨。此时,绿电企业的目标函数最优解为4.16亿元。

表7-2 绿电企业的基本参数及基准值设定

参数	b_g^2	b_c^2	s
参数含义	未卖出绿电部分的单位补贴(元/千瓦时)	CCER认领未卖出部分的单位补贴(元/吨)	CCER认领可抵扣比例
基准值设置	0.25	0.2	0.6

在绿证市场中,绿电企业的全部发电量均可用以出售绿证,基准情景下,绿电企业的绿证交易比例为72.8%,表明剩余的27.2%的绿电可以享受补贴。在碳市场中,绿电企业可以交易的碳排放额度为251516.8吨,当CCER认领可抵扣比例为0.6时,仿真结果显示,碳交易比例为82.9%,剩余17.1%的碳排放额度可以享受对应的补贴。当未卖出的绿电部分单位补贴高于未卖出的碳排放额度单位补贴时,绿电企业为了获取更多的收益更愿意销售绿色证书而不是销售碳排放额度,使得绿证交易量显著提高,促进绿证制度的发展。当CCER认领可抵扣比例较高时,说明绿电企业能够

交易的碳排放额度也会增加,高碳排企业也逐渐变得清洁化。由此可得,RPS 和碳配额制度对绿电企业的发展均能产生有效激励,促进新能源的并网与消纳,推动我国能源清洁化转型。

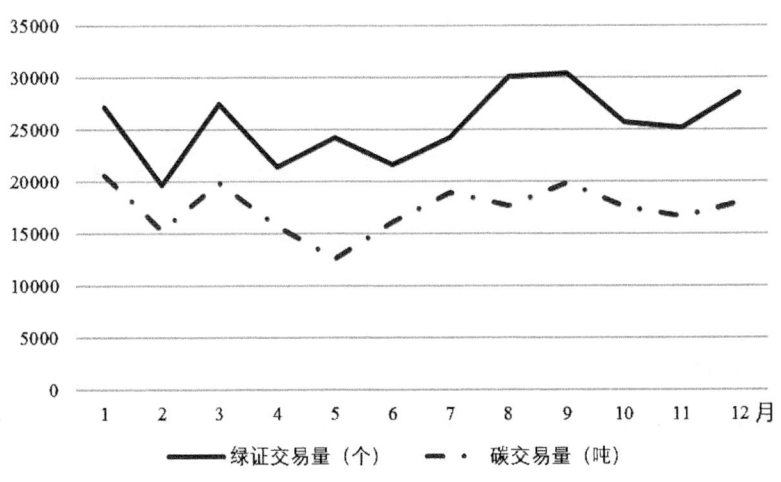

图 7-6 一年内不同时段下的绿电企业绿证交易量和碳交易量

(二) 未卖出绿电部分的单位补贴对绿电企业的绿证交易量的影响

图 7-7 所示为未卖出绿电部分的单位补贴对绿电企业绿证交易量的影响。从图中可以看出,随着这部分补贴的增加,绿电企业的绿证交易量逐

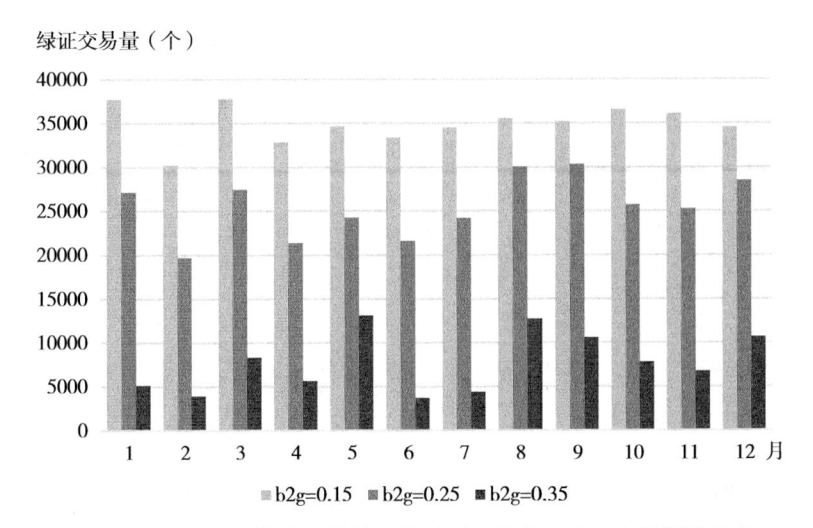

图 7-7 未卖出绿电部分的单位补贴对绿电企业绿证交易量的影响

渐降低，仿真结果显示，当未卖出绿电部分的单位补贴为 0.15 元/千瓦时，绿电企业全年的绿证交易量为 419153.5 个，当单位补贴提升至 0.35 元/千瓦时时，绿电企业的全年绿证交易量则显著下降至 92489.36 个，仅占基准情景 0.25 元/千瓦时时交易量的 30%。当未卖出绿电部分的单位补贴增加时，绿电企业更倾向于选择不卖出绿证，以留下更多的补贴空间，因而此图也与现实情况较为符合。

在绿证市场中，绿电企业的发电量可全部用于绿证交易，绿电企业的收益主要来自绿色证书和绿电超额补贴两部分。未卖出绿电部分的单位补贴增加时，绿电企业的绿证交易量虽然呈下降趋势，但由于补贴额度较高，绿电企业的收益仍会提升。当未卖出的绿电补贴为 0.15 元/千瓦时时，绿电企业的绿证交易量占其全年发电量的 99%，此时绿电企业的收益 4.13 亿元几乎全部来自绿证交易；而当继续提高补贴至 0.35 元/千瓦时时，绿电企业的绿证交易量仅占发电量的 22%，此时虽然绿电企业的最大收益可达 4.37 亿元，但只有少部分收益来自绿证交易，更多的收益来自政府对于未卖出部分的补贴，可见适当提高未卖出绿电的补贴，虽能促进绿电企业的整体收益，但对绿证市场的发展有所抑制。

（三）CCER 认领未卖出部分的单位补贴对绿电企业碳交易量的影响

从图 7-8 中可以看出 CCER 认领但未卖出部分的不同单位补贴对绿电企业碳交易量的影响情况，随着此部分补贴额度的提高，绿电企业的碳交易量逐渐降低。根据仿真结果，当 CCER 认领但未卖出部分的单位补贴为 0.1 元/吨时，绿电企业的全年碳交易量为 251492.1 吨，当单位补贴持续提升，达到 0.3 元/吨时，绿电企业的全年碳交易量降至 110822.5 吨，仅为此部分单位补贴为 0.1 元/吨时的 44%。与绿电的超额补贴类似，当绿电企业认领了足够的 CCER，但仍有未卖出的碳排放额度时，绿电企业选择继续交易还是接受政府补贴最主要的原因就是这部分补贴额度的高低，若补贴足够高时，绿电企业则会放弃碳交易，从而享受更多的补贴。

在碳市场中，绿电企业通过认领 CCER 以进行碳交易，未卖出部分可以获取补贴。以 CCER 的基准认领比例 0.6 计算，绿电企业能够交易的碳排放额度为 251516.8 吨，若这部分碳排放量未全部卖出，剩余部分即可获取补贴。当这部分单位补贴为 0.1 元/吨时，绿电企业 99% 的碳排放额度均用以碳交易，此时绿电企业的目标函数最优解即最大收益为 4.15 亿元。当单位补贴为 0.3 元/吨时，绿电企业仅交易了原有碳排放额度的 44%，剩余的 56% 都可以接受政府对此的补贴，此时，企业的整体收益为 4.24 亿元。整体来说，补贴对于绿电企业的碳交易有显著反向作用，即补贴力度越大，碳交易量越小。

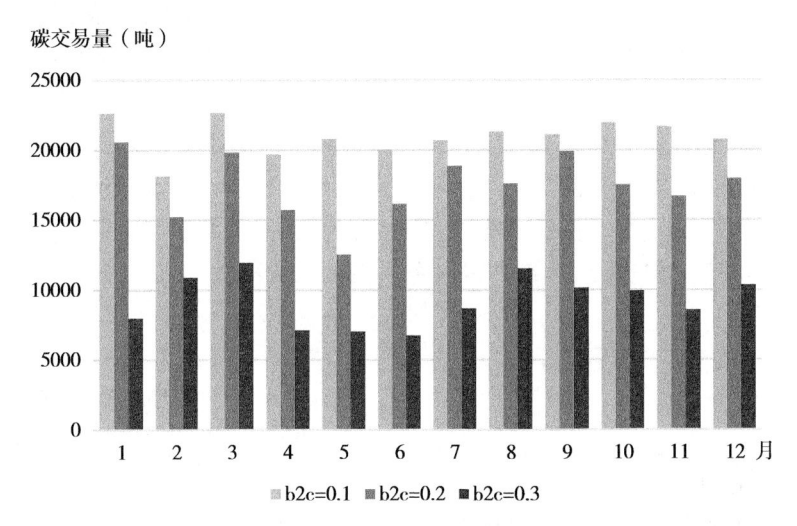

图 7-8 CCER 认领未卖出部分的单位补贴对绿电企业碳交易量的影响

(四) CCER 认领可抵扣比例对绿电企业碳交易量的影响

图 7-9 为 CCER 认领可抵扣比例对绿电企业碳交易量的影响。从图中可以看出,随着可抵扣比例的提高,绿电企业的碳交易量也随之提高。当 CCER 认领可抵扣比例为 0.5 时,绿电企业的全年碳交易量为 173697.7 吨,当可抵扣比例提高至 0.7 时,绿电企业的全年碳交易量为 243176.7 吨,交易量涨幅 40%。当 CCER 认领可抵扣比例提高时,企业分配到可卖出的碳排放额度将会提高,因而绿电企业的碳交易量提高。

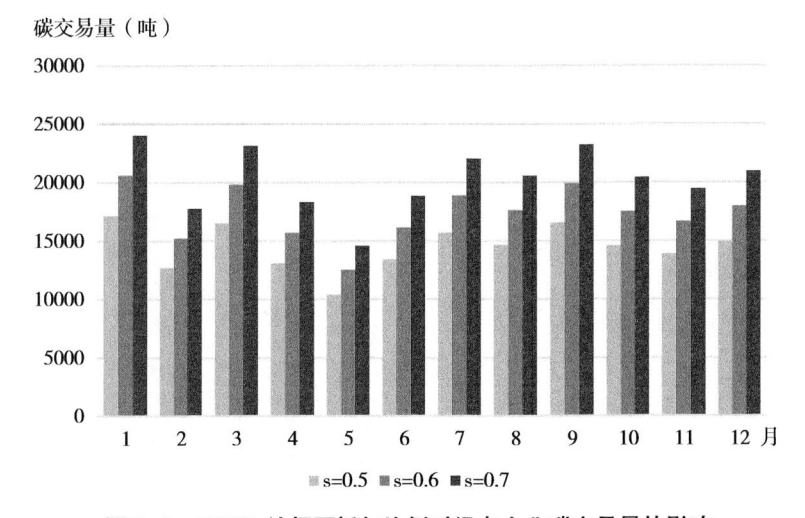

图 7-9 CCER 认领可抵扣比例对绿电企业碳交易量的影响

在碳交易市场中,绿电企业作为二氧化碳减排中碳排放权和新能源电力的主要提供方,当 CCER 认领可抵扣比例为 0.5 时,绿电企业的整体收益为 4.03 亿元,当抵扣比例提高至 0.7 时,绿电企业的整体收益增长 6.3%,达到 4.28 亿元。并且随着 CCER 认领可抵扣比例的逐步提高,高碳排企业的清洁化与低碳化程度会逐渐升高,碳市场中的碳交易量将会保持在一个较高的水平,绿电企业的销售电量增多,绿电企业的市场份额进一步扩大,会促进电力系统的低碳发展和绿电企业的大规模发展。

本章分析了"双碳"目标对发电企业市场行为决策的影响,以可再生能源电力消纳责任权重和碳配额为切入点,针对发电企业市场行为开展研究,建立了多个市场下发电企业的市场行为决策模型,并通过算例仿真进行验证分析,得到以下结论:

在 RPS 和碳配额政策的影响下,适当提高可再生能源电力消纳责任权重、降低碳配额系数将会提升火电企业在绿证市场和碳市场的成交量,适当降低罚金虽然会导致绿证交易量和碳交易量的下降,但将会给火电企业带来更多的收益。火电企业从自身利益出发,为了获取更多的收益,在此激励下将会走上更加清洁低碳的发展道路。

对于绿电企业而言,提高对未卖出的绿电和碳排放额的补贴,将会导致企业不愿进行交易,依赖补贴获取收益。提高绿电企业 CCER 认领可抵扣比例,对绿电企业的正向影响效果明显,既能带来碳交易量的增加,也会给绿电企业带来更多收益,进而推进绿电企业的规模化发展。

结　语

本书首先界定了 RPS 下发电企业市场行为的内涵,深入剖析了发电企业市场主体间的互动关系及其相应的行为决策;随后,基于 Fuzzy-DEMATEL 从宏观、微观角度提取了影响发电企业市场行为的关键因素;基于演化博弈理论与系统动力学理论分析了火电企业和绿电企业在不同情景下的市场行为及发展趋势;最后,构建了发电企业在双碳目标下参与多市场的组合决策模型,分析了发电企业同时参与电力市场、碳市场和绿证市场的组合策略。为支撑发电企业有效参与各相关市场,本部分将从多市场协同参与、利益共享、信息联络和风险防御四个方面构建发电企业市场行为保障机制,拟为提升发电企业参与各市场的行为决策效果提供参考建议。

一、多市场协同参与机制

为实现"双碳"目标,国家鼓励电力市场、碳市场、绿证市场等多类市场建设,通过市场化手段促使相关主体进行可再生能源消纳、碳减排等行为活动。厘清发电企业在各市场的参与情况,并考虑设计发电企业综合参与各市场的机制方案,对于发电企业进行市场行为决策具有重要参考价值。对于发电企业而言,要在充分掌握各市场规律和自身生产、经营情况的基础上,协同参与电力交易市场、绿色证书交易市场、碳排放权交易市场等多个市场,以最优的交易组合实现收益最大化。

在电力交易市场,电力中长期交易在规避风险方面发挥了压舱石的作用,电力现货交易能够发现电力价格,让电力回归商品属性,充分发挥市场在电力资源配置中的决定性作用。现货市场风险大,目前避险手段少,发电企业须通过签订中长期合约来规避现货风险,所签订的中长期合约的量、价、曲线均对企业的收益情况有很大影响。但中长期合约获取的前提是必须继续下大力气开拓市场用户,特别是用电量大、用电稳定、用电曲线较好的用户,要创新增值服务,提高客户黏性,充分发挥企业的品牌、技术优势,将中长期市场做大做强。除此之外,还需要灵活经营。将发电营收和利润总额最大化作为主要考核指标,现货出清价格高时多发电、低时少发电甚至停机,统筹规划中长期的发电量和发电价格,才能获得最佳收益。这样的灵活调整,也能一定程度上降低碳排放压力,减少在碳市场的交易成本或获得碳交易收入。煤电机组特别是低容量、高成本煤电机组仅依托发电量赢利的模式对企业来说难以为继,煤电企业迫切需要拓展更多的赢利模式,而电力辅助服务市场是体现煤电机组价值的重要手段。在电能量市场中,小容量机组与大容量机组相比没有任何竞争优势,其收益远远低于大容量、低成本机组,辅助服务市场是小机组获得收益的很重要的方式。

在碳配额和RPS政策约束下,重点排放企业出于减碳和可再生能源消纳需要,对绿电或绿证有一定的消费倾向。但同时,企业也应注意到绿电在供电稳定性上存在的劣势一定程度上会限制绿电企业的收入。绿证是可再生能源电力环境价值的证明,独立于物理电量之外,本质上是"电证分离"的,因此绿电企业可以采用"平价上网+绿证价格"作为绿电价格进行"电证捆绑"交易,或者单独出售绿证的"非捆绑"交易,可根据市场情况灵活进行选择。对于每一个独立的发电主体而言,其最优的多市场协同参与机制各有不同,在实际参与市场的过程中,应结合各市场各类交易产品的历史价格和预测价格,企业的发展现状和未来发展方向,量身设计最优的市场产品投入或消费比例。

二、利益共享机制

"双碳"目标是在惠及全人类的高度上提出来的,为实现这一目标,各主体也应秉持互惠互利的理念,责任共担、利益共享。通过构建合理的利益共享机制,促进各主体间的合作,才能达到"1+1>2"的效果。

在配额制下,火电企业可以在绿色证书市场中,与绿电企业签订合同,以保证自身的绿色证书需要;绿电企业以及电网企业,则可在辅助服务市场中,与火电企业签订合同,以降低自身新能源发电出力不稳定等问题。火电企业还可转让部分发电权给绿电企业,从而获取发电权转让的收益。很长一段时间,火电仍将作为电力系统的主体存在,但面临高昂的煤炭价格,以及绿电成本不断降低带来的绿电竞争能力的上升。火电企业应探索与上游的煤炭企业合作的可能,尝试建立煤电一体化、煤电交叉持股、煤电企业合并重组等煤电联营合作模式,实现共赢的目的。

为降低弃风弃光率,绿电企业可与下游的用电方合作,开拓新型的商业模式。比如,与周围地区的电力大用户或商业园区签订协议,通过用户侧主动响应消纳夜间大量低价风电等方式增加绿电消纳量。企业间还可进行技术合作,如构建技术联盟,通过企业间的优势互补来推动多个企业的技术创新;各个企业要提供其他企业所没有的独特资源,在进行协定和遵守契约的基础上构建合作关系。企业通过从战略高度来构建这种合作关系,可以根据企业发展情况作出调整,并能够在技术创新方面获得更多资源,对于提升企业自身的技术创新能力有着重要意义。同时,企业有必要通过强化内部管理水平来提高自身的技术科研能力以及吸收能力。另外,企业还应考虑与科研部门、高等院校等合作。通过校企共建人才、设备、技术资源共享平台,促进校企相互渗透,高效利用双方资源,既可以加快技术创新,同时也是在培养行业技术人才,为企业未来发展积蓄力量。

三、信息联络机制

建立畅通的信息联络机制,以便市场各主体及时接收和领会政策指示,及时把握机会、采取行动;也有利于市场各主体及时向上反馈执行情况,方便政策制定者及时了解问题,动态调整政策措施。搭建畅通的信息联络渠道,也是促进企业与各方建立良好合作关系的重要支撑手段。

作为行业内各项政策的终端执行者,发电企业在实际生产、运营中,面临着完成政策要求和满足企业自身盈利需要的情况,其中难免会存在一些矛盾和困难,企业自身积极寻求解决办法的同时,也应及时向上反馈情况和问题,寻求政府和相关组织机构的帮助。这样,政策制定者也能够及时掌握政策的落实情况,考虑政策制定合理与否,根据企业的实际需要,进一步优化政策或辅助政策落地、完善配套措施,助力企业顺利完成目标。目前来看,我国政策"上情下达"效果较好,而"下情上达"的效果仍有待提升。虽然政策的改进、制定由政府一方做出最终决定,但也需要发电企业的积极配合反馈,才能更好地开展政策调整工作。

全国统一的大市场建设,将有力地打破省间交易壁垒,发电企业可以在更大的范围内寻求交易、合作。为此,发电企业应通过各类信息传播媒介、电子通信设备等,与全国范围内的上下游企业、电力大用户等搭建联络网,以此在更大范围内寻找市场机会和优质的合作伙伴。

各发电企业之间也应加强沟通联络,以此更好地了解行业趋势、发展情况等。企业间应该营造一种竞合关系,为实现"双碳"目标和自身发展,充分交流,积极寻求合作可能。在RPS政策下,传统火力发电企业为满足配额指标要求要积极地寻求开展绿色证书交易的可能,而可再生能源发电企业为增加自身收益,也将考虑出售绿色证书,因此供需双方建立顺畅的信息联络机制,搭建起信息化的绿色证书交易平台,将有利于双方期望的实现,有利于绿色证书市场的繁荣,有利于RPS政策目标的完成。企业应积极组织开展交流,分享技术和管理经验、探讨发展构想和合作模式。

四、风险防御机制

电力系统牵涉多方主体,覆盖地域、行业范围广泛,包含生产安全、设备建设、信息交互、市场交易等多项内容,因此在整个系统运行过程中也存在着很多不确定的因素,蕴含着一定的风险。尤其在实现"双碳"目标的新形势下,高比例的新能源接入电力系统,也将进一步增加风险。为了应对这些风险,防范重大风险的发生,构建行之有效的风险防御机制至关重要。市场各主体尤其是电网企业,要结合自身情况,从技术、流程、管理方法等多方面积极寻求机制构建方案。

对于极端天气带来的风险,建立高预见性、高精度的天气预测系统和极端天气预警系统,按极端天气概率和影响范围,建立差异化的电力保障预案,实现从"临时应对"到"事前预案"的转变,优先保障居民的电力供应,同时应完善网络结构,着力解决电网薄弱环节,加强电网弹性。对于网络攻击风险,应进一步加强安全防护,实现调控系统从"被动防御"到"主动防御"的转变,设置调控设备准入机制,加强漏洞排查,健全事故预警和应急响应机制,提升网络安全事件取证和追踪能力。

参 考 文 献

曹丽媛、王伟:《我国新能源发展政策工具创新研究》,《华北电力大学学报》(社会科学版)2018年第6期。

曹雨微、郭晓鹏、董厚琦等:《计及消纳责任权重的区域综合能源系统运行优化研究》,《华北电力大学学报(自然科学版)》2022年第3期。

陈凯、黄滋才:《基于期望效用与前景理论的行为决策精算定价模型》,《保险研究》2017年第1期。

陈志峰:《我国可再生能源绿证交易基础权利探析》,《郑州大学学报》(哲学社会科学版)2018年第3期。

丁霞:《新能源与可再生能源政策与规划研究》,《现代工业经济和信息化》2020年第11期。

董畅、张曦:《我国可再生能源配额制政策的实施对生物质发电产生的影响》,《能源研究与管理》2015年第4期。

董福贵、时磊:《可再生能源配额制及绿色证书交易机制设计及仿真》,《电力系统自动化》2019年第12期。

冯昌森、谢方锐、文福拴等:《基于智能合约的绿证和碳联合交易市场的设计与实现》,《电力系统自动化》2021年第23期。

冯贵霞:《中国大气污染防治政策变迁的逻辑——基于政策网络的视角》,博士学位论文,山东大学政治学与公共管理学院,2016年。

冯浩:《网络舆情与中国房地产市场行为相关性研究》,硕士学位论文,吉林大学管理学院,2019年。

冯奕、刘秋华、刘颖等:《中国售电侧可再生能源配额制设计探索》,《电力系统自动化》2017年第24期。

高翔、贾亮亭、胡蓉:《基于政策网络治理的空运承运人监管模式研究》,《经营管理者》2014年第35期。

高逸、吴耀武、宋新甫等:《可再生能源配额政策对新能源发展影响分析及消纳策略研究》,《电力需求侧管理》2019年第1期。

韩顺行:《实施可再生能源配额综合效益研究》,硕士学位论文,北京化工大学经济管理学院,2015年。

何永秀、吴锐:《面向配额制的中国可再生能源发展机制设计》,《电力需求侧管理》2014年第6期。

黄碧斌、李琼慧、谢国辉等:《意大利可再生能源配额制及对我国的启示》,《风能》2013年第11期。

黄珇仪:《可再生能源配额制政策的理论研究》,《改革与战略》2016 年第 8 期。

蒋多、何贵兵:《心理距离视角下的行为决策》,《心理科学进展》2017 年第 11 期。

蒋铁澄、曹红霞、杨莉等:《可再生能源配额制的机制设计与影响分析》,《电力系统自动化》2022 年第 7 期。

兰梓睿:《中国可再生能源政策效力、效果与协同度评估——基于 1995—2018 年政策文本的量化分析》,《大连理工大学学报》(社会科学版)2021 年第 5 期。

李飞、李咸善、鲁明芳等:《计及配额考核约束的发电商与大用户直购电博弈优化模型》,《高电压技术》2022 年第 8 期。

李菲:《巴西可再生能源政策演进及对我国的启示》,《黑龙江生态工程职业学院学报》2020 年第 3 期。

李家才、陈工:《国际经验与中国可再生能源配额制(RPS)设计》,《太平洋学报》2008 年第 10 期。

李玉、吴斌、王超:《基于前景理论的众包物流配送方行为决策演化博弈分析——基于发货方视角》,《运筹与管理》2019 年第 6 期。

梁吉、左艺、张玉琢等:《基于可再生能源配额制的风电并网节能经济调度》,《电网技术》2019 年第 7 期。

骆钊、卢涛、马瑞等:《可再生能源配额制下多园区综合能源系统优化调度》,《电力自动化设备》2021 年第 4 期。

骆钊、秦景辉、梁俊宇等:《含绿色证书跨链交易的综合能源系统运行优化》,《电网技术》2021 年第 4 期。

马昕、李旭垚、钟维琼:《基于双目标节能调度的可再生能源配额制福利效果评估方法研究》,《可再生能源》2015 年第 1 期。

宁俊飞:《新能源配额制会提高电价吗?》,《中国物价》2011 年第 6 期。

秦珒衡、杨譞:《绿色证书交易机制对可再生能源发展的积极作用分析》,《金融经济:理论版》2009 年第 6 期。

任东明、曹静:《论中国可再生能源发展机制》,《中国人口资源与环境》2003 年第 5 期。

任东明、张正敏:《论中国可再生能源发展的主要问题以及新机制的建立》,《可再生能源》2023 年第 4 期。

任东明:《中国可再生能源配额制和实施对策探讨》,《电力系统自动化》2011 年第 22 期。

邵希娟、杨建梅:《行为决策及其理论研究的发展过程》,《科技管理研究》2006 年第 5 期。

石永鹏:《配额制实施背景下风电厂的经营决策模型研究》,硕士学位论文,华北电力大学(北京)经济与管理学院,2022 年。

宋立鹏:《可再生能源配额制在我国实施的适应性研究》,硕士学位论文,华东政法大学经济法学院,2008 年。

孙增芹、刘芳:《完善我国可再生能源法律制度的几点建议》,《干旱区资源与环境》2013年第2期。

田华文:《从政策网络到网络化治理:一组概念辨析》,《北京行政学院学报》2017年第2期。

田志龙、樊帅:《企业市场与非市场行为的竞争互动研究——基于中国房地产行业的案例》,《管理评论》2010年第2期。

涂强、莫建雷、范英:《中国可再生能源政策演化、效果评估与未来展望》,《中国人口·资源与环境》2020年第3期。

万冠:《发电厂商市场行为与可再生能源配额制的共生演化研究》,硕士学位论文,华北电力大学经济与管理学院,2015年。

王嘉阳、周保荣、吴伟杰等:《西部集中式与东部分布式光伏平准化度电成本研究》,《南方电网技术》2020年第9期。

王云珠:《"十四五"时期山西可再生能源发展政策研究》,《经济问题》2021年第8期。

魏向杰:《支持新能源发展的财税政策研究》,《中国工程科学》2015年第3期。

魏莹、熊思佳:《竞争?或者合作?——基于报童决策的底线和现状利润双参照点研究》,《系统工程理论与实践》2020年第12期。

翁章好、陈宏民:《三种可再生能源政策的效果和成本比较》,《现代管理科学》2011年第4期。

吴玲、刘浩、刘秋华等:《可再生能源配额制下售电公司多市场交易决策》,《电力建设》2023年第7期。

伍红民、郭汉丁、李柏桐:《多方博弈视角下既有建筑节能改造市场主体行为策略》,《土木工程与管理学报》2019年第1期。

武群丽、席曼:《考虑绿色证书交易的跨省区电力市场均衡分析》,《现代电力》2021年第4期。

谢旭轩、王田、任东明:《美国可再生能源配额制最新进展及对我国的启示》,《中国能源》2012年第3期。

徐丹、汪建平:《配额制视角下发电企业数据资产决策的演化博弈研究》,《情报科学》2023年第8期。

许博、左莉琳、金珈伊等:《基于演化博弈的"双边—集中"电力市场交易机制研究》,《中国管理科学》2023年第8期。

薛晗:《意大利可再生能源激励政策启示》,《智库时代》2017年第1期。

严晨:《保险行业的市场结构、市场行为、市场绩效研究》,《统计与管理》2021年第8期。

杨翾、张林强、孙可等:《法国可再生能源区域发展政策的研究》,《高压电器》2019年第10期。

姚军、何姣、吴永飞等:《考虑碳交易和绿证交易制度的电力批发市场能源优化》,

《中国电力》2022年第8期。

姚荣:《关于我国教育政策网络治理的思考》,《教育探索》2013年第9期。

衣博文、许金华、范英:《我国可再生能源配额制中长期目标的最优实现路径及对电力行业的影响分析》,《系统工程学报》2017年第3期。

尹秋舒:《日本新能源发展与政策研究》,《现代商贸工业》2019年第12期。

於世为、孙亚方、胡星:《"双碳"目标下中国可再生能源政策体系完善研究》,《北京理工大学学报》(社会科学版)2022年第4期。

俞萍萍、杨冬宁:《低碳视角下的可再生能源政策——激励机制与模式选择》,《学术月刊》2012年第3期。

俞萍萍:《可再生能源发电的配额制政策初探》,《统计科学与实践》2011年第1期。

曾鸣、许彦斌、马嘉欣等:《"绿证交易+配额制考核"对责任主体交易策略影响研究》,《华北电力大学学报》(自然科学版)2023年第4期。

[美]詹姆斯·麦甘恩等:《全球智库:政策网络与治理》,韩雪、王小文译校,上海交通大学出版社2015年版。

张光耀:《欧盟可再生能源法律和政策现状及展望》,《中外能源》2022年第1期。

张林星:《政策网络理论视野下的欧盟治理研究》,硕士学位论文,南京大学国际学院,2014年。

张鸢、罗正军、周德群:《基于主体的可再生能源电力消纳交易仿真研究》,《系统仿真学报》2022年第1期。

张卫高:《我国可再生能源补贴法律制度研究》,硕士学位论文,浙江财经大学法学院,2014年。

张翔、陈政、马子明等:《适应可再生能源配额制的电力市场交易体系研究》,《电网技术》2019年第8期。

张正敏、王革华、高虎:《中国可再生能源发展战略与政策研究》,《经济研究参考》2004年第84期。

赵淑媛、袁鑫、刘骏等:《"双碳"背景下CCUS应用对火电机组经济性的影响分析》,《能源科技》2022年第5期。

赵新刚、冯天天、杨益晟:《可再生能源配额制对我国电源结构的影响机理及效果研究》,《电网技术》2014年第4期。

赵新刚、梁吉、任领志等:《能源低碳转型的顶层制度设计:可再生能源配额制》,《电网技术》2018年第4期。

赵新刚、任领志、万冠:《可再生能源配额制、发电厂商的策略行为与演化》,《中国管理科学》2019年第3期。

周步祥、曹强、臧天磊等:《基于区块链的微电网双层博弈电力交易优化决策》,《电力自动化设备》2022年第9期。

朱海:《论可再生能源配额制在我国的推行》,硕士学位论文,上海交通大学国际与公共事务学院,2008年。

朱继忠、冯禹清、谢平平等:《考虑可再生能源配额制的中国电力市场均衡模型》,《电力系统自动化》2019年第1期。

庄秋婷:《我国可再生能源补贴政策研究》,硕士学位论文,浙江大学,2013年。

左文明、陈少杰、王旭等:《基于前景理论的网络消费者多属性行为决策模型》,《管理工程学报》2019年第3期。

A.Gunga,N.V.Emodi,M.O.Dioha,"Improving Nigeria's renewable energy policy design: A case study approach",*Energy Policy*,Vol.130(July 2019).

A.Maurice,"Le comportment de l'homme rationanel devant le risque:Critique des postulats et axioms de l'ecole Americaine",*Econometrica*,Vol.21,No.4(Oct.1953).

A.Pitelis,N.Vasilakos,K.Chalvatzis,"Fostering innovation in renewable energy technologies:Choice of policy instruments and effectiveness",*Renewable Energy*,Vol.151(May 2020).

A.Sandström,L.Carlsson,"The Performance of Policy Networks:The Relation between Network Structure and Network Performance",*Policy Studies Journal*,Vol.36,No.4(Jan.2008).

A.Hollingsworth,I.Rudik,"External Impacts of Local Energy Policy:The Case of Renewable Portfolio Standards",*Journal of the Association of Environmental and Resource Economists*,Vol.6,No.1(Jan.2019).

A.J.RYAN,F.DONOU-ADONSOU,L.N.CALKINS,"Subsidizing the sun:The impact of state policies on electricity generated from solar photovoltaic",*Economic Analysis and Policy*,Vol.63(Sep.2019).

American Wind Energy Association."The Renewable Portfolio Standard:How It Works and Why It's Needed",http://www.awea.org/2000.

B.Leucht,"Transatlantic policy networks in the creation of the first European anti-trust law:Mediating between American anti-trust and German ordo-liberalism",in *The book of the History of the European Union Schizophrenia Research*,2008.

B.Sovacool,J.Barkenbus,"Necessary but Insufficient:State Renewable Portfolio Standards and Climate Change Policies",*Environment Science & Policy for Sustainable Development*,Vol.49,No.6(July 2007).

C.Adell,A.Jordan,D.Benson,"The Role of Policy Networks in the Coordination of the European Union's Economic and Environmental Interests:The Case of EU Mercury Policy",*Journal of European Integration*,Vol.37,No.4(May 2015).

C.Kim,"A review of the deployment programs,impact,and barriers of renewable energy policies in Korea",*Renewable and Sustainable Energy Reviews*,Vol.144(July 2021).

C.Weiter,"The Renewable Portfolio Standard in Western Australia-Performance in the Face of Institutional Constraints",*Energy & Environment*,Vol.15,No.1(Sep.2004).

C.X.Gao,"On Theoretical Origin,Practical Limits and Development Prospect of Policy Network Research".*Journal of Anhui University of Technology*,2008.

D.Ellsberg,"Risk,ambiguity,and the savage axio ms".QJ Econ,1961(75).

D.Jovan,K.Milena,R.Milivoje,"Renewable energy in the Western Balkans:Policies,developments and perspectives",*Energy Reports*,Vol.7(Nov.2021).

D.Marsh,R.A.W.Rhode,*Policy Networks in British Government*,Clarendon,1992.

D.N.Liu,M.Liu,E.F.Xu,et al.,"Comprehensive effectiveness assessment of renewable energy generation policy:A partial equilibrium analysis in China",*Energy Policy*,Vol.115(April 2018).

D.Ponzini,"Urban implications of cultural policy networks:the case of the Mount Vernon Cultural District in Baltimore",*Environment & Planning C Government & Policy*,Vol.27,No.3(Jun 2016).

D.Q.Zhou,F.S.Hu,Q.Y.Zhu,Q.W.Wang,"Regional allocation of renewable energy quota in China under the policy of renewable portfolio standards",*Resources,Conservation and Recycling*,Vol.176(Jan.2022).

D.Stone,"The Group of 20 transnational policy community:Governance networks,policy analysis and think tanks",*International Review of Administrative Sciences*,Vol.81,No.4(Dec 2015).

E.P.Johnson,"The cost of carbon dioxide abatement from state renewable portfolio standards",*Resource & Energy Economics*,Vol.36,No.2(May 2014).

F.Chachuli,N.A.Ludin,M.A.Jedi,N.H.Hamid,"Transition of renewable energy policies in Malaysia:Benchmarking with data envelopment analysis",*Renewable and Sustainable Energy Reviews*,Vol.150(Oct.2021).

F.Müller,S.Claar,M.Neumann,C.Elsner,"Is green a Pan-African colour? Mapping African renewable energy policies and transitions in 34 countries",*Energy Research & Social Science*,Vol.68(Oct.2020).

G.Barbose,"Renewables Portfolio Standards 2021 Status Update:Early Release",2021.

G.Barbose,L.Bird,J.Heeter,et al.,"Costs and benefits of renewables portfolio standards in the United States",*Renewable & Sustainable Energy Reviews*,Vol.52,No.1(Dec.2015).

G.Barbose,R.Wiser,J.Heeter,et al.,"A retrospective analysis of benefits and impacts of U.S.renewable portfolio standards",*Energy Policy*,Vol.96(Sep.2016).

G.Jordan,"U.S.Sub-Governments,Policy Communities and Networks Refilling the Old Bottles?",*Journal of Theoretical Politics*,Vol.2,No.3(July 1990).

G.Muhammed,N.Tekbiyik-Ersoy,"Development of Renewable Energy in China,USA,and Brazil:A Comparative Study on Renewable Energy Policies",*Sustainability*,Vol.12,No.21(Nov.2020).

G.Stockmayer,V.Finch,P.Komor,et al.,"Limiting the costs of renewable portfolio standards:A review and critique of current methods",*Energy Policy*,Vol.42,No.2(March 2012).

H.Blom,Jens."A New Institutional Perspective on Policy Networks",*Public Administration,Vol.75,No.4(May 2015).

H.Guo,Q.Chen,Y.Gu,et al.,"A Data-Driven Pattern Extraction Method for Analyzing Bidding Behaviors in Power Markets".*IEEE Transactions on Smart Grid*,Vol.11,No.4(July 2020).

H.Hafeznia, A. Aslani, S. Anwar, M. Yousefjamali, "Analysis of the effectiveness of national renewable energy policies: A case of photovoltaic policies",*Renewable and Sustainable Energy Reviews*,Vol.79(Nov.2017).

I.Behrsin,S.Knuth,A.Levenda."Thirty states of renewability: Controversial energies and the politics of incumbent industry",*Environment and Planning E: Nature and Space*,Vol.5,No.2(June 2022).

J.A.P.Ranola, A.C.Nerves, R.D.D.Mundo, "An optimal Renewable Portfolio Standard using Genetic Algorithm-Benders' decomposition method in a Least Cost Approach",*TENCON 2012-2012 IEEE Region 10 Conference*.IEEE(April 2013).

J.D.Liu,T.T.Lie,"Empirical dynamic oligopoly behavior analysis in electricity markets",*International Conference on Power System Technology*,IEEE(Jan.2004).

J.Deyette,S.Clemmer,W.U.Org,"Increasing the Texas Renewable Energy Standard: Economic and Employment Benefits",2005.

J.Heeter,"Renewable energy certificate (REC) tracking system: Costs & verification issues".Golden: Colorado: National Renewable Energy Laboratory,2013.

J.Jorgenson, P. Denholm, M. Mehos, "Estimating the value of utility-scale solar technologies in California under a 40% renewable portfolio standard",2014.

J.Joshi,"Do renewable portfolio standards increase renewable energy capacity? Evidence from the United States",*Journal of Environmental Management*,Vol.287(June 2021).

J.Liu,"China's Renewable Energy Law and Policy: A Critical Review",*Renewable and Sustainable Energy Reviews*,Vol.99(Jan.2019).

J. Mamkhezri, L. A. Malczynski, J. M. Chermak, "Assessing the Economic and Environmental Impacts of Alternative Renewable Portfolio Standards: Winners and Losers",*Energies*,Vol.14,No.11(June 2021).

J.O'Gorman,"Is there an effective football development policy network in England? A case study of the FA's Charter Standard".*The Power of Football Conference*,2005.

J. X. Johnson, J. Novacheck, "Emissions Reductions from Expanding State-Level Renewable Portfolio Standards", *Environmental Science & Technology*, Vol.49, No.9(April 2015).

K.Guertler,R.Postpischil,R.Quitzow,"The dismantling of renewable energy policies: The cases of Spain and the Czech Republic",*Energy Policy*,Vol.133(Oct.2019).

K.Kihara,"A Framework of Policy Networks",*Administration*,Vol.2,No.3(Dec.1995).

K.P.Arbournicitopoulos, K.A.M.Ginis, "Universal accessibility of 'accessible' fitness and recreational facilities for persons with mobility disabilities", *Adapted physical activity quarterly*, Vol.28, No.1(Jan.2011).

K.Thilo, et al., "Impacts of grid reinforcements on the strategic behavior of power market participants", *European Energy Market.IEEE*, Vol.2(Aug.2012).

L.Bird, C.Chapman, J.Logan, et al., "Evaluating renewable portfolio standards and carbon cap scenarios in the U.S.electric sector", *Energy Policy*, Vol.39, No.5(May 2011).

L.Fowler, J.Breen, "The Impact of Political Factors on States' Adoption of Renewable Portfolio Standards", *Electeicity Journal*, Vol.26, No.2(March 2013).

L.Pathak, K.Shah, "Renewable energy resources, policies and gaps in BRICS countries and the global impact", *Frontiers in Energy*, Vol.13, No.3(Jan.2019).

M.Fischlein, T.Smith, "Revisiting renewable portfolio standard effectiveness: policy design and outcome specification matter", *Policy Sciences*, Vol.46, No.3(March 2013).

M.K.Farooq, S.Kumar, R.M.Shrestha, "Energy, environmental and economic effects of Renewable Portfolio Standards (RPS) in a Developing Country", *Energy Policy*, Vol.62, No.7 (Nov.2013).

M.M.Ali, Q.Yu, "Assessment of the impact of renewable energy policy on sustainable energy for all in West Africa", *Renewable Energy*, Vol.180(Dec.2021).

M.M.Tamas, S.O.B.Shrestha, H.Zhou, "Feed-in tariff and tradable green certificate in oligopoly".*Energy Policy*, Vol.38, No.8(Aug.2010).

M.Shafie-Khah, P.Siano, D.Z.Fitiwi, et al., "Regulatory support of wind power producers against strategic and collusive behavior of conventional thermal units", 2016 13*th International Conference on the European Energy Market (EEM).IEEE*, Vol.1(June 2016).

M.Silberman, "Costs and Benefits of a Renewable Portfolio Standard in Florida", *The Ohio State University*, May 2017.

M.Thatcher, J.Braunstein, "Issue Networks: Iron Triangles, Subgovernments, Policy Communities, Policy Networks".in *The International Encyclopedia of the Social & Behavioral Sciences*, James D.Wright(eds.), 2015.

M.Wright, "Policy Community, Policy Network and Comparative Industrial Policies", *Political Studies*, Vol.36, No.4(Dec.1988).

M.Tanaka, Y.Chen, "Market power in renewable portfolio standards", *Energy Economics*, Vol.39, No.3(Sep.2013).

N.Hajibandeh, M.Shafie-Khah, G.J.Osório, J.P.S.Catalo, "A new approach for market power detection in renewable-based electricity markets", *International Conference on Environment and Electrical Engineering, Industrial and Commercial Power Systems Europe*, June 2017.

N.Rader, "The Hazards of Implementing Renewable Portfolio Standards".*Energy and Environment*, Vol.11, No.4(July 2000).

O.M.Rouhani, D.Niemeier, H.O.Gao, et al., "Cost-benefit analysis of various California renewable portfolio standard targets: Is a 33% RPS optimal?",*Renewable & Sustainable Energy Reviews*,Vol.62(Sep.2016).

P.Leifeld,V.Schneider,"Institutional Communication Revisited: Preferences,Opportunity Structures and Scientific Expertise in Policy Network",*Working Paper*,Vol.12(April 2010).

R.A.Atuguba, F.Tuokuu, "Ghana's renewable energy agenda: Legislative drafting in search of policy paralysis",*Energy Research & Social Science*,Vol.64(June 2020).

R.Wiser,S.Pichle,C.Goldman,"Renewable energy policy and electricity restructuring: A case study",*Energy policy*,Vol.19,No.2(May 1998).

S.HONG, T.YANG, H.J.CHANG, et al., "The effect of switching renewable energy support systems on grid parity for photovoltaics: Analysis using a learning curve model", *Energy Policy*,Vol.138(March 2020).

S.Soleymani, A.M.Ranjbar, A.Jafari, et al., "Market power monitoring in electricity market by using market simulation",*IEEE Power India Conference*.IEEE(April 2006).

Aized T.,Shahid M.,Bhatti A.A.,et al.,"Energy Security and Renewable Energy Policy Analysis of Pakistan",*Renewable & Sustainable Energy Reviews*,Vol.84(May 2018).

T.Garvin,B.Mclennan,J.Calvo-Alvarado,et al., "Growing together: Transnational policy networks and environmental policy change in Costa Rica",*International Journal of Society Systems Science*,Vol.7,No.1(March 2015).

T.H.Kwon, "Is the renewable portfolio standard an effective energy policy? Early evidence from South Korea",*Utilities Policy*,Vol.36(Oct.2015).

T.H.Kwon,"Rent and rent-seeking in renewable energy support policies: Feed-in tariff vs. renewable portfolio standard", *Renewable & Sustainable Energy Reviews*, Vol.44 (April 2015).

V.Schneider,"The structure of policy networks: A comparison of the 'chemicals control' and 'telecommunications' policy domains in Germany", *European Journal of Political Research*,Vol.21,No.1-2(Feb.1992).

V.Schneider,R.Werle,"Policy Networks in the German Telecommunications Domain",in *The Policy Networks: Empirical Evidence and Theoretical Considerations*,B.Marin & R.Mayntz (eds.),1991.

X.An,S.Zhang,X.Li,et al.,"Two-stage joint equilibrium model of electricity market with tradable green certificates",*Transactions of the Institute of Measurement and Control*, 2019,Vol.41,No.6(Jan.2019).

X.B.Yang,N.Liu,P.D.Zhang,et al.,"The current state of marine renewable energy policy in China",*Marine Policy*,Vol.100(Feb.2019).

X.G.Zhao,L.Z.Ren,Y.Z.Zhang,et al.,"Evolutionary game analysis on the behavior strategies of power producers in renewable portfolio standard",*Energy*,Vol.162(Nov.2018).

X.G.Zhao,Y.Z.Zhang,Y.B.Li,"The Evolution of Renewable Energy Price Policies Based on Improved Bass Model: A System Dynamics (SD) Analysis", *Sustainability*, Vol. 10, No. 6 (May 2018).

X. Song, J. Han, Y. Shan, et al., "Efficiency of tradable green certificate markets in China", *Journal of Cleaner Production*, Vol.264 (April 2020).

Y. Afthinos, N. D. Theodorakis, P. Nassis, "Customers' expectations of service in Greek fitness centers: Gender, age, type of sport center, and motivation differences", *Managing Service Quality*, Vol.15, No.3 (June 2005).

Y. Dong, K. Shimada, "Evolution from the renewable portfolio standards to feed-in tariff for the deployment of renewable energy in Japan", *Renewable Energy*, Vol.107 (July 2017).

Y. Xiao, X. Wang, et al., "Behavior analysis of wind power producer in electricity market", *Applied Energy*, Vol.171 (June 2016).

Y. Zhou, T. Liu, "Impacts of the Renewable Portfolio Standard on Regional Electricity Markets", *Journal of Energy Engineering*, Vol.141, No.1 (June 2014).

责任编辑：卓　然
装帧设计：姚　菲

图书在版编目(CIP)数据

配额制视角下发电企业市场行为研究 / 李赟著.
北京：人民出版社，2024.6. -- ISBN 978-7-01-026673-2
Ⅰ.F426.61

中国国家版本馆 CIP 数据核字第 2024EU5188 号

配额制视角下发电企业市场行为研究
PEIEZHI SHIJIAO XIA FADIAN QIYE SHICHANG XINGWEI YANJIU

李　赟　著

人民出版社 出版发行
(100706　北京市东城区隆福寺街 99 号)

北京九州迅驰传媒文化有限公司印刷　新华书店经销
2024 年 6 月第 1 版　2024 年 6 月北京第 1 次印刷
开本:710 毫米×1000 毫米 1/16　印张:12.25
字数:217 千字

ISBN 978-7-01-026673-2　定价:45.00 元

邮购地址 100706　北京市东城区隆福寺街 99 号
人民东方图书销售中心　电话 (010)65250042　65289539

版权所有·侵权必究
凡购买本社图书,如有印制质量问题,我社负责调换。
服务电话:(010)65250042